新时代
中国西部能源产业
发展研究

王保忠 ◎ 著

Research on the Development
of Energy Industry in Western China
in the New Era

·北京·

图书在版编目（CIP）数据

新时代中国西部能源产业发展研究 / 王保忠著 .
北京：中国经济出版社，2025.1. -- ISBN 978 - 7 - 5136 -
8044 - 8

Ⅰ . F426.2

中国国家版本馆 CIP 数据核字第 2025ZE2429 号

责任编辑	杨元丽
责任印制	马小宾
封面设计	任燕飞

出版发行	中国经济出版社
印 刷 者	北京科信印刷有限公司
经 销 者	各地新华书店
开 本	710mm×1000mm 1/16
印 张	14.75
字 数	196 千字
版 次	2025 年 1 月第 1 版
印 次	2025 年 1 月第 1 次
定 价	79.00 元

广告经营许可证　京西工商广字第 8179 号

中国经济出版社 网址 http://epc.sinopec.com/epc　**社址** 北京市东城区安定门外大街 58 号　**邮编** 100011
本版图书如存在印装质量问题，请与本社销售中心联系调换（联系电话：010 - 57512564）

版权所有　盗版必究（举报电话：010 - 57512600）
国家版权局反盗版举报中心（举报电话：12390）　　服务热线：010 - 57512564

目录 CONTENTS

1 总论 ... 1
1.1 全球化与中国能源发展战略 ... 1
1.1.1 世界与中国能源储备考察 ... 1
1.1.2 新时代中国能源发展战略 ... 6
1.2 国家战略与西部能源产业发展 ... 7
1.2.1 国家能源安全与西部能源产业发展 ... 7
1.2.2 西部大开发与西部能源产业发展 ... 9
1.2.3 "一带一路"与西部能源产业发展 ... 11
1.2.4 新发展阶段与西部能源产业发展 ... 14

2 新时代西部能源产业发展的现状及问题 ... 17
2.1 西部能源产业发展的现状 ... 17
2.1.1 能源资源富集优势 ... 17
2.1.2 能源供应保障能力不断增强 ... 18
2.1.3 能源科技水平快速提升 ... 20
2.1.4 能源绿色低碳消费水平不断提高 ... 22
2.2 西部能源产业发展存在的问题 ... 24
2.2.1 西部能源开发过程中资源浪费严重 ... 24

2.2.2　生态破坏严重 ………………………………………… 27
2.2.3　西部能源产业资源综合利用程度较低 ……………… 30

3　新发展阶段西部能源产业的战略地位与作用 ……………… 34
3.1　新发展阶段西部能源产业的发展地位 ………………………… 35
3.1.1　新发展阶段西部能源产业的战略定位 ………………… 35
3.1.2　新发展阶段西部能源产业的战略布局 ………………… 39
3.1.3　新发展阶段西部能源产业的战略意义 ………………… 42
3.2　新发展阶段西部能源产业的作用 ……………………………… 46
3.2.1　新发展阶段西部能源产业促进科技创新 ……………… 47
3.2.2　新发展阶段西部能源产业推动协调发展 ……………… 50
3.2.3　新发展阶段西部能源产业利于绿色环保 ……………… 53
3.2.4　新发展阶段西部能源产业推动合作共享 ……………… 55

4　西部能源产业的供给能力分析 ……………………………… 59
4.1　西部能源产业供给现状 ………………………………………… 59
4.1.1　西部能源资源禀赋状况 ………………………………… 59
4.1.2　西部能源生产状况 ……………………………………… 62
4.2　西部能源供给能力影响因素分析 ……………………………… 65
4.2.1　能源禀赋 ………………………………………………… 65
4.2.2　能源投资 ………………………………………………… 66
4.2.3　技术水平 ………………………………………………… 67
4.2.4　能源政策 ………………………………………………… 68
4.3　西部能源总量与能源结构分析 ………………………………… 69
4.3.1　西部能源总量 …………………………………………… 69
4.3.2　西部能源结构 …………………………………………… 72

目 录

4.4 西部能源产业供给能力存在的问题 ... 74
4.4.1 总体供给不足 ... 74
4.4.2 供需结构不合理 ... 77
4.4.3 能源产出效益低下 ... 78
4.4.4 生态环境压力凸显 ... 80
4.4.5 社会支撑体系不完善 ... 82

4.5 西部能源产业供给问题的解决途径 ... 85
4.5.1 优化产业布局 ... 85
4.5.2 调整能源结构 ... 86
4.5.3 创新产业模式 ... 87
4.5.4 创新技术与管理 ... 88

5 西部能源产业的产出效益分析 ... 91

5.1 能源产出效益的测度及变动趋势分析 ... 91
5.2 能源产出效益的全要素生产率（TFP）分析 ... 93
5.2.1 计量方法及相关指标说明 ... 93
5.2.2 数据与变量 ... 97
5.2.3 西部各省份全要素能源效率测算结果及分析 ... 97
5.3 能源产出效益与空间布局 ... 100

6 西部能源产业发展与区域经济增长的关系 ... 103

6.1 相关概念界定与文献综述 ... 103
6.1.1 经济增长理论 ... 103
6.1.2 区域能源与经济增长 ... 106
6.1.3 能源、环境与经济协调发展 ... 109
6.1.4 "资源诅咒"假说 ... 110

6.2 西部能源产业发展与区域经济增长的实证分析 …………… 114
 6.2.1 变量选取与数据来源 ………………………………… 114
 6.2.2 回归结果与分析 ……………………………………… 116
6.3 新时代背景下西部能源产业促进经济增长的建议 ………… 121
 6.3.1 优化产业结构，发挥制造大国优势 ………………… 122
 6.3.2 推进能源消费方式变革，保障能源生态可持续 …… 124
 6.3.3 发挥创新第一动力，完善能源科技协作创新发展 … 126
 6.3.4 积累人才资源，助力产业升级发展 ………………… 127

7 西部能源产业发展与西部能源金融中心的形成 …………… 129

7.1 能源产业集聚：西部能源金融中心形成的外在条件 ……… 129
 7.1.1 能源产业禀赋：西部能源金融中心形成的区位影响
  ……………………………………………………… 132
 7.1.2 能源产业消费：西部能源消费与经济增长的关系 … 141
 7.1.3 能源产业革新：能源产业与能源金融中心协同发展的
  国际案例 ………………………………………………… 144
7.2 能源信息集聚：西部能源金融中心形成的内在基础 ……… 147
 7.2.1 资源禀赋与资源产业规模 …………………………… 148
 7.2.2 金融发展助力能源产业革新 ………………………… 150
 7.2.3 科技创新与人才资源集聚 …………………………… 153
7.3 能源产业集群与西部能源金融中心的协同演进 …………… 154
 7.3.1 能源产业集群的发展追溯 …………………………… 154
 7.3.2 金融集聚的演进过程 ………………………………… 157
 7.3.3 能源产业集群对金融集聚产生的影响 ……………… 158
 7.3.4 能源金融中心对产业集群发展的效应分析 ………… 159

8 西部能源产业的绿色发展研究 ……………………………… 163
8.1 西部地区绿色发展现状 ……………………………………… 163
8.2 西部地区能源产业面临的问题 ……………………………… 164
8.2.1 传统能源比重过大,经济结构失衡加剧 ……………… 164
8.2.2 市场化融资渠道不足 …………………………………… 165
8.2.3 生态环境持续恶化 ……………………………………… 167
8.3 西部地区能源绿色转型对策研究 …………………………… 168
8.3.1 西部地区能源绿色转型的改革路径 …………………… 168
8.3.2 西部地区能源绿色转型的政策建议 …………………… 170

9 新发展阶段西部能源产业发展的政策建议 ……………… 176
9.1 新发展阶段西部能源产业发展理念 ………………………… 176
9.1.1 坚持清洁绿色为导向 …………………………………… 177
9.1.2 坚持创新发展为核心 …………………………………… 178
9.1.3 以改善民生为目的 ……………………………………… 180
9.1.4 以市场改革为动力 ……………………………………… 182
9.2 国际化视野的政策建议 ……………………………………… 185
9.2.1 展开能源多边国际合作,优势互补,取长补短,
共促发展,共建"一带一路" ………………………… 185
9.2.2 加强全球产业链协作,带动配套产业服务的发展 …… 187
9.2.3 积极推动全球治理达成一致共识,共同致力于发展
能源产业经济,同时注重生态环境保护 ……………… 190
9.2.4 完善交通运输基础建设,带动发展沿线经济,在构建
新发展格局中发挥先行作用 …………………………… 193
9.3 中国国情下的政策建议 ……………………………………… 196
9.3.1 区域层面:谨防"资源诅咒",实现经济的可持续发展
……………………………………………………………… 196

9.3.2 民生层面：完善民用能源基建，精准实施能源扶贫工程 ………………………………………………………… 199

9.3.3 市场层面：市场供需深化改革，重视市场规律，发挥市场自主调节的作用，促进公平竞争 ……… 203

9.3.4 法治层面：完善相关市场竞争准则，健全法律保障制度和体系，落实相关政策，为能源发展保驾护航…… 206

9.3.5 技术创新层面：坚持创新驱动发展，提升能源利用效率，改善产业结构，防止产能过剩 ……………… 209

9.3.6 生态层面：转变能源消费方式，保障能源生态可持续；创建生态环境友好型地区，推动绿色发展 ………… 211

9.3.7 能源结构层面：优化能源结构，做优存量，做大增量，推动西部能源由"黑"转"绿"，发展新能源、清洁能源 ……………………………………………… 214

参考文献 ……………………………………………………… 218

1 总论

1.1 全球化与中国能源发展战略

1.1.1 世界与中国能源储备考察

能源是指可以从中取得能量以转换为人们所需的热、光、动力等的自然资源，是人类社会进步和经济发展的重要物质基础，是现代工业、现代文明的支撑和动力。第一，现代社会的经济发展建立在现代化的生产上，能源是现代化生产的主要动力来源。第二，能源是现代工业的重要原料来源，在现代化生产中，能源不仅是燃料动力，也是重要的化工原料。有机化学工业合成的许多物质都是我们生活必须依赖的物质资料的来源。如建筑材料、衣服、生活用品等，这些材料扩大了我们生产、生活资料的来源。第三，现代经济是商品经济，以能源为动力的现代交通运输是现代生产持续进行的基础。人类生产的目的不再是满足自身，而是用于交换。交换流通过程的顺利进行才能保证生产持续进行。以现代能源为基础的交通运输，极大地节约了产品运输的成本，扩大了现代生产的经济半径，为区域化分工的实现提供了条件。

随着科技进步、经济发展和人类生活水平的提高，石油、煤、天然气、电等能源不仅在生产领域被广泛使用，也越来越多地走进了居民的日常生活。电的发明和运用使人们的生活更加丰富便捷，石油的大规模运用为化学工业提供了大量的原材料，各种化纤、塑料制品提高了人们的生活质量，飞机、火车以及私家车的普及使得人们的出行更加便捷，全社会对能源的关注空前高涨。从某种意义上讲，能源生活消费比率能够从侧面反映出人民生活的质量，它是社会进步的一种象征。

能源作为一种经济发展所必需的重要商品，在全球的分布极不均衡，再加上国与国之间经济实力悬殊，因此当今国际舞台上对能源的竞争已经超出了纯商业的范围，供需矛盾的背后呈现出经济、政治、军事、战争因素相互交织、相互影响的特征，成为世界大国经济、军事、政治斗争的武器。对能源的争夺和最终占有常常与国家战略、全球政治紧密相连[①]。

据世界能源委员会开展的世界能源调查，各种可利用的能源包括煤炭、石油、天然气、核能、水能、太阳能、地热能、风能及潮汐能等。在日常生活中，按其形态特征或转换和利用的层次，人们又将能源进行了各种划分，主要包括一次能源和二次能源、可再生能源和非可再生能源、新能源和常规能源等。一次能源是指从自然界直接获取的未经任何改变或转换的能源。这种能源以现成形式存在于自然界中，如河流中流动的水能、采出的原煤、原油、天然气、天然铀矿以及生物质能、太阳能、地热能、潮汐能等。二次能源是指一次能源经过加工转换得到的能源，如电力、蒸汽等。这类能源需要通过其他能源来制取和产生。

一次能源根据其能否循环使用和能否不断得到补充，又分为再生能源和非再生能源（耗竭性能源）。其中，一次能源中的非再生能源主要包括煤炭、石油和天然气等；再生能源主要有水能、风能和太阳能等；而目前二次能源中主要是电能。人们一般将煤炭、石油、天然气等化石能源称为常规能源。相对于常规能源而言，利用新技术或新材料而获得的新的其他能源，称为新能源。新能源属于可再生能源，主要包括太阳能、风能、生

---

① 姜星莉. 经济全球化背景下中国能源安全问题研究[D]. 武汉:武汉大学,2010.

物质能、海洋能（含潮汐能）、地热能和氢能等①。

我国自1978年实行改革开放政策以来，以较高的经济增长速度备受世界瞩目。在经济高速增长的同时，我国的能源消费也在大幅度攀升，根据《国家能源统计年鉴（2020）》，我国消费总量从2010年的360648万吨标准煤增长到2019年的487000万吨标准煤，增长了35%。2018年居民生活能源消费总量为60436万吨标准煤，是2010年的1.6倍，占消费总量的13%。

过快的能源消费与环境保护之间的矛盾日益凸显，消耗化石能源向自然界排放了巨量的二氧化碳与二氧化硫，二氧化硫产生酸雨能毁坏森林，酸化湖泊，危及生物并破坏生态，二氧化碳产生的温室效应对人类生存发展造成严重威胁。随着人类使用化石能源的时间越来越长，向大气中排放的二氧化碳和二氧化硫的累积量不断增加，危害也在增加，温度大幅上升，气温的增高导致冰川融化加剧，海平面上升，增加了洪水泛滥和淡水资源缺乏的风险，而且地球的大片地区将会被海水淹没，变得不适宜人类居住。发达国家在其工业化的历史过程中长期无约束地排放了大量温室气体，以及目前高人均排放二氧化碳，产生温室效应，造成全球气候变暖。环境污染、生态失衡、能源短缺等问题制约着经济的发展。为了缓解这些危机，人们开始寻求可持续的、高质量的发展战略，以达到经济、环境与能源之间的协调发展。

已探明的或估计可经济开采的能源资源称为能源储量。2010年，世界已探明石油储量总额为1636.9千万桶，中国为23.3千万桶，占比1.42%；天然气储量总额为179.9万亿立方米，中国为2.7万亿立方米，占比1.50%。2020年，世界已探明石油储量总额为1732.4千万桶，中国为26千万桶，占比1.50%；天然气储量总额为188.1万亿立方米，中国为8.4万亿立方米，占比4.47%；煤储量总额为1074108百万吨，中国为143197百万吨，占比13.33%。

---

① 陈刚强. 我国能源消费趋势统计分析[D]. 长沙:湖南大学, 2006.

2020年世界已探明能源储量分布情况如图1-1所示,中东地区石油已探明储量位居第一,占世界总石油储量高达48.3%,其次是中南美洲,占世界总石油储量的18.7%,接下来是北美洲,占世界总石油储量的14.0%;同时中东地区天然气已探明储量也位居第一,占世界总天然气储量高达40.3%,其次是独立国家联合体(包括俄罗斯联邦、白俄罗斯共和国、乌克兰、摩尔多瓦共和国、亚美尼亚共和国、阿塞拜疆共和国、塔吉克斯坦共和国、吉尔吉斯共和国、哈萨克斯坦共和国、乌兹别克斯坦共和国),占世界总天然气储量30.1%,接下来是亚太地区,占世界总天然气储量的8.8%;亚太地区煤已探明储量位居第一,占世界总煤储量高达42.8%,其次是北美洲,占世界总煤储量的23.9%,接下来是独立国家联合体,占世界总煤储量的17.8%①。

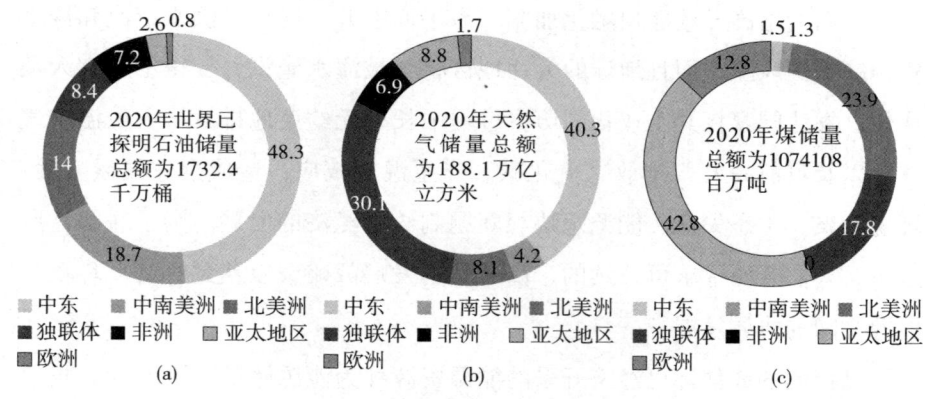

图1-1 世界已探明能源储量分布

随着能源问题越来越成为制约经济社会发展的重要因素,能源安全日益成为维护经济安全乃至整个国家安全的重要组成部分。不同的国家在能源资源禀赋上存在差异,在不同的发展阶段对能源的需求总量与需求结构存在差异,不同国家在维护能源安全的政治、经济、文化、科技、军事等综合国力方面存在差异,这都需要各国制定适合本国具体国情的能源安全

---

① BP. BP Statistical Review of World Energy 2021[M]. London:Energy institute,2021(6).

战略①。《欧盟能源供应安全战略》绿皮书认为，能源安全就是实现一个国家或地区国民经济持续发展和社会进步所必需的能源保障。研究的目的是如何提高能源供给的保障程度，以满足社会发展的需要②。国际能源署认为，能源安全可以表述为以能够支付的价格不间断地获得能源，同时尊重环境的需要③。

能源安全的构成从流动的方向来看，至少可以分为四个方面的内容：能源供给安全、运输通道安全、能源储备安全、环境安全。

对于一个国家和地区而言，能源的供给一般包括两个方面，一个是国内能源资源储量，另一个是进口能源。其中，能源资源储量是能源安全的基础，一个国家自身的能源资源越丰富，那么受到外来不安全因素影响的可能性就越小，能源安全的系数就越高。

能源的稳定供应既包括供应源能够提供稳定、充足的供应，也包括能源能否安全及时地运到消费地。目前，国际上油气运输的主要方式有轮船、管道、铁路和汽车等。海运是石油运输的主要形式，主要工具是油轮，因为海运运量大、通过能力强、运费低，所以大部分的石油贸易是通过海运完成的。管道主要用于陆路运输，管道具有运量大、安全、方便和运费低廉的特点，是各国油田与油港、炼油中心之间运输的纽带，在天然气国际贸易中，管道运输占主导地位。铁路运输是海运和管运的重要补充。铁路运量有限，运输成本比较高，但是在陆地上没有管道的地方，铁路是唯一的选择。铁路运输不仅运量小，而且在不同国家运输时，由于各国铁路的轨距不同，转换铁路后还需要换装，这样就进一步增加了运输成本。油槽汽车主要用来短途运输汽油、煤油、柴油等轻质油品。

20世纪70年代的两次石油危机给西方发达国家以沉重的打击，因此建立能源储备、防范突然中断的危险、保障国民经济安全已经成为国际共

---

① 陆胜利.世界能源问题与中国能源安全研究[D].北京:中共中央党校,2011.
② 张伯里.世界经济学[M].北京:中共中央党校出版社,2004.
③ 丹尼尔·耶金.石油、金钱、权力[M].北京:新华出版社,1992.

识。1974年,在美国的积极推动下,经济合作与发展组织(OECD)建立起国际能源机构(IEA),以加强各国的能源协调与合作,共同应对能源危机。IEA的主要职能是敦促成员国建立石油战略储备,协调在突发事件引起供应中断时成员国的能源供应和调配。

能源的开发利用、运输加工、废物处理等过程,都会给环境带来一系列的负面影响,并且会给我们生活的环境带来越来越多的不安全因素,包括能源开采导致荒漠化,二氧化硫和氮氢化合物排放导致酸雨污染,二氧化碳、甲烷、氟利昂等温室气体的排放导致全球变暖,能源运输泄漏带来生态污染。此外,还有煤气泄漏、核泄漏等各种能源在开发运输过程中发生的泄漏事故。

1.1.2 新时代中国能源发展战略

经济全球化带来的贸易全球化、生产全球化、金融全球化等特征也在不断渗透到能源领域,使得能源安全问题呈现出全球化的趋势,能源安全中的矛盾冲突越发激烈。由于世界能源资源分布和需求的不均衡性,世界上大多数国家和地区都难以完全依赖本国资源满足发展的需求,必须依赖国际市场的资源供应,必须以全球思维应对能源领域的挑战。因此,随着经济全球化的深入和能源相互依赖程度的加深,能源安全越来越呈现出全球化的特点。

党的十八大以来,以习近平同志为核心的党中央对加强生态环境保护、提升生态文明、建设美丽中国作出一系列重大决策部署。习近平生态文明思想为推进美丽中国建设、实现人与自然和谐共生的现代化提供了方向指引和根本遵循。中国推动生态环境保护的决心和力度之大前所未有,生态环境稳中向好。从供给侧看,中国能源供给质量实现了重大变革;从消费侧看,中国能源消费结构实现了重大转型。2019年,中国大气和水环境质量进一步改善,土壤环境风险得到基本管控,生态系统格局整体稳定,核与辐射安全水平巩固提升,环境风险态势保持稳定。

在全球能源治理体系加速重构和中国能源合作迈入"引进来"和"走出去"并举的重要历史时期，能源作为"一带一路"建设的重点领域，中国应以此为依托，进一步深化与共建国家之间的能源合作，着力打造国际能源合作的利益共同体、责任共同体和命运共同体。

开发可替代的新型能源已经成为许多国家优先扶持的战略领域之一[①]。当前世界各国都在发展水能、风能、太阳能等可再生能源，加快全球能源转型，实现绿色低碳发展，已经成为国际社会的共同使命。中国在可再生能源领域的技术创新，特别是太阳能、风能等方面具有优势，应充分将技术优势转化为市场优势，通过技术出口引领全球能源转型。新能源技术的涵盖面十分广泛，其中包括节能技术、新型和可再生能源技术等，集中攻关一批前景广阔但核心技术受限的关键技术，占领能源技术创新的制高点。

立足国内挖潜，在稳步推进常规油气勘查的基础上，加强对附近海域可燃冰等能源资源的勘查，探索经济可行的开发技术，提高能源自给自足能力，降低地缘政治不利影响。构建多元化的能源储备体系，构建"国家为主，民间为辅，第三方补充"的多元化能源储备体系，提升国家能源安全保障能力。构建以需求方为主导的多层次、多样化、灵活的能源供需结构，增加能源供给结构的弹性[②]。

1.2　国家战略与西部能源产业发展

1.2.1　国家能源安全与西部能源产业发展

能源安全，意指在经济社会发展的某一时期或特定阶段内，一个国家或地区能够在保持能源价格的可接受性、发展的可持续性和国家政治的稳定性

---

① 王军. 全球化背景下的中国能源战略[J]. 理论参考, 2012(4): 12-14.
② 张所续, 马伯永. 世界能源发展趋势与中国能源未来发展方向[J]. 中国国土资源经济, 2019, 32(10): 22-29, 35.

的前提下，保障能源持续、充裕、及时地满足国民经济和社会发展需要的一种状态。国家能源安全包括以下两方面的含义：一是经济安全性，是指通过维持能源的供应与需求之间相互均衡的状态，在保障能源稳定供给的前提下满足国家生存与发展的正常需求。二是能源使用的安全性，即能源的消费及使用不应对人类自身的生存与发展环境构成任何威胁。能源安全是国家安全的重要支撑，是关系国家经济发展的全局性、战略性问题，是其他领域安全的依托，对国家繁荣发展、人民生活改善、生活长治久安至关重要[1]。

西部地区相比我国其他地区能源更加丰富，煤炭、石油、天然气等化石能源及其他可再生能源储量均居全国前列[2]。2018 年，我国原煤产量为 36.98 亿吨，原油产量为 18932.42 万吨，天然气产量为 1601.59 亿立方米。西部地区主要能源产品产量如表 1-1 所示。

表 1-1　2018 年西部地区主要能源产品产量

地区	原煤/万吨	原油/万吨	天然气/亿立方米
四川	3736.24	8.13	369.86
陕西	62958.07	3522.00	442.89
甘肃	3629.64	51.76	1.03
青海	821.48	223.30	64.05
云南	4572.83		
贵州	14334.99		2.97
重庆	1176.92		61.17
广西	487.88	51.88	0.19
内蒙古	99101.53	11.97	16.07
宁夏	7840.09		
新疆	21352.17	2647.39	321.84
西藏			
合计	220011.84	6516.43	1280.07

资料来源：《世界能源统计年鉴（2020）》。

---

[1] 徐宏伟,徐超,杨兆波. 新形势下对能源安全的分析与思考[EB/OL]. (2020-08-07)[2024-12-20]. https://theory.gmw.cn/2020-08/07/content_34068551.htm.

[2] 胡明明. 西部地区能源产业发展研究[D]. 武汉:华中科技大学,2016.

仅西部地区十二省（区、市），其原煤产量占全国总产量的59.49%，原油产量占全国总产量的34.42%，天然气产量占全国总产量的79.92%。

近年来，西藏相继建成青藏、川藏、藏中、阿里联网工程4条"电力天路"，形成了西藏500千伏统一电网，主电网实现全区74个县（区）全覆盖，惠及近330万人。雪域高原昔日用电难、用电贵的问题已经一去不复返了。西部作为中国能源市场资源提供方的地位将更加凸显，中国能源安全也将得到更好的保障，青藏交直流联网工程全长1038千米，总投资160多亿元，是能源开发潜力巨大的西藏至内地的首个输电工程，被称为"电力天路"。这项工程建成投运后，除了可把内地的电送入西藏，根本解决西藏冬春季枯水期缺电问题之外，还可以把西藏夏季丰水期的富余水电资源源源不断地送到内地，将西藏的水电资源优势转化为经济优势。除此之外，始于2000年的"西气东输"和2001年的"西电东送"工程同样是保障全国能源安全的主要措施。西部能源将会大规模、源源不断地输向中、东部，中国能源区域不平衡的局面将得到有效改善，能源安全将得到空前提高。

1.2.2　西部大开发与西部能源产业发展

西部大开发的范围包括12个省、自治区、直辖市，三个单列地级行政区（加上湖北省恩施州、湖南省湘西州、吉林省延边州三个地级行政区）：四川省、陕西省、甘肃省、青海省、云南省、贵州省、重庆市、广西壮族自治区、内蒙古自治区、宁夏回族自治区、新疆维吾尔自治区、西藏自治区、湖北省恩施土家族苗族自治州、湖南省湘西土家族苗族自治州、吉林省延边朝鲜族自治州[①]。

2020年5月，中共中央政治局会议提出"构建国内国际双循环，促进

---

① 中华人民共和国国务院新闻办公室. 发展改革委就《西部大开发"十二五"规划》答问[R/OL]. (2012-02-22). https://www.gov.cn/jrzg/2012-02/21/content_2072104.htm.

新发展格局",《中共中央 国务院关于新时代推进西部大开发形成新格局的指导意见》也在同一时间推出。该意见提出,新发展格局要构建"国内大循环为主体,国内国际双循环相互促进"的体系。从国际循环看,西部地区面向欧亚大陆桥的开放,能促进中国与"一带一路"国家之间的经济循环。从国内循环看,在西部打造新的产业基地,能够促进不同区域间的经济内循环。在鼓励企业走出去的同时,也支持我国产业从东部地区往西部地区梯度转移,避免重蹈部分国家制造业空心化的覆辙。中央推出新时代西部大开发战略,除了长远的发展考量以外,更有紧迫的现实意义。长远来看,全国各区域均衡发展是大势所趋,西部地区将逐渐承接东部产业转移[①]。

2020年5月17日,新华社受权发布《中共中央 国务院关于新时代推进西部大开发形成新格局的指导意见》(以下简称《意见》),指出要"加快形成西部大开发新格局,推动西部地区高质量发展"。《意见》提出要对西部落实财税、金融、产业、用地、人才、帮扶等多个方面的支持政策(第七章第30~35条),这比之前的单纯给西部延续减税(所得税由25%降至15%)的政策更加多样化。因此,在需求拉动和政策支持的作用下,西部风资源禀赋优势会更加凸显,未来西部的风电开发前景更加值得期待。在新的政策指导下,减税政策可能在原有基础上进一步放宽;对于金融政策,则在第五章第17条提出"提高西部地区直接融资比例,支持符合条件的企业在境内外发行上市融资、再融资,通过发行公司信用类债券、资产证券化产品融资。西部贫困地区企业首次公开发行上市、新三板挂牌、发行债券、并购重组等适用绿色通道政策"。综合考虑,西部大开发政策的发布对很多产业来说是重要的机遇,其中对于能源产业来说也十分重要。

---

① 王宇.西部大开发:蓄势待发求突破,一朝腾飞铸辉煌[J].财富时代,2021(7):1.

1.2.3 "一带一路"与西部能源产业发展

"一带一路"倡议的提出，是深化国际贸易交易规则和调整区域经济困境格局的必然，是我国与共建国家进行区域深度合作的宏伟构想，旨在促进经济要素自由流动和资源重新调配，为共建国家搭建合作桥梁，走向互利共赢、合作互惠、共同繁荣。共建国家在"一带一路"倡议的引领下，与我国协同合作发展，构建有效且适宜的双边及多边合作机制，逐步提升了共建各国的综合国力。"一带一路"是国家的可持续发展之路，能源合作则是共建"一带一路"国家合作的重中之重。沙特阿拉伯、伊朗、伊拉克、俄罗斯、科威特、阿联酋、哈萨克斯坦等共建"一带一路"国家拥有丰富的石油、天然气、煤炭等能源资源，建立可靠的、互惠互利、合作双赢的双边或多边关系对于稳定能源贸易、确保中国能源安全至关重要[1]（见表1-2）。

表1-2 "一带一路"沿线主要国家能源资源概况

国家	石油探明储量/亿吨	国家	天然气探明储量/万亿立方米	国家	煤炭探明储量/万吨
沙特阿拉伯	420	俄罗斯	40.9	俄罗斯	18012365
伊朗	230	伊朗	32.5	印度	11136200
伊拉克	205	卡塔尔	25.8	印度尼西亚	3900000
俄罗斯	190	土库曼斯坦	21.6	乌克兰	3527600
科威特	160	沙特阿拉伯	6.8	波兰	2868400
阿联酋	136	阿联酋	6.8	哈萨克斯坦	2680300
哈萨克斯坦	54	伊拉克	4.2	土耳其	1313000
卡塔尔	43	印度尼西亚	3.5	塞尔维亚	791600

资料来源：《世界能源统计年鉴（2020）》。

当前，能源资源对中国经济的发展至关重要，中国经济的增长还严重依赖能源资源的进口，对于共建"一带一路"主要国家的能源需求量还很

---

[1] 张所续. 中国与"一带一路"沿线国家能源合作研究[J]. 国土资源情报, 2021(2): 22-29.

高,因此,确保中国与共建"一带一路"国家能源资源的需求平衡对于中国经济的转型升级以及维护能源资源的供求平衡具有重大战略意义。如表1-3所示,2020年中国从"一带一路"沿线主要国家的原油进口总量为32567.1万吨;从"一带一路"主要共建国家的天然气进口总量为7108.3亿立方米;从"一带一路"主要共建国家的煤炭进口总量为22983.8万吨。在原油进口情况中,中国对沙特阿拉伯、伊拉克以及俄罗斯等国家依赖度最高,占到了沿线主要国家原油进口量的45.6%;在天然气进口情况中,中国对土库曼斯坦、卡塔尔以及马来西亚等国家依赖度最高,占到了沿线主要国家天然气进口量的40.9%;在煤炭进口情况中,中国对印度尼西亚、蒙古以及俄罗斯等国家依赖度最高,占到了沿线主要国家煤炭进口量的70.4%[①]。

表1-3 2020年中国从"一带一路"沿线主要国家的能源进口情况

(万吨,%)

国家	原油进口情况		国家	天然气进口情况		国家	煤炭进口情况	
	进口量	占比		进口量	占比		进口量	占比
沙特阿拉伯	8532.1	18.2	土库曼斯坦	2503.5	25.1	印度尼西亚	14523.1	46.2
俄罗斯	7832.5	16.1	卡塔尔	896.4	8.6	蒙古	3825.6	13.1
伊拉克	5250.6	11.3	马来西亚	721.5	7.2	俄罗斯	3564.2	11.1
阿曼	3564.1	7.5	哈萨克斯坦	568.3	5.6	菲律宾	984.6	3.5
科威特	2456.9	5.2	印度尼西亚	485.3	4.9	老挝	20.3	0.1
阿联酋	1620.4	4.0	乌兹别克斯坦	384.6	4.2	吉尔吉斯斯坦	19.0	0.1
伊朗	1562.3	3.9	缅甸	356.7	4.5	缅甸	18.0	0.1
马来西亚	1265.3	3.1	俄罗斯	1002.6	13.6	哈萨克斯坦	16.1	0.1
哈萨克斯坦	298.3	0.9	阿曼	121.3	1.2	越南	8.0	0.05
也门	184.6	0.3	文莱	68.1	0.7	马来西亚	4.9	0.05

资料来源:国家统计局。

推动能源合作可促进各国之间经贸利益共享及各国之间共同发展。

---

① 谢飞. 中国与"一带一路"沿线国家能源投资与合作[J]. 北方经济,2021(5):25-28.

2020年初暴发的新冠疫情，致使多数行业生产活动停滞，油气市场也受此影响，能源消费总量增速放缓，市场需求低迷，原油价格曾一度下跌为负值，但从长远来看，能源积极发展趋势不会受短期疫情影响而产生巨大变化。面临疫情挑战，促进国际能源合作是助力全球经济发展的关键。我国提出的"一带一路"能源合作规划将不同国际能源合作机制和国际能源组织的功能进行优化与整合，意在促成全面和可持续的能源合作。"十三五"时期，我国将能源合作作为"一带一路"建设的重点领域和主要对象之一，在习近平总书记"四个革命、一个合作"的能源发展战略思想指导下，推动能源消费、能源供给、能源技术和能源体制革命，全方位加强国际合作，有计划、有目的地推进能源合作发展机制，优化能源结构，促进节能减排，开拓能源创新技术及加强国际合作，维护能源市场稳定[1]。

对于共建国家来说，可持续发展作为能源长远合作的基础，可协调各国之间能源合作长期进行，是保障共建国家经济长期顺畅运行的重要机制。"一带一路"倡议的提出，促使有关国家积极参与能源合作沟通，积极推动能源深度合作。

2019年，中国与"一带一路"沿线主要国家（包括伊拉克、沙特阿拉伯、俄罗斯等）达成共识，形成了更为紧密的能源合作命运共同体，致力于打造更加符合各方利益的能源合作框架以及政策机制，为建成"一带一路"新型能源战略合作伙伴关系贡献更多的中国力量，在不断完善相应的合作机制以及框架的同时，中国与共建国家的能源合作仍然存在顶层设计有待完善、与共建国家的能源合作体系有待巩固以及政策机制突破性不足等问题。

"一带一路"沿线不少国家对于外国投资的利益维护的相应法律法规有待完善，同时由于共建国家的社会制度、意识形态以及发展程度等与中

---

[1] 余晓钟,杜倩,白龙,等. 论"一带一路"沿线国家能源合作的可持续发展[J]. 西南石油大学学报(社会科学版),2021,23(3):8.

国有所不同，使得中国能源企业走出去的阻力更大，给中国能源企业走出去增添风险的同时，也阻碍了"一带一路"沿线部分国家的经济持续健康发展。

随着印度、东盟国家的崛起，各国为确保本国经济发展，纷纷制定相应的政策，支持本国企业参与全球能源竞争，未来关于能源的竞争将更加激烈。清洁能源的发展对缓解传统能源的竞争具有重要作用，中国在清洁能源技术方面具有技术优势和实践优势，沿线国家迫切渴求新能源，但是目前清洁能源较高的价格，制约了中国与沿线国家的合作。如何在全球能源竞争中抢占先机，将清洁能源技术优势转化为破解地缘政治影响的政策优势，对确保中国经济的健康、持续发展至关重要。

1.2.4 新发展阶段与西部能源产业发展

新发展阶段是开启全面建设社会主义现代化国家新征程，贯彻创新、协调、绿色、开放、共享的新发展理念，构建以国内大循环为主体、国内国际双循环相互促进的新发展格局。新发展阶段回答的是"我们在哪里，朝哪里奋斗"的问题，是从全面建设小康社会向全面建设社会主义现代化国家的历史大跨越。在新的发展阶段，我国发展环境面临深刻复杂变化。从外部环境看，当今世界正经历百年未有之大变局，国际环境日趋复杂，不稳定性与不确定性明显增加。从内部环境看，中国经济要想实现高质量发展，需要继续应对不少的风险和挑战。

新时代的中国能源发展，要贯彻"四个革命、一个合作"能源安全新战略。

推动能源消费革命，抑制不合理能源消费。坚持节能优先方针，完善能源消费总量管理，强化能耗强度控制，把节能贯穿于经济社会发展全过程和各领域。坚定调整产业结构，高度重视城镇化节能，推动形成绿色低碳交通运输体系。在全社会倡导勤俭节约的消费观，培育节约能源和使用绿色能源的生产生活方式，加快形成能源节约型社会。

推动能源供给革命，建立多元供应体系。坚持绿色发展导向，大力推进化石能源清洁高效利用，优先发展可再生能源，安全有序发展核电，加快提升非化石能源在能源供应中的比重。加大油气勘探开发力度，推动油气增储上产。推进煤电油气产供储销体系建设，完善能源输送网络和储存设施，健全能源储运和调峰应急体系，不断提升能源供应的质量和安全保障能力。

推动能源技术革命，带动产业升级。深入实施创新驱动发展战略，构建绿色能源技术创新体系，全面提升能源科技和装备水平。加强能源领域基础研究以及共性技术、颠覆性技术创新，强化原始创新和集成创新。着力推动数字化、大数据、人工智能技术与能源清洁高效开发利用技术的融合创新，大力发展智慧能源技术，把能源技术及其关联产业培育成带动产业升级的新的增长点。

推动能源体制革命，打通能源发展快车道。坚定不移推进能源领域市场化改革，还原能源商品属性，形成统一开放、竞争有序的能源市场。推进能源价格改革，形成主要由市场决定能源价格的机制。健全能源法治体系，创新能源科学管理模式，推进"放管服"改革，加强规划和政策引导，健全行业监管体系。

全方位加强国际合作，实现开放条件下能源安全。坚持互利共赢、平等互惠原则，全面扩大开放，积极融入世界。推动共建"一带一路"能源绿色可持续发展，促进能源基础设施互联互通。积极参与全球能源治理，加强能源领域国际交流合作，畅通能源国际贸易、促进能源投资便利化，共同构建能源国际合作新格局，维护全球能源市场稳定和共同安全[①]。

在扩大能源产业规模的同时，利用技术手段改善生产的各个环节，逐步实现能源的清洁高效生产，避免盲目扩大生产规模对环境造成破坏。同

---

① 中华人民共和国国务院新闻办公室. 新时代中国能源发展白皮书[R/OL]. （2020-12-21）. https://www.gov.cn/zhengce/2020-12/21/content_5571916.htm.

时，还要重视产业链的延伸，形成有效的产业分工，避免过多的资源集中于产业链低端环节，造成产能过剩。延长产业链一方面可以促进产业分工、提高产业整体效率；另一方面可以通过产业链向下游延伸，增加产业附加值，带动地区经济增长①。

---

① 赵文琦,胡健.能源产业集聚对经济增长的影响研究——基于"一带一路"沿线西部 9 省区的实证分析[J].西安财经大学学报,2020(5):71-81.

2 新时代西部能源产业发展的现状及问题

2.1 西部能源产业发展的现状

2.1.1 能源资源富集优势

党的十八大以来，中国发展进入新时代，中国的能源发展也进入新时代。能源资源是推动区域经济和社会发展的强大动力引擎，又与人类的生活息息相关。我国化石能源储量十分丰富且分布广泛，西部地区与我国其他地区相比资源更加丰富，煤炭、石油、天然气等化石能源及其他可再生能源储量均居全国前列。此外，西部地区的风能与太阳能等可再生能源也十分丰富。

西部地区煤炭资源量和煤层气资源量丰富。中华人民共和国自然资源部公布数据显示：中国截至 2022 年的煤炭资源储量 2070.12 亿吨，其中煤层气储量为 3659.69 亿立方米。西部的煤炭主要分布在贵州、宁夏、内蒙古、陕西等地区，总储量大约为 1363.81 亿吨，相对其他地区储量较高。并且西部的煤层气资源也相当丰富，占全国的 65.88%，主要分布在内蒙古、陕西和新疆等地区[①]。

---

① 中华人民共和国自然资源部. 全国矿产资源储量统计表[EB/OL]. (2023-06-16)[2023-12-26]. https://www.mnr.gov.cn.

西部地区石油资源开发潜力巨大。石油是当前国际上比较稀缺的资源，主要集中在中东国家，近年来，由于石油的紧缺，石油价格也在不断攀升，给工业发展带来了巨大的能源压力[①]。我国西藏、四川等 23 个省（区、市）的石油资源储量约为 380629.3 万吨，西部地区的石油蕴藏量约为全国的 62%。根据中能传媒研究院公布的 2023 年度中国能源大数据报告，2022 年全国剩余技术可采储量为 20472.2 万吨，西部地区的石油可开采量应该为 6960.55 万吨，占到全国总量的 34%。由此可知，西部石油资源的蕴藏量十分丰富，开采潜力很大[②]。

西部地区天然气资源丰富。天然气在经济发展中的作用很大，西部地区的天然气资源约占全国的 83.4%，西部探明天然气可采储量为 1.21×10^{12} 立方米，占全国探明天然气可采储量的 73.9%。西部地区的天然气资源储存量很大，约有 33.8 万亿立方米，占全国天然气储存总量的 60%。西部剩余天然气可采储量为 0.992×10^{12} 立方米，占全国剩余天然气可采储量的 73.4%。

西部地区可开发水能资源丰富。西部地区可开发的水能资源约占全国的 41.4%，蕴藏量约为 27993.05 万千瓦，到 2001 年，西部地区水电装机量已经达到 8100.1 千瓦，占全国总装机量的 25.1%。调查结果表明，我国西部地区可开发的水能资源主要集中在云南、西藏、四川等地区。

2.1.2 能源供应保障能力不断增强

能源是国民经济和社会发展的重要物质基础，能源问题的核心是能源安全，直接关系到国家经济社会发展的战略与全局，对国家繁荣发展、人民生活改善、社会长治久安至关重要。在"西部大开发"、"一带一路"倡

---

① 蹇令香,任晓东,王善善,李宛宣. 中国西部地区能源效率与产业结构耦合协调关系研究[J]. 生态经济,2019,35(10):52-57.

② 中能传媒研究院. 中国能源大数据报告(2023)[EB/OL]. (2023-06-20)[2023-12-26]. https://www.cpnn.com.cn.

议实施以及我国向西开放寻求多元化能源供应安全保障的宏观背景下,西部具有了我国能源供应重要基地、能源大通道的重要战略属性。

长期以来,能源行业一直是改革开放的重点和难点。从早期终端消费市场开放、价格改革,到后期上游资源开发、生产加工环节放宽准入,直到今天全产业链扩大开放,虽历经曲折反复,但终能实现新突破、取得新发展。近年来,油气行业的深化改革、扩大开放不断迈出新步伐,随着国家油气管网公司成立、全面开放油气勘查开采市场政策出台,推出一系列改革举措,基本构建了全产业链"放开两头、管住中间"的新格局[①]。

目前,我国在生产端基本形成了煤、油、气、电、核、新能源和可再生能源多轮驱动的能源生产体系。初步核算,2019年中国一次能源生产总量达39.7亿吨标准煤,为世界能源生产第一大国。煤炭仍是保障能源供应的基础能源,2012年以来原煤年产量保持在34.1亿~39.7亿吨。原油生产基本保持稳定,2012年以来原油年产量保持在1.9亿~2.1亿吨。天然气产量明显提升,从2012年的1106亿立方米增长到2019年的1762亿立方米。电力供应能力持续增强,2019年累计发电装机容量20.1亿千瓦,2019年发电量为7.5万亿千瓦时,较2012年分别增长75%、50%。可再生能源开发利用规模快速扩大,水电、风电、光伏发电累计装机容量均居世界首位。截至2019年底,在运在建核电装机容量6593万千瓦,居世界第二,在建核电装机容量居世界第一。

能源输送能力显著提高。建成天然气主干管道超过8.7万千米、石油主干管道5.5万千米、330千伏及以上输电线路长度30.2万千米。

能源储备体系不断健全。建成9个国家石油储备基地,天然气产供储销体系建设取得初步成效,煤炭生产运输协同保障体系逐步完善,电力安全稳定运行达到世界先进水平,能源综合应急保障能力显著增强。

---

① 王吉春,宋婧. 新中国成立70年来我国能源产业规范的发展历程评述及问题应对[J]. 企业经济,2019(8):12-19.

作为人类生存和发展的公用性资源，能源始终是国家和地区现代化发展的基本物质保障条件。由于资源基础和开发利用技术存在明显的局限性，为了确保能源使用的可靠程度，各国都在最大限度地扩大自身的能源供应范围。当前国际政治经济形势十分复杂，而能源（特别是油气）国际化程度较高，我国油气对外依存度已分别超过70%和40%。美伊冲突、中东地缘政治风险加大等风险因素给我国能源安全带来严峻挑战，新冠疫情也给能源储备、应急保障等敲响了警钟。我国在大力推进油气行业市场化改革的同时，必须紧紧把握保障国家能源安全这根弦，坚持问题导向、目标导向、结果导向，真正做到可持续地吸引资本进入、鼓励技术创新，最终增强供应保障能力。

2.1.3 能源科技水平快速提升

创新是引领发展的第一动力。坚持能源技术创新是践行"四个革命，一个合作"能源安全新战略的核心基础支撑。新时代，我国能源科技要紧跟国家战略需求，坚持问题导向和目标导向，瞄准重大前沿领域加快布局，并强化体制机制有效配套，推进技术要素市场化配置，从而推动能源科技创新驱动发展的引擎高效运转。持续推进能源科技创新，促进能源技术水平不断提高，成为推动能源发展动力变革的基本力量。

科技创新是西部能源合理开发利用的重要催化剂。科技创新使西部有条件优化产业布局，有条件调整产业结构，有条件创新产业模式，有条件化解发展中的一些突出矛盾和问题。在能源开发利用中，我们要始终以科技创新构建区域的产业布局和结构；始终以科技创新打造区域的特色优势；始终以科技创新衡量产业层次，提升企业的竞争能力。

中国能源科技取得显著成就，以"陆相生油理论与应用"为标志的基础研究成果，极大地促进了石油地质科技理论的发展。石油天然气工业已经形成了比较完整的勘探开发技术体系，特别是复杂区块勘探开发、提高油田采收率等技术在国际上处于领先地位。煤炭工业建成一批具有国际先进水平的大型矿井，重点煤矿采煤综合机械化程度显著提高①。在电力工业方面，先进发电技术和大容量高参数机组得到普遍应用，水电站设计、工程技术和设备制造等技术达到世界先进水平，核电初步具备百万千瓦级压水堆自主设计和工程建设能力，高温气冷堆、快中子增殖堆技术研发取得重大突破。烟气脱硫等污染治理、可再生能源开发利用技术迅速提高。正负500千伏直流和750千伏交流输电示范工程相继建成投运，正负800千伏直流、1000千伏交流特高压输电试验示范工程开始启动。

"十三五"以来，我国能源科技创新取得了长足进步，"华龙一号"、蓝鲸系列、特高压建设等一系列大装备、大工程，打造了亮丽的中国名片；风电、光伏产业化技术水平均处于世界领先地位；氢能、储能等新兴能源领域强势出击，实验室研究与产业化探索齐头并进；跟随"一带一路"脚步，中国能源企业通过承揽国际能源工程，实现了装备和标准走出去。

建立完备的水电、核电、风电、太阳能发电等清洁能源装备制造产业链，成功研发制造全球最大单机容量100万千瓦水电机组，具备最大单机容量达10兆瓦的全系列风电机组制造能力，不断刷新光伏电池转换效率世界纪录。建成若干应用先进三代技术的核电站，新一代核电、小型堆等多项核能利用技术取得明显突破。油气勘探开发技术能力持续提高，低渗原油及稠油高效开发、新一代复合化学驱等技术世界领先，页岩油气勘探开发技术和装备水平大幅提升，天然气水合物试采取得成功。发展煤炭绿色高效智能开采技术，大型煤矿采煤机械化程度达98%，掌握煤制油气产业化技术。建成规模最大、安全可靠、全球领先的电网，供电可靠性位居世界前列。"互联网+"智慧能源、储能、区块链、综合能源服务等一大批能源新技术、新模式、新业态蓬勃兴起。

---

① 韦结余. 中国西部地区能源开发与经济增长关系的实证研究——基于资源诅咒假说[J]. 重庆理工大学学报(社会科学版),2018,32(9):47-52.

2.1.4 能源绿色低碳消费水平不断提高

党的十八大以来，我国坚持创新、协调、绿色、开放、共享的新发展理念，以推动高质量发展为主题，以深化供给侧结构性改革为主线，全面推进能源消费方式变革，构建多元清洁的能源供应体系，实施创新驱动发展战略，不断深化能源体制改革，持续推进能源领域国际合作，中国能源进入高质量发展新阶段。

消费端数据显示，2012 年以来，我国单位国内生产总值能耗累计降低 24.4%，相当于减少能源消费 12.7 亿吨标准煤。此外，经初步核算，2019 年，我国煤炭消费占能源消费总量比重为 57.7%，比 2012 年降低 10.8 个百分点；天然气、水电、核电、风电等清洁能源消费量占能源消费总量比重为 23.4%，比 2012 年提高 8.9 个百分点；非化石能源占能源消费总量比重达 15.3%，比 2012 年提高 5.6 个百分点，提前完成到 2020 年非化石能源消费比重达到 15% 左右的目标。

近年来，中央财政在支持保障能源安全方面开展了多项工作，通过积极运用多种财税政策手段，采取优化政策体系、供需两端发力的方式，在支持新能源汽车发展、促进能源绿色消费的同时，积极推动可再生能源行业高质量发展，确保能源多元化供给，取得了显著成效。

新能源汽车产业的茁壮成长，只是我国促进能源绿色消费的一个缩影。近年来，我国积极推动可再生能源的发展，不断完善风电、光伏等可再生能源的补贴政策，保障了可再生能源的规模化生产与利用。截至目前，我国可再生能源发电总规模和新增规模均居世界首位，技术水平不断提升、成本持续下降，成为我国能源结构转型的重要力量。

为进一步推动可再生能源行业高质量发展，助力"碳达峰、碳中和"目标如期实现，2020 年中央财政对可再生能源发电补贴政策作了进一步调整完善，按照"以收定支"原则确定新增项目，促进行业健康稳定发展。

一段时期以来，我国把推进能源绿色发展作为推进生态文明建设、坚决打好污染防治攻坚战、打赢蓝天保卫战的重要举措，取得了良好成效。

推进终端领域电能替代。制定《关于推进电能替代的指导意见》，在居民采暖、生产制造、交通运输等领域推行以电代煤、以电代油，稳步提升全社会电气化水平。2019年完成电能替代电量2065亿千瓦时，比上年增长32.6%。

加强分散燃煤治理。制定《燃煤锅炉节能环保综合提升工程实施方案》，提高锅炉系统高效运行水平，因地制宜推广燃气锅炉、电锅炉、生物质成型燃料锅炉。大气污染防治重点区域加快淘汰燃煤小锅炉，根据大气环境质量改善要求，划定高污染燃料禁燃区。

推进北方地区清洁取暖。制定《北方地区冬季清洁取暖规划（2017—2021年）》，将改善民生与环境治理相结合，坚持宜气则气、宜电则电、宜煤则煤、宜热则热，大力推进清洁取暖。截至2019年底，北方地区清洁取暖率达55%，比2016年提高21个百分点。

目前，我国已经建成全球最大的清洁煤电供应体系。数据显示，截至2019年底，我国已实现超低排放煤电机组8.9亿千瓦，占煤电总装机容量的86%。超过7.5亿千瓦煤电机组实施节能改造，淘汰燃煤小锅炉20余万台，重点区域35蒸吨/时以下燃煤锅炉基本清零。

2019年，我国碳排放强度比2005年下降48.1%，超过了2020年碳排放强度比2005年下降40%~45%的目标，扭转了二氧化碳排放快速增长的局面。

当今世界正经历百年未有之大变局。生态环境事关人类生存和永续发展，需要各国团结合作，共同应对挑战。在碳达峰、碳中和目标之下，我国能源绿色低碳转型驶入"快车道"，为中国经济社会持续健康发展提供有力支撑，也为维护世界能源安全、应对全球气候变化、促进世界经济增长做出积极贡献。

我国自主三代核电技术"华龙一号"海外首堆工程——巴基斯坦卡拉奇核电2号（K-2）机组完成100小时连续稳定运行验收，各项性能指标达标，正式进入商业运行，创造了国际最佳建设业绩，标志着中国核电实现了从"跟跑"到"并跑"。

我国能源科技水平快速提升，基本形成了煤、油、气、电、核、新能源和可再生能源多轮驱动的能源生产体系。截至2020年底，清洁能源发电装机规模增长到10.83亿千瓦，首次超过煤电装机容量；占总装机比重接近50%，达到约49.2%。能源节约和消费结构优化也取得显著成效。"十三五"以来，我国以能源消费年均低于3%的增速支撑了国民经济年均7%的增长。2020年，煤炭占能源消费总量的比重降至56.8%，能源消费结构向绿色低碳加快转变。建成世界最大规模充电网络，新能源汽车增量连续3年超过100万辆，有效促进了交通领域能效提高和能源消费结构优化。力争实现2030年前中国二氧化碳排放达到峰值，努力在2060年前实现碳中和目标。到2030年，非化石能源占一次能源消费比重将达到25%左右，风电、太阳能发电总装机容量将达到12亿千瓦以上。

国家能源局党组书记、局长章建华表示，"十四五"时期，我国将不断完善能源产供储销体系，着力增强能源产业链供应链安全性，全面构建清洁低碳、安全高效的能源体系，持续强化能源安全保障能力。随着能源清洁低碳转型深入推进，我国将逐步摆脱化石能源依赖。根据有关研究机构初步测算，到2060年，我国非化石能源消费占比将由目前的16%左右提升到80%以上，非化石能源发电量占比将由目前的34%左右提高到90%以上，建成以非化石能源为主体、安全可持续的能源供应体系，实现能源领域深度脱碳和本质安全。

2.2 西部能源产业发展存在的问题

2.2.1 西部能源开发过程中资源浪费严重

21世纪以来，我国经济迅猛发展，能源消耗量也逐年增加。能源是国民经济的重要物质基础，未来国家命运取决于能源的开发和有效利用程度。从地理位置上看,我国能源资源分布不平衡,西部能源储量远远大于东部。西部地区拥有丰富的煤炭、石油和天然气资源。2010—2019 年,我国能源生产总量整体呈上升趋势,其中,2010 年我国能源生产总量为 31.21 亿吨标准煤,同比增长 9.09%,为近年来最大增幅;2016 年较上年有所下降,为 34.6 亿吨标准煤,2018 年能源生产总量为 37.7 亿吨标准煤,同比增长 5%。2019 年我国能源生产总量为 39.7 亿吨标准煤,同比增长 5.31%,延续增长趋势,达到近 8 年来最高增速。

在我国,能源资源开采属于国家垄断性开发,因此国家在能源资源丰富的西部地区设置了国家或省级大型企业。中国统计年鉴数据显示,截至 2018 年底,全国规模以上煤矿企业数量为 4505 家。在区域分布方面,煤炭生产重心继续向晋陕蒙新等资源禀赋好、竞争力强的地区集中。2018 年,内蒙古、山西、陕西、新疆、贵州、山东、河南、安徽 8 个省(自治区)亿吨级规模以上企业原煤产量 31.2 亿吨,占全国的 88.1%,同比提高 0.9 个百分点。其中,晋陕蒙新四省(自治区)原煤量占全国的 74.3%,同比提高 1.8 个百分点。另外,在国家"控制东部,稳定中部,发展西部"煤炭开发总体布局下,我国西部地区主体开发煤矿企业数量有所增长,中部和东部地区基本稳定。但是随着煤炭部、石油部等部委的撤销,地方能源部门更多的是服从和跟随地方政府的意志,而当地政府的利益并非完全与国家的总体发展战略相吻合①。因此,西部地区仍有一定数量的私人企业,存在一些规模偏小的油田、煤矿等。西北拥有西部地区 81.55% 的煤炭资源和 99.33% 的石油资源,共有煤炭企业 1824 家,其中集团企业 33 家,中央企业 34 家,分别占西北煤炭企业总数的 1.81% 和 1.86%。大量的私人能源企业缺乏先进的技术设备,人员素质不足且后勤保障力量低下,加上缺乏必要的管理和监督机制,导致了资源开采方面的

---

① 樊正德,赵锋.我国西部能源"金三角"区域构建合作机制的模型分析[J].经济研究参考,2018(41):74-80.

随意性以及惊人的浪费。西部能源资源浪费主要表现在以下三个方面：

第一，科技水平不足，导致资源浪费。

在能源开发过程中，大量的小型私人企业技术装备落后，部分煤矿缺乏完整的管理体系，管理制度混乱，从而出现"采易不采难""采富不采贫"的现象，无法形成规模效益甚至出现亏损，私人企业与国有企业之间的利益竞争导致无序开发，从而造成大量的资源浪费，违背了国家关于"坚持开发与节约并举，把节约放在首位"的能源发展方针。

一般情况下，开采煤炭的综采支架是4.8米高，但陕西、内蒙古、新疆的大部分煤矿煤层都很厚，新疆的一些煤层平均厚度就达五六十米，许多开采企业不论煤层是十多米还是几米，都是"吃肥丢瘦"地从中间开采，"白菜心"式的开采导致大量资源的浪费。按国家要求，开采较厚的煤层要采用分层技术逐层开采。但由于分层开采在第一层开采完后不仅需要一年以上的沉积，在第二次开采时还需要做人工围顶，相对来说开采成本增加，工艺复杂，企业为了获取更高的利润，一般都不愿意采纳。

第二，资源回采率低，能源利用程度仍有提升空间。

我国《安全高效现代化矿井技术规范》中规定：厚煤层回采率不应小于78%，中厚煤层回采率不应小于85%，薄煤层回采率不应小于88%。我国西部地区煤炭资源回采率普遍较低，大部分矿山的回采率不足50%，甚至有些矿山的回采率还不到30%。相比之下，国内外先进矿山的回采率一般在80%以上。造成西部地区煤炭资源回采率低下的原因有很多，其中技术、设备和管理的落后是主要原因。此外，一些矿山为了降低成本，往往采取简单粗放的开采方式，导致资源浪费和环境破坏。为了提高西部地区煤炭资源回采率，需要加强技术研发、更新设备、提高管理水平等措施。同时，还需要加强煤炭资源的综合利用，发展循环经济，提高资源利用效率。

西部地区本身就是资源消耗大户，地广人稀的特点使其难以提高能源产业链各环节的效率。不仅如此,西部地区还承接了东部地区转移的重化工产业,但是由于西部地区较低的经济发展水平,快速增加的高耗能产业不可避免地会出现能源利用程度低的状况。

第三,节能技术有待推广应用。

与发达国家相比,我国原材料加工业、采掘业等传统资源型产业技术比较落后。比如:我国重点钢铁企业研发投入占主营业务收入的比例不足3%;高耗能工业品单位能耗比国际先进水平高约15%;锅炉运行效率比国外先进水平低约20%。行业内大中小企业的技术水平参差不齐,导致单位产品能耗水平居高不下,许多企业在节能技术的自主研发和创新上不具备竞争力,同时国家对于已经形成的、先进的节能技术未形成有组织的市场化推广和应用,节能技术成果产业化的配套支持政策也不完善。

目前在全国范围内都尚未形成以企业为主体的节能技术创新体系,对工业绿色发展的技术支撑不够显著,对于技术水平相对落后的西部地区来说,创新和推广应用节能技术更是一个难题。

2.2.2 生态破坏严重

西部地区拥有我国2/3的能源资源,能源产业向西部地区集中必然会加强国家对西部能源产业的扶持,同时也会凸显资源产业对经济增长的支撑作用,促进资源产业的扩张。调查显示,我国60%的贫困县和50%的生态脆弱县都坐落在西部地区,西部能源产业的扩张开发必然会带来生态环境的破坏[1]。主要体现在以下四个方面:

第一,开采过程中废气排放造成大气污染。

西部地区生产总值和工业增加值分别占我国的18%和15%,其排放的工业废气和二氧化硫分别占全国的24%和30%,万元产值排放的污染物比

---

[1] 王思博,陈彦博.能源产业投资依赖性与西部地区经济增长关系研究——基于空间面板杜宾模型的实证分析[J].生态经济,2018,34(3):72-75.

东部地区高 1~5 倍。废气的超标排放直接影响了西部地区的空气质量,由于缺乏全国统一的煤炭消费控制目标和空气污染治理目标,空气污染在西部省份出现恶化趋势。统计数据显示,2019 年第一季度与 2018 年同时期相比,355 座城市中有 91 座城市的 $PM_{2.5}$ 平均浓度同比均有不同程度的增加,其中 69 座城市位于中西部地区。[①]

粗放型的经济发展模式使得西部地区大部分能源产业只注重眼前利益而不考虑长远发展,企业在环保方面投资不足,导致能源开发过程中二氧化碳、二氧化硫、粉尘和烟尘排放超标,空气中的废气浓度过高,从而产生了温室效应,甚至导致酸雨的出现,影响植被再生,水土流失严重,进一步破坏动植物多样性,加剧生态环境恶化。从根本上来说,西部地区的生态环境相较于东部地区十分脆弱,因此,开采过程中的废气排放必然会给西部地区的生态环境造成严重影响。

第二,污水排放造成水污染。

水体污染和水资源短缺是西部地区存在的两个最严重的水环境问题。西北地区由陕西、甘肃、宁夏、青海、新疆和内蒙古 6 省(区)组成,地域辽阔,人口相对稀少,该区气候干旱,降水稀少,蒸发旺盛,这样特殊的地理位置及气候条件决定了西北地区水资源短缺。在获取能源资源过程中必然会消耗大量水资源,这对于本就缺少水资源的西部地区来说无疑是雪上加霜,近年来能源产业特别是煤炭产业的发展受到水资源的制约越发明显。榆林地区由于煤炭的大量开采,导致地下水水位连续下降,减少了地下潜水向河道的补给量和向地表的供应量,全市的湖泊也从原来的 869 个减少到当前的 79 个。

能源开发过程中产生的废水大都含有重金属等污染成分,西部地区的某些小型能源企业由于缺少严格监管,未按照要求对废水进行处理就随意

---

① 中国环境监测总站. 全国城市空气质量报告[EB/OL]. (2019-04-23)[2023-12-26]. http://www.cnemc.cn/sssj/.

排放，引起水体污染，随后水体在移动过程中将污染扩散到更大范围，加深污染程度。目前，采矿产生的废水排放量占全国工业废水排放总量的10%以上，而处理率却不足5%，水质污染严重，水资源恶化明显。西部地区超负荷的采矿活动，使得地表水重金属超标，含有毒性，这些被污染的地表水随着土壤慢慢渗入地下，危及周围河道、土壤，甚至破坏整个水系，影响工业和居民用水，给人类的生产生活带来巨大威胁。此外，由于采矿时大量抽取地下水，使得地下水水位下降，加剧了水资源匮乏，有些地方甚至形成了不同规模的地下水漏斗。

另外，开发石油资源所造成的污染也比较严重，油田的开采一般是采取注水采油的方式，该过程所产生的钻井废水、采油废水和洗井废水等含有大量化学物质，这些废水直接排放会污染地表、土壤甚至地下水，致使土壤严重盐碱化。

第三，能源开发造成地质破坏。

西部地区生态环境脆弱，地质结构复杂，地质灾害类型多样且发生频率高，危害严重。自然资源部大范围专项调查结果表明，我国矿山环境形势严峻，采矿活动引发的地面塌陷、地表裂缝现象频出，给居民的正常生活造成了很大隐患。矿产开发活动破坏了地下水的均衡系统，加剧了矿区水土流失和土地沙漠化，还会诱发滑坡、泥石流等自然灾害。露天开采不仅侵占大面积良田，而且在很大程度上破坏了原来稳定的土壤和植被，导致严重的水土流失。西部一些露天开采形成的排土场与尾矿甚至成了沙尘暴的源地。全国因采矿而破坏的森林面积已达106万公顷。全国矿山开发占用草地面积为26.3万公顷。

据不完全统计，我国因采矿业造成的地面塌陷灾害损坏耕地130万亩。如甘肃陇南由于乱采铅锌矿等原因引起的滑坡分布面积达9067平方千米，有滑坡体12135处。据调查，山西省13个主要矿区2035平方千米面积上，产生塌陷等地表变形面积达542平方千米，占调查面积的26.6%，涉及207个村庄、11.7万余人。其中八大矿务局所属矿区塌陷总面积达297.5

平方千米,占采空面积的61%。由于对自然环境的各种破坏,使得西部矿业和能源开发的环境成本高、代价大。

煤炭和油气大规模开采以后,都会造成地面塌陷,导致地层表面构造极不稳定。由于地质结构的破坏,煤炭开采区域形成了大量采空区,甘肃某煤矿附近,2019年采空面积达21平方千米,占该矿区总面积的30%,由此造成的房屋倒塌、河流干涸和生物链破坏等经济损失每年高达5600万元。在采空区内,不能修建高层建筑,不能建造大型工厂和水库,即使建设低层建筑也需要进行额外的基础加固处理,耗费大量人力和财力,增加巨额投资。因此,采空区内的损失是永久性的,且金额巨大,部分矿区塌陷面积甚至超过了开采面积。目前,西部地区水土流失面积为104.7万平方千米,占全国水土流失总面积的80%以上,水土流失率达15.15%,使西部脆弱的生态环境雪上加霜。

第四,噪声污染。

能源开发业是高噪声污染行业之一,开采过程中要利用大量设备进行爆破、挖掘、开采等,井工开采还要增加排水、压气和通风等环节,无论哪种开采方式噪声污染都相当严重。随着我国能源业的现代化程度越来越高,以及机械化应用普及率的提升,各种频率不同的声强噪声,不仅污染了工作环境,而且影响了职工的身心健康,降低了劳动生产率,给矿山的生产造成了较大影响。

2.2.3 西部能源产业资源综合利用程度较低

西部地区能源产业群经过几十年的发展,取得了一些成效,在内蒙古、四川、贵州、云南、青海、宁夏、新疆初步形成了煤炭开采和洗选业集群;在重庆、陕西、新疆、四川基本形成了天然气开采及加工业集群;在内蒙古、重庆、四川、贵州、陕西初步形成了燃气生产与供应业集群,但总体来说这些已形成的产业集群还处于初级阶段。目前,集群主要是依托各类能源资源发展起来的,专业性突出,单一的产业结构和简单的供应链模式导致其缺乏多样性和互补性。集群内各成员的关系更多地体现在自然资源的供应上，这种相对简单的供应关系限制了与其他产业部门的合作联系，从而导致了相对封闭的产业集群系统，也间接影响了西部能源产业资源的综合利用程度。主要体现在以下两个方面：

一是能源开发缺乏整体规划，尚未形成有竞争优势的产业集群。

改革开放后，国家将发展的重心放在了东部区域，致使西部地区经济发展水平远远落后于东部地区，西部地区面临着前所未有的发展压力。西部大开发战略实施以来，西部地区加快追赶东部地区的工业化步伐，促进其自身经济发展。西部地区属于竞争力要素驱动地区，充分利用本区域资源禀赋的优势，大力开发能源资源。能源资源开发向西部地区的集中，必然会加强经济增长对能源产业的依赖作用，加强能源产业的扩张，从而挤占其他产业的发展空间，导致产业结构单一化；而能源地区产业结构单一化必然会进一步加大能源开发力度。如此缺乏整体规划的能源开发，对环境和资源的破坏是难以避免的。

在过去很长一段时间内，西部地区经济发展模式都是以"高投入、高消耗、低效率、低产出"为特点的粗放型经济增长方式，与之相伴的是能源资源的高消耗。这种能源产业的超负荷发展，导致了产业结构的畸形发展，使产业链无法有效连接。产业发展水平低下，工艺技术水平落后，使得各产业集群间的关系更多地表现为直线式而不是网状式，无法通过上、下游产业之间的互动效应来推动产业集群的发展，没有形成具有竞争优势的产业发展的内在机制。

西部地区的能源产业，由于受到社会、历史、技术和自然资源等因素的影响，分工层次低，产品附加值低，竞争力严重不足。总体来说，西部地区的能源产业是依靠国家大规模投资，从外部移入发展而成。在其发展之初，就形成了以中央直接调控的大中型骨干企业为主的企业规模结构，而不是市场机制作用的产物。长期以来，西部地区的产业发展都是在政府的主导下完成的，由于市场机制的缺失，市场对资源配置的作用难以有效发挥，使得企业在发展过程中缺少激励和动力，缺乏主动性和创造性。因此，产业区内没有形成相互依托、上下联动的协同关系，缺乏真正的专业化分工，也没有形成产业间相互支撑的互补效应，缺乏既竞争又合作的创新动力。

二是西部地区能源产业结构不合理，资源配置未实现最优状态。

近年来，随着我国经济的发展，社会的不断变革，西部地区的能源产业结构不断朝着合理化方向发展。但由于受到多种因素的制约，西部地区的能源产业结构仍然存在较多问题：煤炭产量比重过大，原油和天然气储量较少，而可再生能源的发展存在一定局限性，因此目前我国能源消费结构依旧以煤炭为主。以陕西省为例，根据《陕西省统计年鉴》（2019）数据，2010—2019年陕西省煤炭的生产比例远远超过其他能源，2019年煤炭产量占全省当年能源生产结构的78%；2010—2019年陕西省煤炭消费比例虽有起伏，但是其比例每年依旧保持在70%以上，在油气资源稀缺的宁夏、内蒙古、甘肃等省份煤炭消费比例更高。因此，以煤炭为主的能源消费模式是西部地区乃至全国的普遍现象。

目前，我国仍然是世界第一煤炭消费大国，这种能源使用结构的不合理性对生态环境造成了巨大冲击，也对社会经济发展产生了一定影响。同时，以煤炭为主的西部能源产业结构也面临着巨大挑战：一是原煤的大量使用对大气造成严重污染，给生态环境带来了巨大负担；二是这种能源使用结构不利于经济的长期可持续发展。要实现西部能源资源的最优配置必须充分考虑西部内、外各区域的能源结构特征。资源主导是西部地区经济发展的典型特征，能源资源丰富的西部地区成为全国资源型产品的生产基地，因此，西部地区的产业结构模式逐渐发展成为以附加值低的资源型产业为主导的模式。除此之外，西部地区各省份之间工业结构同质化现象明显，这种趋势不仅会造成资源浪费，也会导致省际恶性竞争，不利于区域的整体发展。单一的产业结构模式约束了产业结构变革的速度和空间，影响了经济发展。

西部大开发战略的实施，进一步加大了能源资源的开发力度，一定程度上推动了西部地区采掘业、加工业等行业的发展，带动了资源开发对经济的发展。但是，长远来看，由政府投资主导的经济带动作用越发不明显，这说明投资主导的经济发展并不具有可持续性，依靠开发自然资源促进经济增长的发展模式必定要做出改变。西部地区应根据实际情况，制定合理政策，优化产业结构，促进经济可持续发展。

3 新发展阶段西部能源产业的战略地位与作用

西部地区的能源产业对地方经济具有重大影响,能源产业是西部地区重要的经济来源(即财政来源),从根本上带动了整个西部地区的经济发展。改革开放以来,在我国经济快速增长过程中,粗放式发展伴随一系列能源和环境问题接踵而至,区域间不平衡不充分的发展矛盾与能源需求压力突出,严重制约着我国能源领域的高质量发展[1]。在能源问题上,党的十九大提出要推进能源生产和消费革命,构造清洁低碳、安全高效的能源体系[2]。能源高质量发展对于推进我国发展具有重要意义。同时,能源是社会生产、居民生活的基础领域,其内在机理要求能源领域要适应社会矛盾的转化,贯彻新发展理念,走高质量发展模式[3]。

发展新型理念首先要将新理念进行全方位的贯彻和推广,这对我国的社会主义经济发展而言,将是一次重要变革。新发展理念为全面建设小康社会、振兴中国奠定了理论基础,是我国发展理念上的一次全新的变革。新发展理念蕴含着十分深刻而丰富的含义,其不仅对新时代发展方法、机

---

[1] 魏敏,李书昊. 新时代中国经济高质量发展水平的测度研究[J]. 数量经济技术经济研究,2018,35(11):3-20.
[2] 习近平. 决胜全面建成小康社会夺取新时代中国特色社会主义伟大胜利——在中国共产党第十九次全国代表大会上的报告[M]. 北京:人民出版社,2017.
[3] 何强,李荣鑫. 我国能源高质量发展的目标和实施路径研究[J]. 未来与发展,2019,43(11):6-9.

制以及方向等方面的问题作出了明确回答,而且将新时代发展的方向、动力等方面融合成了紧密的有机体系。新发展理念是党中央对社会发展新形势情况更为深刻、科学的认知,也是我国在新趋势下治理国家的新理念,是具有巨大潜力的理论武器。

3.1 新发展阶段西部能源产业的发展战略

3.1.1 新发展阶段西部能源产业的战略定位

新发展理念是对中国特色社会主义发展理论的继承与创新。新发展理念是对中国特色社会主义发展理论的继承。改革开放以来,从邓小平理论、江泽民关于全面发展及可持续发展理论到胡锦涛的科学发展观,它们都强调了发展的重要性以及怎样发展的问题。邓小平理论强调发展才是硬道理。发展是物质文明和精神文明的全面发展,坚持两手抓,两手都要硬。全面发展及可持续发展理论强调发展是党执政兴国的第一要务。发展应是全面的、可持续的发展。科学发展观强调第一要义是发展,而且是科学的发展,坚持以人为本、全面、协调和可持续。新发展理念正是以习近平同志为核心的党中央在新形势下围绕这一主题所提出的。新发展理念不仅回答了怎样发展的问题,而且还为中国未来的发展指明了方向,巩固了中国特色社会主义发展理论的基础。新发展理念是对中国特色社会主义发展理论的创新。创新、协调、绿色、开放、共享的新发展理念更加全面,深化了我们对发展规律的认识。新发展理念是创新发展、协调发展、绿色发展、开放发展、共享发展相互促进、内在统一的发展集合体,将绿色、开放与共享的发展理念前所未有地纳入发展的核心范畴,解决了发展的动力问题、发展的不平衡性问题、发展的可持续性问题、发展的国际性问题以及发展的公平性问题,实现了发展动力、发展结构、发展条件、发展空间、发展价值的内在统一,使我们对发展的认识更加深入。

十年来党中央坚持立足新发展阶段、贯彻新发展理念、构建新发展格局,加快建设现代化经济体系,以扩大内需为基点,深化供给侧结构性改革,推动经济实现高质量发展。根据2023年政府工作报告中的数据,2022年国内生产总值增加到121万亿元,五年年均增长5.2%,十年增加近70万亿元,年均增长6.2%,经济发展再上一个新台阶。中国继续保持着世界第二大经济体的位置,这为分好"蛋糕"、扎实推进共同富裕提供了雄厚的经济基础和有力支撑[①]。同时,我们也意识到了当前国际社会正经历深刻调整,"世界之变"前所未有,同时"中国之变"也在深入推进,因此,在新时代新征程上必须正确梳理和把握战略问题,进行前瞻性思考。党的二十大报告从统揽全局和协调局部的有机统一中对全面建设社会主义现代化国家进行了精心设计,具体体现在四个方面。第一,党的二十大报告对习近平新时代中国特色社会主义思想作了更为科学且全面的诠释,并将其作为新时代新征程上夺取新胜利的指导思想,通过全面贯彻这一新思想使得全党进一步深刻领悟"两个确立"的决定性意义,增强"四个意识"、坚定"四个自信"、做到"两个维护",从而使党中央各项重大决策部署切实落地实施。第二,党的二十大报告对于如何实现第二个百年奋斗目标作了细致的部署,并且明确指出首要任务就是要实现高质量发展。为此,在新征程上必须坚持把握新发展阶段、贯彻新发展理念、构建新发展格局战略导向,同时将"五位一体""四个全面"等关系发展全局的总体布局和战略布局贯彻落实到位,从而为经济社会高质量发展打下坚实的物质基础。第三,党的二十大报告坚持问题导向,对于关系经济社会发展大局的矛盾与问题进行了深入思索,指出要在解决好社会主要矛盾中助推全面建设社会主义现代化国家。第四,党的二十大报告坚持人民至上的立场,"坚持把实现人民对美好生活的向往作为现代化建设的出发点和落脚点",指明要分步骤、分阶段扎实推动共同富裕,从而到2035年能够实现

---

① 竭长光,陶勇宇.新时代中国共产党扎实推进共同富裕的成就、举措与经验——深入学习党的二十大报告精神[J].通化师范学院学报,2023,44(7):1-10.

"人的全面发展、全体人民共同富裕取得更为明显的实质性进展"这一发展目标。总的来讲,党的二十大报告在未来发展的战略部署上实现了全局和局部的统筹兼顾,在全局谋划中考虑局部发展问题,通过解决好坚持党的领导、推动高质量发展、扎实推动共同富裕等一个个具体问题来更好地服务于全面建设社会主义现代化国家这一大局、全局[①]。

思想引领行动,理论指导实践。经济社会发展是一个不断变化的进程,发展环境不会一成不变,发展条件不会一成不变,必须根据发展环境、发展条件的变化形成和树立新的发展理念,自觉坚持用新发展理念引领新的发展实践。发展理念是战略性、纲领性、引领性的东西,是发展思路、发展方向、发展着力点的集中体现。能否树立和践行科学的发展理念,对发展实践至关重要。诚如习近平总书记所说:"理念是行动的先导,一定的发展实践都是由一定的发展理念来引领的。发展理念是否对头,从根本上决定着发展成效乃至成败。"[②] 2022年3月,习近平总书记在参加第十三届全国人大五次会议内蒙古代表团审议时概括提出了必须始终坚持的"五个必由之路",党的二十大报告重申这个论断,指出"这是我们在长期实践中得出的至关紧要的规律性认识,必须倍加珍惜、始终坚持"。贯彻新发展理念是新时代我国发展壮大的必由之路,新时代新征程的奋斗坚持以创新、协调、绿色、开放、共享的新发展理念为引领,对于贯彻落实党的二十大精神,胜利实现新时代新征程中国共产党的使命任务具有重大的现实意义。深入贯彻新发展理念也贴合了党的二十大初步构建的中国式现代化理论体系,为推进中国发展确立了新的奋斗目标。从中国式现代化九个方面的本质要求看,坚持中国共产党领导,要求以科学理念引领中国式现代化,新发展理念体现指导中国发展的先进性。坚持中国特色社会主义,体现中国式现代化的正确方向与推动中国发展的根本目的相统一,以

---

① 郝志强.党的二十大报告蕴含的战略思维探赜[J].中共郑州市委党校学报,2023(3):12-17.
② 中共中央文献研究室.十八大以来重要文献选编(中)[M].北京:中央文献出版社,2016.

人民为中心的发展思想为内核的新发展理念,彰显中国式现代化的属性特征。实现高质量发展,新发展理念引领转变发展方式,优化经济结构,转换增长动力,建设现代化经济体系。发展全过程人民民主,要求贯彻新发展理念,在经济、政治发展中促进社会公平公正。丰富人民精神世界,形成以贯彻新发展理念推动物质和精神两个文明齐头并进,物质充裕和精神丰富的中国式现代化以新发展理念为引领。实现全体人民共同富裕,新发展理念为中国式现代化提供思想指南,中国式现代化成果共享体现全体人民共同富裕的主旨。促进人与自然和谐共生,内含绿色发展的要求,中国式现代化的绿色发展体现新发展理念的价值。推动构建人类命运共同体,坚持共享发展的理念,不仅体现中国式现代化为中国人民创造美好生活的重大意义,而且还体现中国式现代化惠及世界的共享性。创造人类文明新形态,意味着中国式现代化将以贯彻新发展理念的实践为世界各国提供具有时代特点的发展新样式①。

新发展理念是中国共产党关于发展理论的一次重大升华,是习近平新时代中国特色社会主义思想的重要内容。习近平总书记在党的十九大报告中用"八个明确"的主要内容和"十四个坚持"的基本方略系统阐述了习近平新时代中国特色社会主义思想的科学内涵。在"十四个坚持"的基本方略中,第四个坚持即"坚持新发展理念",强调:"发展是解决我国一切问题的基础和关键,发展必须是科学发展,必须坚定不移贯彻创新、协调、绿色、开放、共享的发展理念。"新发展理念作为习近平新时代中国特色社会主义思想的重要内容,同时也是习近平新时代中国特色社会主义经济思想的主要内容②。

---

① 齐卫平. 贯彻新发展理念:新时代我国发展壮大的必由之路[J]. 中共宁波市委党校学报,2023,45(3):5-14.
② 中央经济工作会议在北京举行[N]. 人民日报,2017-12-21(1).

3.1.2　新发展阶段西部能源产业的战略布局

能源是人类文明进步的基础和动力，攸关国计民生和国家安全，关系人类生存和发展，对于促进经济社会发展、增进人民福祉至关重要。新中国成立以来，在中国共产党领导下，中华儿女自力更生、艰苦奋斗，逐步建成较为完备的能源工业体系。改革开放以来，中国适应经济社会快速发展需要，推进能源全面、协调、可持续发展，成为世界上最大的能源生产消费国和能源利用效率提升最快的国家。党的十八大以来，中国发展进入新时代，中国的能源发展也进入新时代。2014年6月13日，习近平总书记在主持召开的中央财经领导小组第六次会议上提出"四个革命、一个合作"能源安全新战略，为新时代中国能源发展指明了方向，开辟了中国特色能源发展新道路。中国坚持创新、协调、绿色、开放、共享的新发展理念，以推动高质量发展为主题，以深化供给侧结构性改革为主线，全面推进能源消费方式变革，构建多元清洁的能源供应体系，实施创新驱动发展战略，不断深化能源体制改革，持续推进能源领域国际合作，中国能源进入高质量发展新阶段。

生态兴则文明兴。面对气候变化、环境风险挑战、能源资源约束等日益严峻的全球问题，中国树立人类命运共同体理念，促进经济社会发展全面绿色转型，在努力推动本国能源清洁低碳发展的同时，积极参与全球能源治理，与各国一道寻求加快推进全球能源可持续发展新道路。习近平主席在第七十五届联合国大会一般性辩论上宣布，中国将提高国家自主贡献力度，采取更加有力的政策和措施，二氧化碳排放力争于2030年前达到峰值，努力争取2060年前实现碳中和。新时代中国的能源发展，为中国经济社会持续健康发展提供有力支撑，也为维护世界能源安全、应对全球气候变化、促进世界经济增长做出积极贡献。

新时代的中国能源发展积极适应国内国际形势的新发展新要求，坚定不移走高质量发展新道路，更好服务经济社会发展，更好服务美丽中国、健康中国建设,更好推动建设清洁美丽世界。

3.1.2.1 能源安全新战略

新时代的中国能源发展,贯彻"四个革命、一个合作"能源安全新战略。

推动能源消费革命,抑制不合理能源消费。坚持节能优先方针,完善能源消费总量管理,强化能耗强度控制,把节能贯穿于经济社会发展全过程和各领域。坚定调整产业结构,高度重视城镇化节能,推动形成绿色低碳交通运输体系。在全社会倡导勤俭节约的消费观,培育节约能源和使用绿色能源的生产生活方式,加快形成能源节约型社会。

推动能源供给革命,建立多元供应体系。坚持绿色发展导向,大力推进化石能源清洁高效利用,优先发展可再生能源,安全有序发展核电,加快提升非化石能源在能源供应中的比重。加大油气勘探开发力度,推动油气增储上产。推进煤电油气产供储销体系建设,完善能源输送网络和储存设施,健全能源储运和调峰应急体系,不断提升能源供应的质量和安全保障能力。

推动能源技术革命,带动产业升级。深入实施创新驱动发展战略,构建绿色能源技术创新体系,全面提升能源科技和装备水平。加强能源领域基础研究以及共性技术、颠覆性技术创新,强化原始创新和集成创新。着力推动数字化、大数据、人工智能技术与能源清洁高效开发利用技术的融合创新,大力发展智慧能源技术,把能源技术及其关联产业培育成带动产业升级的新增长点。

推动能源体制革命,打通能源发展快车道。坚定不移推进能源领域市场化改革,还原能源商品属性,形成统一开放、竞争有序的能源市场。推进能源价格改革,形成主要由市场决定能源价格的机制。健全能源法治体系,创新能源科学管理模式,推进"放管服"改革,加强规划和政策引导,健全行业监管体系。

全方位加强国际合作，实现开放条件下能源安全。坚持互利共赢、平等互惠原则，全面扩大开放，积极融入世界。推动共建"一带一路"能源绿色可持续发展，促进能源基础设施互联互通。积极参与全球能源治理，加强能源领域国际交流合作，畅通能源国际贸易、促进能源投资便利化，共同构建能源国际合作新格局，维护全球能源市场稳定和共同安全。

3.1.2.2 新时代能源政策理念

坚持以人民为中心。牢固树立能源发展为了人民、依靠人民、服务人民的理念，把保障和改善民生用能、贫困人口用能作为能源发展的优先目标，加强能源民生基础设施和公共服务能力建设，提高能源普遍服务水平。把推动能源发展和脱贫攻坚有机结合，实施能源扶贫工程，发挥能源基础设施和能源供应服务在扶贫中的基础性作用。

坚持清洁低碳导向。树立人与自然和谐共生理念，把清洁低碳作为能源发展的主导方向，推动能源绿色生产和消费，优化能源生产布局和消费结构，加快提高清洁能源和非化石能源消费比重，大幅降低二氧化碳排放强度和污染物排放水平，加快能源绿色低碳转型，建设美丽中国。

坚持创新核心地位。把提升能源科技水平作为能源转型发展的突破口，加快能源科技自主创新步伐，加强国家能源战略科技力量，发挥企业技术创新主体作用。推进产学研深度融合，推动能源技术从引进跟随向自主创新转变，形成能源科技创新上下游联动的一体化创新和全产业链协同技术发展模式。

坚持以改革促发展。充分发挥市场在资源配置中的决定性作用，更好发挥政府作用，深入推进能源行业竞争性环节市场化改革，发挥市场机制作用，建设高标准能源市场体系。加强能源发展战略和规划的导向作用，健全能源法治体系和全行业监管体系，进一步完善支持能源绿色低碳转型的财税金融体制，释放能源发展活力，为能源高质量发展提供支撑。

坚持推动构建人类命运共同体。面对日趋严峻的全球气候变化形势，树立人类命运共同体意识，深化全球能源治理合作，加快推动以清洁低碳为导向的新一轮能源变革，共同促进全球能源可持续发展，共建清洁美丽世界。

3.1.3　新发展阶段西部能源产业的战略意义

3.1.3.1　新发展阶段西部能源产业的国内意义

新发展理念是党中央基于马克思主义社会发展理论为基础所提出的创新性理论。新发展理念在当前趋势下，对我国未来的发展方向、目标和主体等进行了解答。从这一角度来讲，新发展理念是在新的阶段，指导我国科学发展，达成全面建成小康社会战略目标，解决各类矛盾和挑战的重要理论指南。

新发展理念中提出的"创新"，适应了我国的发展需求。从整体的角度来看，我国依然采用的是粗放型经济发展方式，在现实发展中，由于企业缺乏创新能力而产生了耗能大、效率低等较为严重的问题，这就对国家提出了引导创新的要求，帮助国内企业提高自身能力，更好地参与国际市场竞争。通过"协调"可以使经济发展的不平衡问题得到解决，这里所说的"不平衡"主要包括两层含义：一是经济产业结构发展不平衡；二是东西部地域发展不平衡。在社会和经济发展的过程中，人与自然之间的关系是非常重要的，"绿色"主要是为了应对这个问题。在我国，有限的自然资源已无法为经济的高能耗发展提供支持，随着环境问题日益严重，开始从经济发展问题转变成人的生存问题，经济和社会要实现可持续发展，就必须走绿色发展的道路。内外联动发展提出了"开放"的要求。近年来，改革开放在我国的实施日渐深入，社会主义市场经济体制也在不断深化改革，这就要求我国坚持开放的发展理念，同时这也是世界发展必然要走的道路。对于社会的公平与正义问题可以通过"共享"进行解决。我国的国家发展目标、国家与党的性质决定了人民可以共享发展成果。社会发展的过程中存在着民生问题和不公平问题，因此人民对公平正义的呼声越来越高,这也是社会主义民主发展所要达到的目标。

我国在现阶段的发展中存在着很多机遇,同时也面临着大量的考验,无论是社会发展正在遭遇的问题,还是国家未来发展将要面临的形势,我们都要用科学的眼光来看待,对社会发展现状和环境情况有正确的了解。新发展理念是对我国总体发展情况的科学论断,体现了现实发展和现实需求,同时也体现了科学化的哲学思想,主要包括解放思想、实事求是、一切从实际出发等。

根据时代和实践发展的新要求,2015年习近平总书记在党的十八届五中全会上创造性地提出创新、协调、绿色、开放、共享的新发展理念。其中,创新是引领发展的第一动力;协调是持续健康发展的内在要求;绿色是永续发展的必要条件和人民对美好生活追求的重要体现;开放是国家繁荣发展的必由之路;共享是中国特色社会主义的本质要求。在党的十九大报告中,"坚持新发展理念"被列入新时代坚持和发展中国特色社会主义的十四条基本方略,成为党和国家事业发展必须长期坚持和全面贯彻的基本方略;迈进新征程,习近平总书记在中央政治局第二十七次集体学习等场合多次强调,全党必须完整、准确、全面贯彻新发展理念。党的十九届六中全会通过的党的历史上第三个历史决议将新发展理念写入其中,指出贯彻新发展理念是关系我国发展全局的一场深刻变革。新发展理念结合时代特点对发展内涵进行了全面的扩充,对发展方式、内容及性质等问题都作出了科学的回答,经济建设被赋予了显著的时代特点和人民取向,对我国发展思路、理念、方式和体制的改革工作起到了一定的推动作用,发展进入了新局面。

新发展理念提到要重视经济发展的质量。2017年10月18日,习近平总书记在党的十九大报告中对我国经济发展阶段进行深入分析后作出了判断:我国经济已由高速增长阶段转向高质量发展阶段。这在内在逻辑层面与经济趋势和经济发展新常态两大判断一致。经济趋势和经济发展新常态主要是对经济阶段性变化的新特征进行了阐述,高质量发展在概括发展阶段的同时还对发展的价值与战略取向进行了阐述。习近平总书记指出,人民对美好生活产生的需要可以通过高质量发展得到满足,新发展理念也通过高质量发展得到了充分体现①。要求我们将质量放在第一位,坚持效益优先,从动力、效率和质量三个层面入手对经济发展进行变革,以此来提升我国经济的创新力,形成竞争优势。推动高质量发展是当前与未来一个时期制定经济政策、明确发展思路、进行宏观调控的根本要求。党的十九大以来,我国经济发展质量较之以往有很大提升,无论是劳动生产率还是全要素生产率都呈现出持续回升的状态;经济效益有了很大程度的改善,政府、企业、居民收入呈现出稳定增长的状态;发展动力的转换速度和新技术、新产业、新模式、新业态的增长速度都明显加快;在防治污染、精准脱贫、对重大风险进行防范化解等方面取得了显著的成果。

3.1.3.2 新发展阶段西部能源产业的国际意义

党的十八届五中全会基于我国经济社会发展趋势和格局,明确提出了新发展理念,即创新、协调、绿色、开放、共享。该理念的提出是我国对社会主义经济发展目标、发展出发点、落脚点及发展规划经验的总结。该理念一经提出,便引起了广泛讨论。社会各界对于新发展理念关注度较高。这也说明了,新发展理念不仅是实现民族振兴、国家富强、"两个一百年"奋斗目标的指导纲领,而且是推动人类社会文明进步的重要理论。新发展理念对中国,乃至对整个世界,均有积极的影响。

对世界经济社会发展而言,创新是非常重要的动力。世界经济社会发展与国家经济社会发展一致,同样都离不开创新。我党所倡导的创新理念,指的是促进理论、文化、制度、科技等方面的创新。所谓世界经济社会发展史,从本质上来讲就是正确价值观的创新史。18世纪,英国一马当先,完成了第一次工业革命,之后,英国经济呈爆发式发展,英国经济实力的迅速提升改变了当时的世界格局。1929年爆发了全球性的金融危机,

---

① 杜颖.新发展理念及其意义研究[D].哈尔滨:哈尔滨师范大学,2020.

为了缓解当时糟糕的经济状况，许多政治家和经济学家都在努力尝试找到解决策略，最终依赖创新，资本主义度过了这次危机。许多拉美国家持续受困于"中等收入陷阱"难以自拔，很大一部分原因在于这些国家机制体制缺乏创新，缺乏改革动力。国际金融危机爆发后，长达8年的时间里，世界经济始终发展缓慢的根本原因在于上一轮产业革命缺乏创新动力。世界经济持续稳定发展，走出金融危机困境，需要的是创新动力。而恰恰拥有这样前瞻性的认识，我国才会强调创新的地位，才会大力推进创新驱动发展战略。与一些拉美国家相比，德国的经济实力位居世界前列，德国能够取得如今的成就，很大一部分原因要归功于其所实施的高科技战略计划——"工业4.0"，德国一直在坚持借助体制变革来获取创新动力，然后将创新动力倾注于科技发展上，最终通过科技进步打造新经济形态，获得经济优势。

对世界经济社会发展而言，协调是内在要求。协调发展理念主要解决我国发展不协调、结构不平衡的问题。协调发展能够促进发展整体性增强，从而带动薄弱环节的发展。当前阶段，发展不协调普遍存在于各个国家中。在经济一体化背景下，大国、强国的经济政策外溢效应是十分突出的。这是新时代经济的发展规律，注重协调经济政策，确保政策能够协调统一、产生行动合力，才能够最大限度地发挥出政策效力。"一带一路"倡议就是我国从世界格局出发所作出的协调战略，与共建国家展开合作，正是协调发展理念中共赢、共发展的体现。

对世界经济社会发展而言，绿色是共同梦想。在确保经济能够快速发展的前提下，要节约资源保护环境，走绿色发展道路。这不但是我国在新格局下所秉承的发展理念，同时也是世界经济发展所应该秉承的理念。一直以来，我国始终坚持走绿色低碳的可持续发展道路，加快发展方式绿色转型，真正实现社会和谐发展。现阶段，在绿色发展理念的引领下，我国已经成为新清洁能源、可再生能源使用规模最大的国家。我国不仅在开发清洁能源方面做出重大贡献，在节能方面也一直严于律己，努力提升能源利用率。有长远战略意识的国家和企业都将绿色、低碳发展放在首位。

对世界经济社会发展而言,开放是必然趋势。互利共赢是开放理念的核心内容。在经济一体化背景下,发展开放型经济,顺应局势,深度融入世界经济环境,是我国在总结历史经验和认识当代矛盾问题后所作出的重大决策。20世纪20年代,美国主张孤立主义,对一些国家实施了一系列来自强国的经济制约。后来全球爆发经济危机,美国为一己之私,闭关锁国,以为这样就能度过危机,实际上是自欺欺人。人类只有一个地球,各国共处一个世界,任何一个国家的发展都与世界经济相关,都与全球价值链相关,所以,任何一个国家都难以摆脱世界经济环境,更难以从互利互惠、合作共赢的发展轨道中脱离,这是世界经济社会发展的必然趋势。

对世界经济社会发展而言,共享是人民向往。世界经济发展能够让各国人民享受到发展带来的福利,同时也是不同国家的共同追求。为了让世界人民都能够享受来自世界经济发展的福利,2015年9月,联合国发展峰会开幕,正式通过《2030年可持续发展议程》[①]。

3.2 新发展阶段西部能源产业的作用

发展行动要以发展理念为指导,发展思路、发展方向和着力点也通过发展理念得到了体现。从根本上说,发展的成败以及产生的效果取决于发展理念的正确与否。现阶段,我国在发展过程中出现了很多问题和矛盾,为了使其得到解决,在对国内外发展情况进行深入分析并对其中的经验教训进行深刻总结的基础上,党中央提出了新发展理念的概念。新发展理念蕴含着十分深刻而丰富的含义,不仅对当下新时代发展方法、机制以及方向等方面的问题作出了明确回答,而且将新时代发展的方向、动力等凝结成了紧密的有机体系。新发展理念是我党对社会发展新形势情况更为深刻、科学的认知,也是我国在新趋势下治理国家的新理念,更是具有巨大

---

① 杜颖. 新发展理念及其意义研究[D]. 哈尔滨:哈尔滨师范大学,2020.

潜力的理论武器。

西部地区的能源产业对地方经济具有重大影响，能源产业是西部地区重要的经济来源（即财政来源），从根本上带动了整个西部地区的经济发展。西部地区具有得天独厚的地理区位优势，能源资源异常丰富，中国主要矿产资源储量60%以上分布在西部地区，而且在45种主要矿产资源中，西部已探明矿产资源储量的潜在价值占全国65%以上；在能源方面，西部能源资源种类齐全，煤、石油、天然气三者兼备，其中，天然气的储量达22614.73亿立方米，占全国的80%以上，煤炭资源占比48.13%，石油资源占比31.26%[①]。西部地区借助能源优势，加大能源产业发展，对地方经济发展产生了巨大的影响。

我国西部地区由于资源禀赋优势所在，经济增长离不开依赖自然资源的能源产业的发展。1998年以来，我国先后建成了五大能源化工基地和四大煤转化基地。其中，五大能源化工基地包括：陕西陕北能源化工基地、宁夏宁东能源化工基地、甘肃陇东能源化工基地、内蒙古鄂尔多斯能源化工基地以及山西能源化工基地。四大煤转化基地分别位于内蒙古鄂尔多斯、陕西榆林、宁夏宁东、新疆准东。两类基地合起来共包含了陕西、宁夏、甘肃、内蒙古、山西、新疆六个能源省份，全部位于西部地区。可见国家对西部地区能源省份能源产业的发展非常重视。

3.2.1 新发展阶段西部能源产业促进科技创新

3.2.1.1 西部地区的科技创新和技术进步有待进一步提高

创新是引领发展的第一动力。当今世界，一些重大颠覆性技术创新正从创造新产业、新业态，信息技术、生物技术、制造技术、新材料技术、新能源技术渗透到所有领域，大数据、云计算、互联网等新一代信息技术

---

① 哈力旦木.浅析新形势下西部地区能源产业对地方经济效益的影响[J].科技创业月刊，2016,29(8):24-25,28.

同机器人和智能制造技术相互融合的步伐加快，使社会生产和消费日益从工业化向自动化、智能化转变。不管是一个国家还是一个地区，若技术创新跟不上，必然会被时代所抛弃。推动技术创新是一个地区发展最重要的基石，也是一个地区最紧迫的时代要求。同时，创新也是转向高质量发展的第一动力。在经济发展进入高质量发展阶段，我国经济已经从主要依靠增加物质资源消耗实现的粗放型高速增长，转变为主要依靠技术进步、改善管理和提高劳动者素质实现的集约型增长。在转变的过程中，我国已经成为世界第二大经济体，由于巨大的经济体量以及经济高速发展的支撑动力正在减弱等因素，我国经济发展必然转向质量变革，向质量要效益。这就对西部大开发提出了新的要求。可以说，西部大开发抓住了创新，就抓住了牵动经济社会发展全局的"牛鼻子"①。

但是，西部地区的科技创新发展水平在国家整体区域发展中处于什么水平呢？目前，关于区域科技创新水平评价最权威的报告为科技部发布的《中国区域科技创新评价报告（2018）》。评价报告显示，上海和北京的综合科技创新水平排在前2位，天津排在第3位，广东、江苏和浙江分别排在第4位、第5位和第6位，西部地区明显处于劣势地位。从地区综合科技创新水平来看，该评价报告的结果显示，排在最后几位的是内蒙古、宁夏、广西、青海、云南、海南、贵州、新疆、西藏。除了海南以外，其他均为西部省份。可见，西部地区在科技创新方面的强度和力度还远远不够。与此同时，西部地区研发投入强度提升缓慢、地方财政用于科技支出的占比有待提升、企业研发和技术升级改造亟待加强、创新型省（区、市）建设尚需快速推进等问题十分突出。

3.2.1.2 新发展阶段西部能源产业促进科技创新体系建设

党的十八大以来，习近平总书记多次强调创新始终是引领发展的第一动力，并将"创新驱动发展"作为一项战略提出来。党的十九大报告更是

---

① 周跃辉. 用"新发展理念"统领西部大开发[J]. 党课参考，2020(12)：26－43.

明确了这一观点,并将创新正式确立为我国现代化经济体系构建过程中的重要支撑,以此推动创新型国家的构建。一个国家要想持续地发展下去就必须坚持创新的理念,而要想处理好发展过程中的难题,其关键点和制胜点亦是创新。

做强做优企业技术开发中心。增强自主创新能力,必须以企业为主体,从企业做起,特别要大力支持重点大型骨干企业中的国家和省级技术开发中心做强做优;要积极扶持有条件的大型企业,帮助其与外国有名的跨国公司和国内知名企业共建技术开发中心,进行科技交流与合作;对新建的国家级和省级企业技术开发中心,西部地区各地方政府可以为企业提供一定的财政支持。企业的技术开发中心要积极推进新产品开发,按照"人无我有,人有我优"的思路,加快新产品升级换代,增强自主创新能力[①]。推进行业技术开发中心的发展。西部地区各地方政府应支持在企业较多的地方,以大企业为依托,联合科研院所和高校,吸纳相关的民间机构及各类智囊机构的科技力量,联合建立技术开发中心和开发基地,承担一些重大技术创新项目,为各个行业和企业提供技术开发、技术转化等方面的服务。

增强有效供给,精准引才。人才是助推产业发展最强大的引擎。全面推进产业转型升级,就要强化政策供给,突出政策引领作用,打开聚才引才新思路,结合当地的实际情况,研究制定人才发展体制机制的改革实施意见以及引进紧缺人才的配套政策,破除人才发展的体制机制障碍,建立推动企业技术创新的人才激励机制,对有突出贡献的科技人才,企业可以实行重奖政策,奖励同科技人员的贡献挂钩;设立企业技术创新评价指标,将技术创新成果作为衡量创新人才、提高待遇的重要标准。完善引进人才薪酬待遇、编制、住房等保障政策,构建与产业发展相适应的人才政策体系。加强人才部门与产业部门的对接,把引才重点放到现代农业、新

---

① 尢晨.新发展理念下中国西部地区产业转型问题研究[D].北京:首都经济贸易大学,2019.

能源、新材料等领域。积极开发网上人才需求精准对接平台，广泛建立与高校、科研院所等的合作关系，通过项目合作、挂职兼职、周末工程师、假日专家等形式，引进国内外高层次人才，带动产业发展。注重融合发展，培养人才。不仅要大力引进外部人才，而且要培养好现有人才。积极培育战略性新兴产业的创新人才，促进人才与产业发展深度融合。建立创新创业为导向的人才培养机制，改进人才培养模式。分行业分领域制订人才培养计划，实行"人才＋基地""人才＋产业""人才＋项目"等模式，不断提高人才培养质量，激活产业人才发展的源头。

3.2.2 新发展阶段西部能源产业推动协调发展

3.2.2.1 西部地区的区域发展分化程度较为严重

协调是持续健康发展的内在要求，协调发展注重的是解决发展不平衡问题。国家实施西部大开发战略就是要推动东西部地区实现均衡发展。协调既是发展手段又是发展目标，同时还是评价发展的标准和尺度，是发展两点论和重点论的统一，是发展平衡和不平衡的统一，是发展短板和潜力的统一。协调是西部地区转向高质量发展的内在要求。在新时代推进西部大开发形成新格局的进程中，要转向高质量发展、深化供给侧结构性改革，着力点必须放在实体经济上，实体经济的协调发展是不断推动供给体系质量提升的前提与基础。经济协调发展既要破解结构性改革过程中的难题，又要考虑巩固和厚植原有优势；既不能搞平均主义，又要更加注重资源均衡配置；既要补齐经济迈向高质量发展的短板，又要不断增强发展后劲。

在中国 GDP 增速由双位数高速增长转为 6%～7% 的中高速增长后，大量的新增经济产值主要来自内陆省份，特别是贵州和云南两个西南部省份，在 2018 年、2019 年分别位居 GDP 增速榜的榜首。在 2019 年上半年的 GDP 数据中，云南以 9.2% 的超高速度一骑绝尘，成为毫无争议的经济黑马,而贵州也以9%的经济增速紧随其后,大幅领先于一些沿海经济强省。这几个省份都属于西部的西南地区,而西北地区的成绩有些尴尬。数据显示,包括陕西在内,甘肃、宁夏、青海等西北省份的经济增速基本低于全国平均水平,处于"经济洼地"。因此,西部地区内部的分化问题值得我们高度关注。只有解决了不平衡不充分的发展问题、解决好西北地区的"经济洼地"问题,才能推动西部地区经济体系质量的整体提升。

3.2.2.2 新发展阶段西部能源产业推动东西部地区协调发展

制约中国经济高质量发展的因素之一是东西部发展的不平衡,在党的十八届五中全会上,习近平总书记就如何安排好协调发展作出一系列重要论断和系统部署,强调我国要在薄弱领域增强发展后劲,推动区域、城乡、物质与精神文明的协调发展,推动经济建设和国防建设融合发展[①]。习近平总书记曾在许多场合谈到过"木桶效应",以此说明协调发展的重要性,而且更加明晰了要解决好在发展过程中的重大关系问题,促进城乡区域协调发展以及促进城镇化、工业化、信息化、农业现代化的同步发展,促进物质文明与精神文明的协同发展,注重发展的整体效能和协同带动。协调发展理念正是强调补齐经济发展中的各项短板,挖掘其中优势,促进经济更加协调、可持续发展。要确定经济体系内部比例,减少资源在经济体系中的不合理停滞,以市场需求为导向,使最终产品顺利进入生产和生活消费。不断促使不同区域发挥其比较优势,践行主体功能区制度,促进东部地区和西部地区优势互补。21世纪以来,党和国家为了解决协调发展问题,不断缩小区域发展差距,相继实施了西部大开发战略、中部崛起战略、东北老工业基地振兴战略等区域协调战略,党的十八大以来有针对性地实施了补齐区域发展不平衡短板的举措,党的十九大进一步提出区域协调发展新机制,实施乡村振兴战略,构建现代农业体系。促使城乡及区域间的良性发展、不断缩小东部地区与西部地区的差距,不仅是中国经

---

① 中共十八届五中全会在京举行[N].光明日报,2015-10-30(1).

济发展的一个重要原则,也是关系到现代化强国全局和国家长治久安的重大问题①。必须立足于国家区域协调发展战略,在持续推动西部大开发以便形成新的发展格局的政策规定中,政府经济建设的重点依然放在对创新产业的支持、生态环境的治理与污染的防治、新型现代化基础建设、"一带一路"政策的贯彻执行,出台和落实优惠政策,加强人才队伍建设,留住和吸收引进人才,使高校人才服务于区域经济发展,真正建设好西部地区。最后积极推动城乡区域协调发展,加快公共服务一体化建设,加大力度推动乡村振兴战略的实施,不断建构并健全城乡融合的发展体制及相应政策。继续坚持工业反哺农业和城市支持农村的政策,促进城乡公共资源均衡配置,开拓多元化增加农民收入的渠道,不断缩小城乡发展差距。

党的十八大以来,习近平总书记反复强调,要通过深化改革推动各方面制度建设和创新,不断促进生产关系和生产力、上层建筑和经济基础相适应,促进经济社会各个领域、各个方面、各个环节相协调;要坚持"五位一体"总体布局,促进现代化建设各个方面相协调;要协调推进"四个全面"战略布局,推动改革开放和社会主义现代化建设迈上新台阶;要采取有力措施,促进区域协调发展、城乡协调发展;要加快构建资源节约型、环境友好型社会,促进经济社会发展和人口资源环境相协调;要正确把握和处理经济建设与国防建设的关系,使两者协调发展、平衡发展、兼容发展、融合发展,等等②。

"协调发展注重的是解决发展不平衡问题。"我国发展不协调是一个长期存在的问题,突出表现在区域、城乡、经济和社会、物质文明和精神文明、经济建设和国防建设等关系上。这种状况是在特定历史阶段形成的,但现在不平衡、不协调的问题已经凸显出来,并且成为影响我国继续发展的严重阻碍。这就要求我们注意调整关系,注重发展的整体效能,否则

---

① 王晓慧.中国经济高质量发展研究[D].长春:吉林大学,2019.
② 邸乘光.论习近平新时代中国特色社会主义经济思想[J].新疆师范大学学报(哲学社会科学版),2019,40(1):7-25,2.

"木桶效应"就会愈加显现,一系列社会矛盾就会不断加深。所以,党的十八届五中全会将"协调发展"作为必须牢固树立的新发展理念之一,强调必须牢牢把握中国特色社会主义事业总体布局,正确处理发展中的重大关系,不断增强发展的整体性。

3.2.3 新发展阶段西部能源产业利于绿色环保

3.2.3.1 西部地区的生态屏障作用有待进一步加强

"绿水青山就是金山银山。"[①] 满足人民日益增长的美好生活需要是发展的出发点和落脚点。绿色发展是我国经济转向高质量发展阶段的应有之义,是永续发展的必要条件和人民对美好生活追求的重要体现。绿色发展,就是要解决好人与自然和谐共生的问题。人因自然而生,人与自然是一种共生关系,人类发展活动必须尊重自然、顺应自然、保护自然。高质量发展是节约资源、保护环境的发展,以绿色发展方式和生活方式为支撑,走生产发展、生活富裕、生态良好的高质量道路。新时代的西部大开发必须坚持这一基本原则。我国西部绵延不断的天然草地,形成了我国重要的绿色屏障,同时又是我国生态环境最为脆弱、荒漠化和水土流失最为严重、沙尘暴最频发的地区。统计数据表明,在全国367万平方千米的水土流失面积中,西部约占80%。在西北部干旱和半干旱地区,淡水资源相当匮乏。岷江、渭河等河流污染相当严重。由于过度抽取地下水,大部分城市和地区地下水水位连续下降,有些地方形成了不同规模的地下水降落漏斗,包头、西安、库尔勒等城市的地下水污染也比较严重;由于二氧化硫和烟尘等过度排放,酸雨在西部地区城市中相当严重。此外,西北草地还存在过度放牧、过度采樵以及过度采集中药等现象,导致草地严重退化;西南森林存在着乱砍滥伐的现象,导致森林资源减少。西部水土流失给长江和黄河带来的泥沙每年达20多亿吨,这不仅导致大量表层土肥力下

---

① 习近平. 习近平谈治国理政[M]. 北京:外文出版社,2014.

降,还导致下游江河湖库泥沙淤积。可以说,实现西部地区绿色发展刻不容缓,必须做好事关中华民族永续发展的生态文明建设顶层设计,牢牢树立"绿水青山就是金山银山"的发展理念。

3.2.3.2 新发展阶段西部能源产业有利于实现西部地区绿色发展

绿色发展理念反映了人民群众对美好生活环境的强烈愿望,是推动经济实现转型并不断升级的新的力量源泉,也是实现人与自然和谐共生的可持续性发展动力。习近平总书记曾多次在讲话中强调树立起大局观和长远意识等理念,要像爱护自己的眼睛一样对待我们赖以生存的生态环境,处理好经济发展与生态环境保护之间的辩证关系。2019年3月5日,习近平总书记再次谈到环境保护和经济发展的辩证关系,"保护生态环境和发展经济从根本上讲是有机统一、相辅相成的"①。可见保护自然生态就是保护自然价值和自然资本增殖的过程。在发展中要坚定不移地坚守新发展理念,如果没有绿色发展理念的指引,就难以形成绿色发展方式和生活方式,也就很难推动经济的高质量发展,因为一个良好的生态环境为人民生活提供新的增长点,而且人民群众生活在更加干净、安全、适宜的环境中,有利于提高工作的积极性,从而推动经济高效发展。我国经济在由高速向高质量过渡的关键时期,特别需要做好防治污染与治理好环境的两手工作,必须坚定生态环境保护以及资源的可持续供给信念,走出一条以生态优先、绿色发展为战略定位的高质量发展新路子。在绿色发展的框架内,首先,解决好人民群众强烈反映的环境污染问题。坚持做好污染防治工作,加强对"散乱污"企业的整治,加快企业污水管网和处理设施建设,推进区域大气环境综合治理。其次,无论在生产环节还是消费领域,都要坚守绿色发展的思想理念。在生产环节充分利用智能化、机械化、信息化、数据化最新成果,采用新技术最大限度地降低生产释放的污染物。

---

① 习近平在参加内蒙古代表团审议时强调 保持加强生态文明建设的战略定力 守护好祖国北疆这道亮丽风景线[N].人民日报,2019-03-06(1).

从技术和能源支撑来看,应建立完善的绿色供给体系,不断健全低碳可循环利用的发展体系,大力发展绿色经济、循环经济和低碳技术。若缺乏更为先进的节能环保技术以及必需的配套设备,没有传统能源的清洁改造以及新能源的资源节约,就没有节能环保型的产品服务,因而要从源头上改变粗放型经济发展方式,加快制定和完善引导绿色发展的政策,使产业政策向绿色产业发展体系转变,打赢污染防治攻坚战,推动形成人与自然和谐发展的现代化建设新格局。生产决定消费,反过来消费的需要决定着生产,只是在生产端降低能耗远远不够,要想处理好能源及环境所遇到的问题,首要的就是改变那些高消耗的生产和生活方式。可以说,人的自然需求是无止境的,社会主义生产以公有制为前提,以实现人的全面自由发展为价值目标,因此人民群众的需求并不是建立在无限制的物质欲望需求之上,而是建立在促进身心健康的美好生活需求之上。人自身的生产和再生产需要良好的生态环境,任何严重破坏和损害环境的经济发展项目都是不可持续的,要实现经济高质量发展就必须保持人类生产活动与自然生态环境良好的互动关系,加快生态文明建设,坚持"绿水青山就是金山银山"的发展理念,形成更加绿色的生产和生活方式[1]。由此观之,绿色发展理念有利于优化发展方式,只有对物质产品进行合理的节制性消费,摒弃"越多越好、用过即丢"的消费观念,才能控制人对物质资源的需求,进而形成合理的生产力,催生健康绿色的生产和生活方式,从而有效地隔离错误的消费观念,避免肆意浪费对环境造成的压力,保障中国经济高质量发展的实现。

3.2.4 新发展阶段西部能源产业推动合作共享

3.2.4.1 西部地区的开放开发程度明显滞后于东部地区

随着综合国力的不断提升,我国日益走近世界舞台中央。要实现经济

---

[1] 习近平.习近平总书记系列重要讲话读本[M].北京:学习出版社,2016.

高质量发展，必须坚持建设开放型经济新体制，树立开放型发展理念，充分运用人类社会创造的先进科学技术成果和有益管理经验，顺应中国经济深度融入世界经济的趋势，奉行互利共赢的开放战略，坚持内外需协调、进出口平衡、"引进来"和"走出去"并重、引资和引技引智并举，发展更高层次的开放型经济，积极参与全球经济治理和公共产品供给，提高在全球经济发展中的分量和话语权。客观来讲，开放是西部大开发的重要短板和薄弱环节。西部地区的干部群众受地域影响，开放思想相对滞后，甚至有"等靠要"的观念，造成其对外开放的水平、吸引外资的水平还不够高。统计数据表明，西部利用外资的总额占全国利用外资的总额不到5%。2000—2018年，西部地区对外贸易总额占全国比重呈现先上升然后略有下降的趋势，由2000年的3.6%提高至2014年最高的7.8%，然后下降至6.9%。2013年"一带一路"建设以来，西部地区对外贸易总额占全国外贸比重仅提升0.1个百分点。2000—2018年，西部地区外贸依存度由0.082上升至0.123，但仍远低于全国平均水平（0.356），西部地区外贸依存度变动趋势与对外贸易总额占全国比重变动趋势相似，自2014年达到最高点（0.149）后逐渐回落，2017年有所抬升。但从整体上看，西部地区的开放程度还是滞后于东部地区[①]。

3.2.4.2 新发展阶段西部能源产业有助于推动内外开放

改革开放40多年的实践和历史探索告诉我们，只有坚持对内、对外的开放才能实现进步，闭关自守只能使我们与他国的差距越来越大。我们都居住在"地球村"，因而中国要想实现繁荣富强就无法脱离世界舞台，而世界这个大家庭也亟须中国的发展繁荣。在改革开放历程中，统筹国内国际两个大局，持之以恒地坚持我国对外开放的基本国策，主动积极地融入世界市场，加强与国际市场的深度融合，在谋求世界市场发展机遇的同时，也努力为他国的经济发展贡献"中国方案"。应以"一带一路"建设

---

① 任璋勇,任保平.中国西部发展报告（2017）[M].北京:社会科学文献出版社,2017.

为重点，实施坚持高质量"引进来"和"走出去"战略，形成全面开放新格局，构建具有人类命运共同体意识的全球开放型经济；以"一带一路"为契机，不断创建"引进来"及"走出去"的新的发展格局。关于"引进来"，国内市场应更深入地放宽市场准入的条条框框，以实现中外企业能够公平、有序的良好竞争环境，并且确保进口的结构更加优化。关于"走出去"，应加强促使企业提高自身产品出口的附加值，推动出口市场的多元化，优化出口市场的运营环境，探索建设中国特色自由贸易港，降低出口环节的制度性成本。此外，相关政策、理念、机制等的开放，也应根据发展形势而有所调整，积极采纳各方相关意见和建议，支持并鼓励多方群体参与其中，坚持一视同仁的原则，完善公开、透明的涉外法律，尊重国际营商惯例，从而更为有效地防止治理体制的闭塞化。

中国经济在高速增长阶段取得的成就是基于开放的条件下取得的，中国经济要想在不久的将来实现更高质量的发展，必须基于更为开放的环境和条件。要想发展层次更高、格局更广的开放型经济，就要完善对外开放区域布局、对外贸易布局、投资布局，构建对外贸易新格局、对外开放新体制。在党的十九大报告中，习近平总书记强调要进一步加大服务型产业的对外开放力度，要在服务业领域实现高水平的贸易，就要降低准入门槛，破除行政垄断；推进国际与国内科技合作的新局面，充分发挥好国际和国内的两种资源，这就要求我们既不依附于其他国家，又不能闭门造车，既要独立自主，又要开展国际交流合作，开拓国际合作新空间和新领域，以扩大开放带动创新、推动改革、促进发展；通过"一带一路"周边的互联互通，以及"一带一路"沿线产业布局的优化，促使中国西部地区转化为前沿地区，形成开放发展新的增长极；发展以服务贸易为重点的外贸新格局，引导加工贸易转型升级，充分利用贸易区等载体，拓展对外贸易，加快海内外联系，促进东西部双向互动，促成创新要素、人才的引进和流动，随着"一带一路"建设的不断推进与开展，实现海内外、中东西部地区等多项互助的开放式新格局；培育和推出一批更高质量的企业和行业，逐步实现由要素、资源等配置向技术含量更高的产业部门转移，使产品中的科技有机构成能够进一步提升，促进高科技产品、高附加值产品和服务贸易的出口，重点优化对农业、服务业的进出口比例，提高优质农产品、现代化服务业的进出口比重，补齐我国开放型经济质量短板。

4 西部能源产业的供给能力分析

4.1 西部能源产业供给现状

4.1.1 西部能源资源禀赋状况

我国资源储备的基本特点是煤炭资源丰富、油气资源贫乏，这也决定了煤炭在我国一次能源中的重要地位。据统计，我国煤炭资源总量为5.06万亿吨，其中已探明的储量为1万亿吨，占全世界总储量的11%，而我国探明的石油储量仅占世界总量的2.4%，天然气仅为1.2%。因此，我国的能源战略定位为"以煤为基础、多元发展，实行油气并举，稳步发展石油替代产品并加快发展风能、太阳能、生物质能等可再生能源，对传统能源进行补充"。

西部地区拥有丰富的能源资源，种类比较齐全，其中煤、水能、天然气和石油最优。目前，西部地区的煤炭保有储量1025.71亿吨，为全国总量的43.41%，尤以内蒙古、新疆、陕西最丰，其中内蒙古保有储量是南方12个省（区、市）储量的总和，炼焦煤也居西部之首。同时，西部地区的水能与天然气储量也非常丰富。水能蕴藏量5.8亿千瓦，占全国总量的82.5%，排名1~6位的省（区、市）均在西部，四川、云南、贵州较多，共计达4.7亿千瓦。西部地区集中了全国80%的天然气现有可采储量，新疆、陕西、四川、重庆分列全国第一至第四位，占西部天然气储量总和的90%左右。

目前,西部能源资源可供开发的潜力也很可观。比如,贵州的煤炭开采占开发总量的比例还不到12%,水能只占可开发总量的1/4;水能丰富的四川,已开发量不到全省总量的15%,而整个西部水电开发仅占可开发量的9.8%,可供利用资源潜力巨大。可见,我国西部地区的常规能源资源具有明显的自然资源优势,开发潜力巨大。

从煤炭产业来看,西部地区煤炭资源丰富。据统计,全国煤炭资源查明储量为2362.84亿吨,而西部地区煤炭资源查明储量为1025.71亿吨,占全国总储量的43.41%。表4-1为2013年我国西部地区煤炭资源储量情况,从表中可以看出,内蒙古、新疆、陕西分别为储量排名前三的省份,其储量分别为460.10亿吨、156.53亿吨、104.38亿吨,都集中于我国西北地区,三省储量占到了整个西部地区储量的70.29%。如此丰富的煤炭资源储量,极大地推动了我国西部地区煤炭产业的发展。

从石油和天然气产业来看,西部四省份所拥有的油气资源量相当可观。表4-2为2013年我国西部四省份油气资源勘探情况,从表中可以看出,西部四省份石油资源9.91亿吨,天然气资源28671.19亿立方米。同时资源探明率较低,只分别为12.39%和7.21%。因此,我国西部地区石油天然气还有很大的勘探开发潜力。

表4-1 2013年我国西部地区煤炭资源储量情况

地区	煤炭资源储量/亿吨	占全国比例/%
内蒙古	460.10	19.472
新疆	156.53	6.625
陕西	104.38	4.418
贵州	83.29	3.525
宁夏	38.47	1.628
云南	60.1	2.544
四川	55.74	2.359
甘肃	32.69	1.384
青海	12.17	0.515
重庆	19.86	0.841

续表

地区	煤炭资源储量/亿吨	占全国比例/%
广西	2.26	0.096
西藏	0.12	0.005
西部合计	1025.71	43.41

表4-2　2013年西部四省份油气资源勘探储量

省份	资源量		可采储量		可采比/%	
	石油/亿吨	天然气/亿立方米	石油/亿吨	天然气/亿立方米	石油	天然气
新疆	5.84	9053.88	0.6179	294.2511	10.58	3.25
青海	0.63	1511.79	0.0578	211.9530	9.17	14.02
陕西	3.37	6231.14	0.5480	509.0841	16.26	8.17
四川	0.07	11874.38	0.0043	1052.070	6.14	8.86
合计	9.91	28671.19	1.228	2067.3582	12.39	7.21

表4-3为2013年西部四省份的油气资源量，从区域排名来看，石油资源量占全国比例为29.43%，而天然气的资源量占全国的一半以上，可采资源量占到65.55%。从石油品种来看，我国重油和超重油大多分布在东部以及海域，而西部以中质和轻质油为主，其中四川盆地和鄂尔多斯盆地几乎为轻质油。从埋藏深度来看，西部尤其是新疆地区，原油埋藏都较深，我国深层油占全国地质资源量的11.5%，其中95%分布在西北。从资源外部环境上看，西部的油气资源大多分布于山区、高原、沙漠等勘探开发成本较高的地区，而这些地区交通不便、生态系统脆弱，会间接影响西部地区的资源价值，这也是西部油气资源的现实不利之处。

表4-3　2013年西部四省份的石油天然气资源量

		西部四省份	全国	占全国比例/%
石油/亿吨	资源量	9.91	33.67	29.43
	可采资源量	1.14	5.251	21.71
天然气/亿立方米	资源量	28671.19	46428.8	61.75
	可采资源量	1662.930	2536.88	65.55

2013年，我国油气勘探再获突破，全年天然气新增探明储量6159.11亿立方米，与2008年相比有大幅增长。从主要盆地油气探明分布来看，天然气新增探明地质储量主要位于鄂尔多斯盆地、四川盆地、塔里木盆地和准噶尔盆地。因此，西部地区油气资源的总体状况，尽管存在一些不利因素，但还是具有相当乐观的发展潜力和前景。

从电力来看，我国西部地区可用于发电的能源丰富，水资源、煤炭资源、石油资源、天然气资源、风能资源、太阳能资源等都可用于发电。目前，西部地区水能资源理论蕴藏量为5.8亿千瓦，占全国水能资源理论蕴藏量总量的85.79%。其中，新疆北部、内蒙古、甘肃北部区域有效风能面积广、密度高、持续时数长，具备建设百万千瓦和千万千瓦级等多个大型风能基地的条件。可见，西部地区电源结构具有丰富的自然资源优势。

此外，西部地区的可再生能源资源也非常丰富。西部地区的地热资源主要集中在西藏和云南，两省地热区年天然放热量折合260万吨标准煤，占全国总量的70%~80%。在西部地区，太阳能资源分布差别较大，西藏、青海、新疆、内蒙古南部、陕西北部和云南中部等地区全年太阳辐射总量较大，基本上都在7000兆焦/平方米以上，西北和内蒙古等地区是我国日照最多的地区，年日照时数在3000小时，青藏高原中西部和新疆哈密等地区高达3000小时以上，日照百分率达70%左右。风能资源以青藏高原地区和内蒙古大部最为丰富，其年平均风速大于3米/秒的日数在200天以上，有效风能密度均达到200瓦/平方米以上，是我国风能资源最丰富和开发利用条件最好的地区之一。

4.1.2　西部能源生产状况

西部地区是我国能源生产的重要区域。如表4-4、表4-5所示，2013年，西部能源生产总量为19.45亿吨标准煤，比2005年增长了近1倍，占全国总量从2005年的45.28%上升到2013年的57.21%。从能源结构来看，2013年，西部地区开采原煤，原油，天然气，水电、核能、其他能源占全国的比例分别为63.57%、22.60%、80.27%和32.69%，西部地区在中国能源生产中起到了至关重要的作用。

表4-4 西部能源生产情况

年份	西部能源生产总量/亿吨标准煤	全国能源生产总量/亿吨标准煤	占比/%
2005	9.79	21.62	45.28
2006	11.23	23.22	48.36
2007	12.59	24.73	50.91
2008	15.10	26.06	57.81
2009	16.89	27.46	61.46
2010	19.01	29.70	64.01
2011	17.08	31.80	53.071
2012	20.06	33.18	60.46
2013	19.45	34.00	57.21

表4-5 西部分类能源生产占全国的比例 （%）

年份	原煤	原油	天然气	水电、核能、其他能源
2009	66.45	20.13	79.45	29.13
2010	73.02	20.07	80.57	29.07
2011	58.64	21.15	81.98	29.84
2012	61.65	21.99	81.73	31.65
2013	63.57	22.60	80.27	32.69

表4-6为西部地区能源需求情况。西部地区的能源需求总量从2005年的6.26亿吨标准煤上升到2012年的11.67亿吨标准煤，增长了近1倍，全国占比也从2005年的26.52%上升到2012年的34.21%。但相比能源生产而言，西部地区能源需求并不是全国的主要区域，这与我国实际区域经济发展情况较为吻合：利用西部能源生产促进东部地区经济快速增长以及西部地区的经济发展落后导致对能源需求较低。

表 4-6 西部能源需求情况

年份	西部能源需求总量/亿吨标准煤	全国能源需求总量/亿吨标准煤	占比/%
2005	6.26	23.60	26.52
2006	6.94	25.87	26.83
2007	7.65	28.05	27.27
2008	8.22	29.14	28.20
2009	8.82	30.66	28.77
2010	9.67	30.80	31.40
2011	10.81	33.12	32.64
2012	11.67	34.11	34.21

另外,能源消费量超出产量20%以上的区域主要集中在东部沿海地区,而西部地区除了甘肃、青海、四川、重庆出现产量和消费量相差不到20%以外,其他省份(除西藏、广西)都是产量超出消费量20%以上。因此,东部和西部地区分别是中国能源消费和生产的重要区域。能源消费主要集中在沿海经济发达地区,沿海的十几个省(区、市)能源生产总量为3.5亿吨标准煤,占全国的25%,消费总量为7.7亿吨标准煤,占全国的52%。从能源资源的地区分布评价来看,我国能源资源总量分布为北多南少、西富东贫,能源品种分布特点为北煤、南水、西部和海上油气。沿海各省的年国内生产总值占全国的70%左右,但能源资源占全国的比例不足20%,大量能源不得不从国内其他地区调入或从国外大量进口。所以,能源资源分布和经济布局的矛盾决定了我国能源是由西向东流向能源相对短缺的沿海省市。据了解,我国沿海能源消费呈三大特点:一是目前沿海能源消费结构以煤为主;二是能源地区性分布决定了东南沿海需要从其他地区调入和进口一次能源;三是沿海的燃料结构及利用效率造成了煤烟型污染。

4.2 西部能源供给能力影响因素分析

4.2.1 能源禀赋

西部地区能源储量大，种类丰富，拥有多个大型矿产开发区。研究表明，我国很大一部分的矿产资源存在于西部地区，我国西部省份的矿产基地有内蒙古稀土矿产基地、西藏和新疆矿业基地、四川省铁矿原料生产基地、四川省白银铜矿基地，矿产资源的开发已经成为推动西部地区经济发展的重要纽带。同时，经济增长离不开能源产业发展，1998 年以来，我国先后建成了五大能源化工基地和四大煤转化基地。其中，五大能源化工基地包括：陕西陕北能源化工基地、宁夏宁东能源化工基地、甘肃陇东能源化工基地、内蒙古鄂尔多斯能源化工基地以及山西能源化工基地。四大煤转化基地分别在：内蒙古鄂尔多斯、陕西榆林、宁夏宁东、新疆准东。两类基地合起来共包含了陕西、宁夏、甘肃、内蒙古、山西、新疆六个能源省份，全部位于西部地区。

西部地区是我国能源资源的重要供给地，煤炭、石油、天然气等能源资源储量和生产总量占据国内能源资源的重要位置。同时，西部地区所包含的省（区、市）包括广西、贵州、四川、重庆、云南、西藏、内蒙古、陕西、甘肃、宁夏、青海、新疆，这些省（区、市）土地资源丰富，总面积占全国国土面积的 71.4%，可见，西部地区战略位置影响深远。就能源储量而言，西部地区所处的黄河中上游地区蕴藏着巨大的水资源，水资源最集中的地段，可开发装机容量 2800 万千瓦，发电 1170 亿度，煤炭资源占全国的 50.49%，储量为 1610.30 亿吨，石油储量占全国总储量的 28.7%，新疆和陕西储量最多，占比 75.52%，天然气储量占全国总储量的 82.93%，储藏量达 30744.40 亿立方米，以新疆、四川、内蒙古和陕西最为突出。此外，由于所处地区的环境、地形和海拔等优势，太阳能、风能以及地热资源也非常丰富。据统计，西部地区可再生能源资源占全国资源总量的70%以上，远超其他地区可再生资源占有量。

一个地区能源的供给状况主要取决于能源资源的丰裕程度以及开采条件。西部地区能源资源丰富，储备量相对较高，为能源的供给提供了强有力的保障。能源禀赋是能源产业发展过程中的一个要素，是能源生产过程中生产力的重要组成部分。可以说，能源资源越丰富，该地区能源产业发展就越有保障。

4.2.2 能源投资

能源产业作为资本技术密集型产业，投资是影响其供给的重要因素。同时，能源瓶颈促使国家加大对能源产业的投入。根据西方经济学理论，投资对社会生产的作用可以用投资的供给效应来表示，属于长期分析，主要讨论投资积累对社会生产的促进作用。投资是经济发展的一个重要因素，根据罗森斯坦·罗丹提出的大推进理论，如果投资是一点一点孤立分散地进行，他对经济增长难以产生有效的影响，只有投资达到一定的规模，采用大推进的方式，持续增长的目标才能实现。也就是说，资金的积累必须达到足够的规模。

西部地区的能源资源投资由煤炭能源向新能源转变，新能源投资已经成为我国西部地区能源投资的热点。甘肃作为西部地区风能资源丰富的省区，可开发风能资源储量多达4000万千瓦。为此，甘肃规划建设大中型风力发电设施，目前已有近20家"中字号"企业投资甘肃的风电资源。太阳能投资方面，早在2008年，我国在荒漠中建设的第一座并网光伏电站就已投入使用，可见西部地区能源资源的投资已经达到较为成熟的水平。此外，国家对于西部能源资源的开发也给予高度关注和支持。2021年6月21日，国务院西部地区开发领导小组会议顺利召开，在以习近平同志为核心的党中央坚强领导下，在西部地区广大人民群众的努力下，西部地区的发展取得了巨大的成就，但是不平衡不充分的问题依旧显著。因此，能源投资要在把握西部地区能源资源优势的前提下，挖掘西部地区风能、太阳能、水电和矿产资源优势，提高开发和勘探技术以及转化能力，建设大型清洁能源基地，从而保障西部地区，乃至全国能源的安全。

4.2.3 技术水平

技术是影响产出规模的重要因素。尤其是在发达国家，技术对产出规模的拉动效应普遍在90%以上。能源产业是一个技术密集型产业，技术在能源生产中具有至关重要的作用。能源技术的提高，不仅可以提高能源生产效率，扩大能源供给，而且可以提高能源产品附加值，优化能源产业结构。因此，技术水平是能源供给能力的重要影响因素之一。

以煤炭工业为例，相较于发达国家，我国西部煤炭工业总体上已具备设计、施工、装备及管理千万吨级露天煤矿和大中型矿区的技术能力。如大量使用综合机械化采煤和运输设备以及现代化成套设备和拥有世界先进的年产500万吨以上的水平。近年来，煤炭科技进步对提升西部煤炭工业的生产现代化水平、劳动生产率、增加供给等都发挥了重要作用。尽管我国煤炭工业现代化程度相比过去有了显著的提高，但与国际先进水平相比，还有较大的差距。此外，电力和石油天然气的工业技术与发达国家相比也存在较大差距。我国洁净煤发电、核电、超临界机组、高压直流输电等先进技术应用甚少，国产化水平低，而供电煤耗、线损率均比发达国家高60%左右。可见，我国电力行业的技术水平总体上比国外落后10~15年。

西部地区相较于中部和东部地区而言，能源资源开发利用水平依旧非常有限。究其原因，西部地区各省份大规模开发各类能源资源的资金有限、技术水平相对落后，因此需要引进多方投入。此外，西部地区人口稀少，经济相对落后，对于能源资源的消费总量有限，输送到东部沿海地区才能够全面发挥资源优势。西气东输等为能源资源开发采取的一系列措施逐渐成熟，但依旧体现出基础设施条件相对欠缺，如天然气开发利用过程中管道运输依旧不足，这对西部地区输气管道建设提出了更大的挑战。

4.2.4 能源政策

2014年6月13日，习近平总书记在主持召开的中央财经领导小组第六次会议上强调，面对能源供需格局新变化、国际能源发展新趋势，保障国家能源安全，必须推动能源生产和消费革命。2018年，党的十九大报告指出，推进能源生产和消费革命，构建清洁低碳、安全高效的能源体系。能源政策是保障能源供应和能源安全、调节能源结构和生产方式、促进能源节约和环境保护的重要杠杆，是推动能源生产和消费革命的重要工具。改革开放40多年来，中国能源行业取得了长足发展，这与能源政策的调节密不可分。

总体来讲，改革开放以来我国能源政策主要经历了如下几个阶段。

第一阶段："六五""七五"期间是中国改革开放后的第一个十年，中央政府实施的能源政策措施以增加能源供给为宗旨。中国经济社会发展百废待兴，加快能源发展是贯彻执行"调整、改革、整顿、提高"方针，是使国民经济走上稳步健康发展轨道的重要力量。对此，"六五"计划中明确提出从1981年到19世纪末的20年间中国经济建设的战略目标，并重点指出农业、能源交通和教育科学是实现这20年奋斗目标的三大战略。"七五"计划中也明确将"加快能源、交通、通信和原材料工业建设"表述为这一个五年计划期间的重要原则和方针。同时，"六五"和"七五"计划有关加强能源建设的表述均单独列章，足见80年代国家对能源议题的重视。

第二阶段："八五"至"十五"期间是改革开放后能源政策数量最少的阶段，但这一时期也可视为中国能源政策的过渡阶段。此时的能源政策主要体现在：①政策主体开始涉及全国人民代表大会，法律逐渐在能源政策领域发挥作用；②管制型政策工具依然占据主导地位，但已开始出现激励型政策工具；③开始出现可再生能源相关的政策议题和新能源相关的政策目标。

第三阶段:"十一五"至今我国实施了调整能源供给结构,提高效益的能源发展政策。在"四个革命、一个合作"能源安全战略新思想的指导下,《能源发展"十三五"规划》提出的2020年发展目标基本实现。根据国家统计局数据,2020年,中国能源消费总量约为49.7亿吨标准煤,实现了控制在50亿吨标准煤的目标;煤炭消费所占比重降至56.7%,实现了控制在58%以内的目标;天然气、水电、核电、风电等清洁能源消费所占比重升至24.5%,使得非化石能源消费比重提高到15%以上的目标在2019年已经实现,能源结构持续优化;2020年发电量为7.4万亿千瓦时,略高于规划提出的7.2万亿千瓦时的上限水平。2020年初,中国经济社会遭受新冠疫情的严重冲击,能源领域各项工作受到不同程度的影响,政策出台数量较往年有较大幅度下降。

总的来说,政策因素对能源供给的影响是长远的,在当前能源需求快速增长的背景下,西部能源供给能力至关重要。尽管在中国式的能源企业组织形式下,能源供给具有自身的特殊性,但是制度与制度变迁和能源供给政策变迁形成了很大的耦合性。

4.3 西部能源总量与能源结构分析

4.3.1 西部能源总量

我国能源资源的布局总体呈现煤炭富裕、石油天然气贫乏的局面,能源资源总量看似较大,但人均占有量非常少,只有全世界人均占有量的一半。据统计,近几年我国能源消耗总量呈逐年增加的态势,2017年能源消耗总量为44.9亿吨标准煤,同比增长2.9%,2018年我国能源消耗总量为46.4亿吨标准煤,同比增长3.34%,2019年我国能源消耗总量为48.6亿吨标准煤,同比增长4.7%,我国已经成为世界第一大能源需求国。据有关专家估计,如果不采取有效措施,继续按照高峰期的开采速度进行下去,我国的石油资源和煤炭资源将在2030年消耗殆尽。因此,高能源需求总量与低能源供给总量之间不平衡的矛盾是我国目前能源安全面临的最大问题。虽然我国人口增长率小于1%,但是庞大的人口基数使得每年新增人口数均超过700万,新增加的人口数量必将增加我国能源资源承载的压力,使人均占有量进一步减少。

在我国能源格局中,西部地区是全国化石能源最富集的地区,是重要的战略接替区和能源的主要输出区。其中,已探明的石油资源储量为6.672×10^{10}吨、常规天然气储量为5.17×10^{13}立方米、页岩气储量为7.77×10^{13}立方米,并分别占全国的42%、76%和71%。2014年国务院办公厅印发的《能源发展战略行动计划(2014—2020年)》(国办发〔2014〕31号)以及2016年国务院批复的《全国矿产资源规划(2016—2020年)》(国函〔2016〕178号),都提出以塔里木盆地、鄂尔多斯、准噶尔盆地等为重点的"增储上产"区域,要加大油气勘探开发力度,提高油气产量,并提出重点建设9个千万吨级大油田、8个年产量百亿立方米级的天然气生产基地。其中,西部地区共有包括新疆、塔里木、长庆、延长等4个大型油田和鄂尔多斯、沁水等天然气生产基地。同时,2000年以来,依靠地质理论创新和工程技术进步,我国在四川、鄂尔多斯、塔里木、柴达木、准噶尔盆地也取得了多项重大油气发现。近年来,西部地区油气储量快速增长,石油、天然气探明储量分别从2000年的2.71×10^8吨、4.007×10^{11}立方米增长至2018年的5.39×10^8吨、6.301×10^{11}立方米。与此同时,区域油气产量稳步提升,石油、天然气年产量分别从2000年的2.927×10^7吨、1.52×10^{10}立方米增长至2018年的6.549×10^7吨、1.32×10^{11}立方米,石油、天然气全国产量占比分别从2000年的18%、55%增长至2018年的35%和83%,战略接替地位日益凸显。

在石油产量方面,如表4-7所示,从总量上看,2003—2019年西部地区(四川、陕西、新疆、青海、甘肃)石油生产量由3695.2×10^4吨上

升至 6589.83×10^4 吨,产量全国占比由 15.24% 上升至 24.06%,占比逐年上升。其中,陕西、新疆石油产量占比较高,四川、甘肃相对较少。从增量上看,2019 年西部地区石油生产量较 2003 年增加 2894.63×10^4 吨,而全国产量增加 3144.37×10^4 吨,其增量占全国增量的 92.06%,其余地区增量不足一成。

表 4-7 2003—2019 年西部地区石油生产量 单位:10^4 吨

年份	四川	陕西	新疆	青海	甘肃	合计	全国
2003	13.92	1267.43	2120.39	220.02	73.44	3695.20	24248.63
2006	17.98	1988.89	2474.74	223.00	81.65	4786.26	26434.39
2009	21.68	2695.89	2512.86	186.37	49.23	5466.03	26892.67
2012	17.50	3527.60	2670.70	205.00	69.90	6490.70	29838.46
2015	15.43	3736.73	2795.09	223.00	66.61	6836.86	30786.44
2018	8.13	3519.49	2647.39	223.30	51.76	6450.07	27277.87
2019	8.41	3543.23	2752.08	228.00	58.11	6589.83	27393.00

资料来源:根据历年《中国统计年鉴》整理所得。

在天然气产量方面,西部地区无论是储量还是年生产量均为全国第一。其中每年产量更是接近八成,所以才有所谓"西气东输"底蕴。如表 4-8 所示,从总量上来看,2003—2019 年西部地区(四川、陕西、新疆、青海、甘肃)天然气生产量由 231.91×10^8 立方米上升至 1320.92×10^8 立方米,产量全国占比由 66.23% 上升至 74.98%,2009 年更是接近 80%。其中,四川、陕西、新疆产量占比较高,青海、甘肃占比相对较少。从增量上看,西部地区 2019 年较 2003 年增加 1089.01×10^8 立方米,而全国产量增加了 1411.59×10^8 立方米,其增量占全国增量的 77.46%。

表 4-8 2003—2019 年西部地区天然气生产量 单位:10^8 立方米

年份	四川	陕西	新疆	青海	甘肃	合计	全国
2003	113.43	52.86	49.84	15.57	0.21	231.91	350.15
2006	59.95	80.47	164.20	25.03	1.53	431.18	585.53
2009	193.56	189.52	245.39	43.07	0.29	671.83	852.69
2012	242.26	311.30	253.01	64.28	0.20	871.05	1106.08

续表

年份	四川	陕西	新疆	青海	甘肃	合计	全国
2015	267.22	415.92	293.02	61.37	0.08	1037.61	1346.10
2018	369.85	444.48	321.85	64.05	1.03	1201.26	1601.59
2019	441.35	473.42	342.03	64.00	0.12	1320.92	1761.74

资料来源：根据历年《中国统计年鉴》整理所得。

西部地区能源生产供给总量呈现稳步提升的趋势，开发西部地区的能源资源对于西部地区自身的经济发展和带动全国经济稳健发展都具有重要的现实意义。西部地区各省份要依据自身区位优势打造资源开发利用模式，在供应自身发展的基础上全面服务全国能源供给。

截至 2019 年底，西部能源生产量占据全国能源生产总量的 21.2%，消耗量占据全国能源资源消耗总量的 19.8%。西部地区能源资源丰富，煤炭资源、原油资源、天然气资源占据全国总量的大部分，可开发水资源占据全国总量近 81.1%。西部地区不同能源的产量以及在全国总量中所占的比重表明，西部地区煤炭供应的增加，使其可以在全国煤炭供应紧张时期调出煤炭，对中东部地区的经济发展做出贡献。原油、水电、天然气等的供给增长对于西部经济，甚至对全国能源的供给体系都起到极大的支持作用。西部地区能源储量巨大，开发前景非常可观，但资金和技术是西部地区能源资源开发供给的劣势所在。

4.3.2 西部能源结构

能源是国民经济和社会发展的重要物质基础，在保障国民经济增长、促进社会进步和提高人民生活水平等方面发挥着积极作用。能源结构是指一次能源总量中各种能源的构成及其比例关系，通常由生产结构和消耗结构组成。西部地区作为整个国家的能源中心，是全国能源的重要输出区域，为中国能源安全提供了良好保障。西部地区能源结构对全国能源结构的影响较大，而能源结构的优化程度对国民经济的发展和产业结构的提升也有重要影响。因此，调整能源结构，走优质化能源发展道路是全面建设小康社会的必然选择。

能源作为经济增长、社会发展、技术进步、国家安全保障的重要物质基础和现代经济社会发展的动力之源,在我国建设和发展进程中扮演着重要角色。我国生产和消耗的主要能源资源为煤炭,其次为石油、天然气、水电、核能、太阳能、潮汐能和生物质能等。然而,"富煤、贫油、少气"的资源禀赋特点导致我国油气能源供给难以满足消耗需求,需要依赖进口来平衡供需。随着油气进口量的不断增大,我国能源对外依存度也逐年攀升。2019 年,油、气对外依存度分别达到 72% 和 43%,极不利于我国的能源稳定供给和国家经济安全保障。此外,我国能源结构不均衡,对化石能源依赖过大,导致环境治理问题突出。

从能源总量来看,中国是世界能源生产大国和能源消耗大国。如图 4-1 所示,2020 年,中国一次能源生产总量为 40.8 亿吨标准煤,比上年增长 2.69%。其中,煤炭占一次能源生产总量的比重为 67.6%,石油占一次能源生产总量的比重为 6.8%,天然气占一次能源生产总量的比重为 6.0%,电力及其他能源占一次能源生产总量的比重为 19.6%。能源产量的增长给中国经济发展提供了可靠的保障。

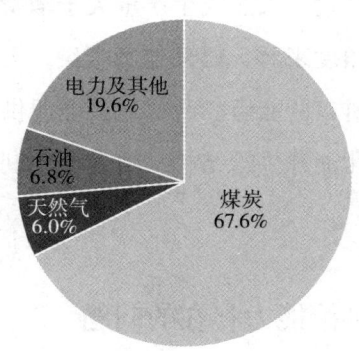

图 4-1　2020 年我国分类能源占一次能源生产总量比重

西部地区能源资源丰富,但就西部能源供给结构来看,我国依旧以煤炭作为能源供给的主要部分。在西部地区能源资源探明储量中,90% 以上的是煤炭,而油气资源占总量的比例不到 10%。西部地区的能源结构决定了能源供应以煤为主,并且煤炭产量近年来一直保持在80%左右。除去煤炭、石油、天然气等常规能源,西部地区的新能源和可再生资源也非常丰富,人均资源量约为全国平均的两倍。西藏地区有丰富的地热资源,内蒙古、青藏高原、青海等地区蕴含丰富的太阳能和风能,就水资源而言,西部地区装机容量中水电占据40%以上。近年来,我国经济增长速度超出预期,工业结构不断调整,国内能源需求量急剧增多。但短期内难以用增产困难的石油、尚在开发初期的天然气和周期较长的水能等来满足快速增长的能源消费。西部大开发战略的实施使得西部地区交通条件得到改善、煤炭生产稳步发展。但西部煤炭生产增产速度快于能源总产量的增长,造成能源供应对煤炭的依赖程度较高。因此,西部地区能源资源结构优化难度较大。

从能源的消耗结构上看,西部地区的能源消耗以煤炭为主,原油、天然气为辅。近年来,虽然每年的煤炭消耗量增长速度都在10%左右,但煤炭的消耗比重在逐步下降。西部地区能源消耗强度的降低主要是源于能源利用技术的进步和劳动生产率的提高。

从能源生产量和消费量的对比上看,西部地区煤炭生产量大于消费量、原油生产量小于消费量、天然气生产量大于消费量、发电量大于消费量。从地区能源进出口角度来看,西部地区煤炭、天然气、电力属于出口能源,而原油属于需要进口的能源。西部地区能源供给和消费结构需要在自身优势的基础上,优化能源供给结构,提升能源利用率,减轻能源浪费所造成的环境污染。

4.4 西部能源产业供给能力存在的问题

4.4.1 总体供给不足

从总量上看,西部拥有丰富的能源资源禀赋,并且随着能源开发建设的大提速,西部已经成为我国极其重要的能源供给基地,保证了我国的能源安全。然而，面对能源需求的进一步增加、总体人均能源资源不足的严峻形势，西部能源供给规模仍显不足。

首先，长期以来粗放型的经济增长方式造成了能源需求的增长速度大大超过了经济增长的速度。2000年以来，无论从能源总量还是增速上看，能源供给始终低于能源消耗，这导致能源形势日益严峻。按照党的十六大提出的全面建设小康社会的目标，到2020年中国的经济总量要实现比2001年翻两番，人均GDP从1000美元增长至3000美元。根据国际经验，人均GDP从1000美元到3000美元是实现工业化的关键时期（重化工业时期），是经济结构、城市化水平、居民消费结构以及能源消耗结构（石油需求比例快速上升）发生明显变化的阶段，也是人均能源消耗增长较快的时期。另外，据国家能源局判断，按照中国国情和"十二五"国际国内的经济社会发展趋势测算，经济社会持续增长将会使一次能源消耗总量再上一个大台阶，"十二五"规划末期一次能源消耗总量将达近40亿吨标准煤，消耗需求量巨大。

与此同时，按照目前的能源技术水平，直到2024年，我国的化石能源产量也没有实现大幅度增长。尽管西部地区能源开发利用技术水平已取得了快速进步，能源供应基本满足目前需求，但应注意到，西部地区目前经济状况整体仍较为落后，整体用电水平较低，且尚有部分地区没有通电，加之随着西部开发战略的实施，西部经济将会更快地发展，自身能源需求潜力巨大。因此，西部能源供给规模仍需要进一步加大。

其次，从人均能源资源拥有量来看，我国是一个资源贫乏的国家。从表4-9中可以看出，我国人均能源资源储量形势并不乐观。我国人均能源资源可采储量不及世界平均水平的一半，其中煤炭人均可采储量为85吨/人，石油为1.75吨/人，天然气为2289立方米/人，分别相当于世界平均水平的64%、5%和8%。

表4-9 人均能源储量的国际比较

人均能源指标	中国	美国	欧盟	日本	OECD	世界
煤炭可采储量/吨/人	85	756	89	2.7	322	133
石油可采储量/吨/人	1.75	12.27	4.74	0.06	9.39	35.3
天然气可采储量/立方米/人	2289	27077	5854	356	12938	28918

此外，根据2014年世界能源统计的数据，截至2013年底，我国煤炭资源的储采比为31年，石油资源为11.9年，天然气资源为28年。而世界煤炭、石油、天然气资源的平均储采比分别为122年、42和60.4年。随着我国经济的持续高速增长，对能源资源的需求不断扩大和能源开发力度不断增强，我国能源资源的可开采年限将大大缩短。因此，西部地区能源的供给后劲面临严峻挑战，如何合理利用能源资源禀赋，提高总体供给规模，保证中国能源安全，对西部能源产业发展是一个非常重要的问题。

最后，尽管西部能源供给规模不断提高，但主要是煤炭，石油、天然气和可再生能源则开发不足。20世纪90年代以来，中国经济的持续高速发展导致能源需求急速上升。目前，包括煤炭、电力、石油和天然气等常规能源都存在一定程度的缺口，尤其是近年来石油需求量大增使得石油供给方面面临严峻压力。而以供给煤炭为主的西部地区，在经济增长方式向高效率、低能耗转变的过程中，煤炭供给必然有所下降，进而使得西部能源供给形成了"煤炭下降、油气不足"的局面，供给的可持续性发展也受到影响。

从可再生能源的开发来看，尽管西部拥有丰富的潜在水能、太阳能、风能、地热能等可再生能源，但我国在可再生能源开发技术方面仍然相对落后，而且至今并未全面系统地形成可再生能源发展的相关激励政策。另外，从现有可再生能源和新能源公司的表现来看，由于技术瓶颈问题以及可研发周期较长，导致许多研发人员对研发可再生能源只是有一个"概念"，并没有实质进入大规模的开发和生产阶段。所以，大部分可再生能源企业的盈利水平仍然较低,这也导致西部各省份更重视传统资源的开发,而对可再生能源的开发力度明显不够。

4.4.2 供需结构不合理

表4-10为2007—2013年我国西部地区分类能源产量占西部地区能源总产量的比例,可以看出,在西部能源的供给结构中,原煤占据80%以上,为西部能源的"领军人物",而其他能源产量不足。2013年,在西部地区能源产量构成中,原煤占84.01%,而原油、天然气和电力分别只占3.26%、6.48%和6.22%。这种以煤为主的单一能源供给结构,一次性能源特点十分明显,因而今后可能会面临能源枯竭的风险。

表4-10 分类能源占西部地区产量总量比例 (%)

年份	原煤	原油	天然气	电力
2007	81.47	4.13	5.78	8.63
2008	82.59	3.64	5.61	8.16
2009	83.58	3.24	5.30	7.88
2010	87.36	3.07	5.29	4.27
2011	84.95	3.57	6.56	4.92
2012	78.02	3.02	5.98	5.39
2013	84.01	3.26	6.48	6.22

从西部能源消耗结构来看,2013年,在西部地区能源消耗量的构成中,原煤约占80%,这种以煤为主的能源消耗结构,同样存在着许多问题。首先,与大气环境质量的要求不相适应。据测算,每消耗一百吨标准煤将排放烟尘3.5吨、二氧化硫3吨、废渣15吨。而排放至大气中的二氧化硫、烟尘总量分别约有90%和70%来自燃煤。目前,我国是世界上大气污染最严重的国家之一,西部地区的环境污染问题也不容忽视。在物质生活需要得到基本满足的情况下,人们对居住与生活环境也提出了较高要求。因此,不从根本上改善能源结构,就难以满足居民对生活质量进一步提高的要求。其次,以煤炭为主的能源结构与产业结构调整不相适应。产

业和产品结构的调整对优质能源的需求越来越大,而以煤炭为主的能源结构在一定程度上妨碍了产业和产品结构的调整。

从能源产品质量来看,优质能源在能源结构中占比较小。能源结构与能源利用效率相关性很大。从能源品种来讲,能源结构调整的方向是大力发展优质能源,减少碳氢化石燃料的比例,这是提高能源利用效率、降低能源使用成本、控制环境污染最好的办法。而西部地区的煤炭消耗比率一直都在80%左右,占比很大,这就造成能源结构不合理。由于煤炭的消耗量较大,燃煤效率低,导致其消费对环境的污染严重,这是造成西部地区大气污染的主要污染源。

总体而言,西部地区能源结构不合理,主要表现为:煤炭所占能源消耗比例过高、煤炭利用技术比较落后、利用方式也较为单一;石油和天然气所占比例偏低;可再生能源和新能源开发利用程度不高。能源结构问题主要是以煤炭过剩的形式表现出来。在市场经济条件下,能源供给结构的调整受限于能源消耗结构的变化,日益严峻的环境压力将迫使能源消耗结构改善,而能源消耗结构朝着清洁高效转化的客观实际必将给西部能源产业发展带来深刻的影响。此外,与其他地区相比,西部能源产业的发展方式没有跟上全国能源结构优化调整的步伐,仍然以粗放型为主。西部以煤为主的单一能源结构与能源资源自然禀赋之间的矛盾较为突出。同时,可再生能源特色产业尚未形成,也会带来一定的结构安全问题。

另外,西部作为"西电东送"的重要能源基地,肩负着为周边省份供应能源的重要任务。然而,以煤炭为主的单一能源结构,其一次性能源特点明显,因而今后西部地区或将面临能源枯竭问题,存在十分严重的安全隐患。因此,完善西部地区能源产业结构任重而道远。

4.4.3 能源产出效益低下

能源产出效益指的是能源产业中投入一个单位能源所获得的产值(元/吨标准煤),主要考察能源产业发展过程中能源的利用效率问题。目前,西部能源技术落后以及粗放型的经济发展模式导致了能源产出效益相对较低。1999—2008年，西部能源产出效益一直表现出下降趋势，2008年仅为56元/吨标准煤，倒退回20世纪80年代的水平。近年来，能源产出效益有所提升。可以说，西部能源产业发展仍然没有摆脱高投入、高消耗、低效益的局面。

从本质上看，导致西部地区能源产出效益低下的重要原因是能源技术相对落后。由于近现代开发能源的时间较短，且长期受产品供应短缺压力的影响，西部地区能源资源开发的重点几乎全部投入到满足当时社会产品需求数量的增长方面。所以，基于西部经济发展起步晚、人才缺乏、技术环境相对落后等原因，西部相对东部地区在能源技术发展方面仍然处于落后地位，这造成西部地区能源产业以资源开发为主，加工层次低、产品结构单一，初级产品、中低档产品比重过大，产品附加价值不高，难以发挥大量资源优势以获取相应的产出效益。除了技术落后外，西部地区能源产出效益低下还有一个重要的原因：国家对西部能源资源的开发和能源产业发展具有一定的垄断。中央企业在西部地区能源资源开发中起着绝对主导作用，现阶段的中央能源企业一般都是简单地以低价输出一次性能源产品，这抑制了能源开发利用的深度发展，导致能源产业链条缩短，不能很好地带动相关产业发展，并且与周边经济联系也相对松散。比如，西部地区盛产煤炭和天然气，其主要作为燃料使用，但是与之联系紧密的工程塑料、高档化纤等产品却主要由东部地区供给，这就导致了西部能源产业发展不能有效提高综合产出效益，促进本地区经济发展。

由于能源技术相对落后，西部地区的煤炭开采多为一次产品，并长期忽视矿口电站、煤气化和煤液化工业建设，导致高附加值的化工产品、电能产品比重非常小，炼油企业也大都以初级、中级产品为主，精细加工产品仅仅在极少部分企业起步。能源技术低下和国家能源需求的双重作用促使西部地区能源资源无法得到有效开发。自20世纪90年代末以来，由于经济快速增长，国内能源供给出现紧张局面，造成西部能源建设大大提速,众多投资纷纷进入西部地区,加之地方政府 GDP 主义盛行,最终出现"跑马圈地""跑马圈水"等现象。近年来,绝大多数西部省份都把能源工业作为当地的支柱产业,加快能源建设和资金投入,各地一哄而上、盲目开发、过度开发的现象十分严重。能源产业在西部地区的快速发展,自然表现出对经济增长的拉动作用,反过来也促进了能源产业的扩张。然而,在西部地区粗放型经济增长模式下,能源产业发展更多的是注重本地区的当前利益,而忽视了未来发展规划,以及只注重产业规模的一味扩张而不考虑通过提高技术质量促发展。在政府投资的青睐下,能源产业规模显著扩大,最终挤占了其他产业的发展空间,导致地方产业结构失衡;能源开发区域化、地方产业结构单一化又会导致西部地区能源产业发展进一步扩大,这样便形成了能源产业发展的恶性循环。不仅造成能源资源过度开采和资源、环境的破坏,而且忽视了对能源技术的开发,阻碍了能源产出效益的持续有效提升。

能源价格也是影响能源产出效益的重要因素。我国大部分能源行业属于国有垄断(寡头)特征,能源产品的定价一直由政府来调控。目前,我国能源价格仍处于逐步向市场化过渡的阶段,没能及时反映真实的市场供需和资源稀缺状况,能源价格经常偏离市场的正常状态,造成了能源的过度消费和能源利用效率低下,不利于提高能源产业的产出效益。

4.4.4 生态环境压力凸显

西部地区既是能源富集区,也是环境保护薄弱区。在西部地区经济得到一定发展的同时,生态环境也遭受了严重的破坏,从而阻碍了地方经济发展的可持续性。能源产业是一个运行周期长、工艺流程复杂同时会产生很多污染物的行业,在当前能源技术水平下,能源产业对生态污染的影响是非常严重的。目前,在国家实施节能减排、保护生态的背景下,生态环境已经成为制约能源产业发展的重要因素。生态环境破坏一个最主要的原因是在消耗能源的过程中所排放的大量工业废水和废气。从表 4 – 11 和

表4-12中可以看出,西部地区工业废水排放量从2007年的554747万吨减少到2012年的398863万吨,工业废气排放量从2007年的99878亿标准立方米增加到2012年的224060亿标准立方米,而同期的能源消耗量从2007年的46567万吨标准煤增加到2012年的116656万吨标准煤。2008—2012年,西部地区工业废水排放量增长率一直低于能源消耗增长率,而工业废气排放量增长率除2011年和2012年外,都远高于同期的能源消耗增长率。由此可见,西部地区生态环境因素中首先要解决的是工业废气的排放问题。

表4-11 西部地区工业废水排放量　　　单位:万吨

省份	2007	2008	2009	2010	2011	2012
内蒙古	25021	29167	28616	39536	39408.5	33617.9
广西	183981	205745	161596	165211	101234	96540
重庆	69003	67027	65684	45180	33954	30611
四川	114687	108700	105910	93444	80420	60883.2
贵州	12101	11695	13478	14130	20700	23400
云南	35352	32996	32375	30926	47228	50132
西藏	856	942	942	736	363	487
陕西	48523	48477	49137	45487	40806.3	38036.5
甘肃	15856	16405	16364	4640.9	4898.3	6012.6
青海	7318	7098	8404	9031	11868	12895
宁夏	21089	20448	21542	21977	18666.4	16547.8
新疆	20960	22875	24201	25413	28800	29700
西部地区合计	554747	571575	528249	495712	428347	398863
全国	2466493	2416511	2343857	2374732	2310000	2215857
占比	22%	24%	23%	21%	19%	18%

表4-12 西部地区工业废气排放量　　　单位:亿标准立方米

省份	2007	2008	2009	2010	2011	2012
内蒙古	18200	20190	24844	27488	30604.9	28132.7
广西	7617	7351	12587	14520	29853	33194
重庆	22970	12997	13410	10943	9121.07	8359.88
四川	10356	6842	7786	20107	21553	25792

续表

省份	2007	2008	2009	2010	2011	2012
贵州	8082	8316	9484	10192	12200	13562
云南	8083	8316	9484	10978	17545	19602
西藏	13	12.9	15	16	17	17
陕西	6469	9706	11032	13510	14019	16735
甘肃	5818	5685	6314	15352	19720.3	13899.7
青海	2492	3237	3308	3952	38520	39571
宁夏	3981	4403	4701	16324	10055.9	9324.47
新疆	5797	6154	6975	9310	13868	15869.9
西部地区合计	99878	93210	109940	152692	217077	224060
全国	388169	403866	436064	519168	674509	635519
占比	26%	23%	25%	29%	32%	35%

西部地区的工业废气、二氧化硫污染严重，万元产值排放的污染物比东部地区高出1~5倍。在全球41个城市中的大气总悬浮颗粒物浓度监测中，西部的西安、兰州、乌鲁木齐进入前十名的行列。据气象部门分析统计，我国西北地区气候变暖的强度高于全国平均值，西南地区酸雨的严重程度为全国之最，是世界三大酸雨区之一。

此外，西部地区由于生态环境污染造成的经济损失巨大。有可比资料的九省份（广西、四川、贵州、云南、西藏、陕西、甘肃、青海、宁夏）计算表明，2006年，因生态破坏造成的直接经济损失为1500亿元，相当于同期GDP的13%，而实际上，间接和潜在的经济损失可能更大。

4.4.5 社会支撑体系不完善

西部地区融资环境较差。西部地区大多存在经济基础差、产业层次低、市场发育不完善、企业自我发展能力有限、投资环境较差以及能源工业自身较低的投资回报率等问题，这些都造成西部地区对外部资金的吸引力大大减弱。据统计，2013年西部地区的城镇人均可支配收入为22081.08元，为全国人均可支配收入的81.92%，农村人均全年纯收入为6795.25

元，为全国人均全年纯收入的76.39%，而人均资本额仅为东部地区的32%，当年利用外资额仅为全国的10%左右。能源工业属于资本密集型行业，一次性投放资金多，对投资环境要求较高，而西部地区自我筹融资能力不足，缺乏外部融资吸引力，因此，能源产业资金容易造成短缺。

西部地区基础设施较为落后。基础设施是一个地区投资环境的重要组成部分，也是能源开发必备的前提条件，基础设施建设具有投资规模大、建设周期长、超前性强以及服务面广等特征。西部地区地域辽阔，人口稀少，自然条件恶劣。由于大部分能源开发是在远离城市的荒野偏僻地区进行的，而能源产品客观所要求的运输条件高，因而该地带的基础设施状况表现出明显的不适应。目前，西部地区的交通密度仅为0.133，当前拟重点开发的"三省三区"的交通密度仅为0.097，为东部平均值的20%。根据有关专家的评估数据，本研究对三大地带的基础设施状况进行了二次数据处理，最终得到各地带的基础设施评价结果为：东部45.54、中部23.16、西部14.97。西部地区基础设施建设的落后势必对能源开发的时序、开发规模等产生多方面的不利影响。

政府在对西部能源产业的管理上存在一定程度的"越位"和"空位"问题。其一，政府的"越位"问题。现代经济学的一个基本原则是市场机制，整个社会由"看不见的手"实现资源的合理配置，即自由的市场竞争带来资源的最优化配置。在西部能源产业发展过程中可见政府过多干预的影子，政府和能源产业管理部门以计划经济的方式管理国有能源企业，往往直接涉及要素配置、企业经营、资产重组及各种投资建设项目，管理过程仍然以政府的行政性直接调控为主导，间接调控和服务功能相对薄弱。这种计划性的管理方式，非但不能实现纠正市场失灵的初衷，反而违背了现代市场经济所要求的产业自我规划和发展、实现行业自律的规律。其二，政府的空位问题。大部分西部能源产业是垄断竞争行业，纯粹依靠市场机制作用会导致资源配置的扭曲。在西部能源产业的发展中，政府在一些应当着力管理协调的事项上缺乏管理力度，存在"空位"问题。此外，政府在管理和稳定市场秩序的职责上力度不够，这使得本地区的能源开发总体上存在一哄而上、盲目开发的特征，最终造成本地区能源的过度开发和无序竞争，扰乱了正常的市场秩序。其三，目前西部经济仍然是以国有企业为主体，其他所有制经济发展速度较慢，西部国有及国有控股企业的工业产值在工业总产值中所占比重为48.2%，是东部地区的两倍。大部分国有企业社会负担依然沉重，国有企业发展活力不足。同时，民营企业蓬勃发展的机制尚未形成，可见西部地区企业总体竞争力不强。这种局面造成西部优势产业的发展主要靠政府来推动，没有形成企业在市场调节下自觉发展的机制。

地区间对能源行业的盲目投资、重复建设，区域产业布局不协调问题突出。改革开放以来，旧有的中央集中调控体制被逐步打破，但相应的全国统一的市场体系远未建立，在这种情况下，各级地方政府主导区域内经济发展的作用十分明显。在地区利益最大化的驱动下，地方政府盲目追求地区的综合发展，导致能源产业发展雷同，小规模、低水平重复建设加剧，进而造成地区产业结构趋同化。这种现象既影响了西部地区比较优势的发挥，也大大妨碍了国民经济整体效益的提高。

产业资金投入机制不健全。能源产业是资本密集型产业，产业一次性投入资金量很大，能源产业的基础设施建设和大型产业项目的起建也需要大量资金的注入。然而目前西部能源产业的投资主体主要是国家、地方政府和省属企业。其中，政府的资金注入主要来源于能源产业的税收，省属企业资金除了自有资金积累之外，还借助于银行贷款，这个比例往往要大一些。无论是政府还是企业，其资金的注入量很大程度上不能满足能源化工基地的基础设施建设和能源产业扩大再生产的要求。这种既成的单一投资体制，不仅导致西部能源产业建设的资金瓶颈，而且使当地富裕居民无法将自己的闲散资金投入到产业建设并从中得到收益、获得实惠，由此产生了与政府和能源企业之间尖锐的矛盾。这种单一的、供需脱节的产业投资机制严重制约了能源产业的发展壮大，忽视了有效利用外来资金和民间资产，最终势必会成为制约能源产业可持续发展的资金瓶颈。

4.5 西部能源产业供给问题的解决途径

如果说10年前的西部大开发是主动作为的话，那么新一轮西部大开发更多包含了客观因素。就西部能源开发利用而言，主要有五个客观因素：一是东部环境与土地容量趋于饱和，重工业重心西移；二是东部资源日趋枯竭，能源开发重心西移；三是遵循产业递进规律，东部向高端产业迈进，西部承接东部部分产业和技术转移，并伴随产业升级；四是能源转化与输能技术的发展有力支撑了西部能源就地转化；五是东部能源需求增加，能源供给半径不断向西延伸。从全局来看，西部地区站在新起点上发展以能源为主轴的新型工业体系，东部地区依托技术优势发展低能耗的高端产业，东西部互为支撑，有助于提振内需、优化布局、调整结构，从而形成新的经济发展优势。

同时，我们应该看到，西部地区虽然能源资源赋存丰富，但受传统发展方式的制约，能源开发利用存在诸多矛盾，资源优势难以充分发挥，"资源悖论"难以破解。问题主要表现在：能源生产地区产业布局分散、产业结构趋同、技术标准偏低、管理滞后以及产业集聚和经济辐射能力较弱。因此，科学合理地开发利用西部能源是一项庞大的系统工程，至少包括以下四个方面内容。

4.5.1 优化产业布局

以资源禀赋为依托，优化产业布局。能源的开发利用应充分考虑资源禀赋条件，实现产业布局与资源禀赋相协调。目前，国家规划了山西、鄂尔多斯盆地、内蒙古东部、西南地区和新疆五大综合能源基地，并重点围绕五大基地进行科学布局，依托自身资源条件建立不同的开发时序和发展层次，形成差异化发展。以山西为例，虽然山西煤炭资源富集，但煤种各异。晋中、晋东南以优质炼焦煤、无烟煤为主，因此，晋中、晋东南应重点发展焦炉煤气、冶金或化工产业，若将其用于发电，不仅成本高，而且难以体现资源的稀缺性。晋北煤炭资源均为动力煤，因而晋北更适宜建设大型煤电基地，特别是煤矸石发电。晋南电厂面临地处资源富集区却烧不起煤的尴尬局面，因此必须下大气力改变这种不合理的产业布局。

建立以产业集聚区为节点的产业布局体系。国内外发展经验表明，"点轴"系统是典型的产业布局形式，即通过基础设施，将快速发展的区域中心城市"点"连接形成"轴"，并对周边地区产生辐射作用，从而形成区域发展的"经济带"。比如，内蒙古沿黄经济带发挥鄂尔多斯盆地的资源优势和沿黄城市临近水源的区位优势，将能源开发利用所产生的辐射能力向周边扩散，形成相应的能源加工、转化、消费和服务市场，最终呈现出以能源工业为轴心的区域经济一体化格局，既推动了区域经济的健康发展，又提供了科学利用资源的范例。

以最优的输能方式支撑产业布局的优化。我国能源生产与消耗呈逆向分布，"西能东送"的总体局面不会改变。近年来，远距离先进输能技术的迅猛发展为产业布局优化创造了条件。以特高压输电为例，鄂尔多斯煤炭产区输电到京津冀鲁、华东、华中四省的落地电价，均低于输煤在当地建厂的上网电价。因此，鄂尔多斯的能源输出应优先鼓励输电。

4.5.2 调整能源结构

合理推动化石能源转化。资源转化和清洁利用既是延伸产业链、提高产品附加值的重要手段，又是保障国家能源安全、改善能源结构的必要之举。截至2023年底，我国石油对外依存度高达72%以上，并且能源结构仍然以煤炭为主。因此，将丰富的煤炭资源转化为清洁燃料以替代石油产品具有重要战略意义。《国家能源科技"十二五"规划（2011—2015年）》将煤炭加工和转化作为煤炭工业的发展方向，重点在煤制油、煤制气、煤制化学品示范工程的基础上，进一步集成国内外先进技术，建设国家新兴重化工基地。但"煤转化"并不等于"逢煤必化",西部某些煤炭富集的省份出台了50%就地转化的约束性政策,这不但不利于当地产业结构的优化,还给产业发展带来了负面影响。因此,如何因地制宜地规划煤化工项目,各地各部门应高度重视并切实加以改进。

加快推进可再生能源发展。可再生能源的开发利用是保障我国能源安全、实现绿色发展的关键所在。西部地区具有发展可再生能源的良好条件。首先,风能、太阳能、水电等可再生能源广泛分布在西部地区,并且其分布位置与化石能源富集区有较大的重叠或邻近,稳定的化石能源能够为非化石能源的规模化开发提供有利条件;其次,大容量、高效率、远距离输电技术的成熟给西部太阳能、风能等非稳定能源的规模外送提供了便利,可以实现能源开发和供给的良性互动。

4.5.3 创新产业模式

产业集群化。产业集群化就是要坚持产业向基地集中、项目向园区集中的开发思路,统筹规划产业园区建设,合理确定产业定位和发展方向。工业园区建设以大型企业为主体,以资源综合利用为基础,建立项目之间、企业之间的链接关系,实现资源多次转化、梯级利用。例如,中煤平朔矿区打造了以煤为基础的"煤—电—硅铝—煤化工—建材工业"产业链和以土地绿化复垦为主线的"农—林—牧—药—工业旅游"生态产业链,在创造良好经济效益的同时,实现社会效益和生态效益的双丰收。

产能集中化。产能集中不在于矿井数量的多少,而在于单位矿井的生产规模化,这在能源富集的西部省份尤为重要。目前,内蒙古、山西、陕西等地千万吨矿井群的出现引领了煤炭工业的发展。只有产能集中才能带来产业集聚,只有产业集聚,产业模式才能体现规模化、园区化、专业化的特征。为此,规模化开发必须打破传统的资源条块分割的地区本位意识,避免整装资源由于行政区域等原因被人为分割,造成重复建设、投资浪费、资源利用效率低下等问题。

模式现代化。首先,要发展多联产的循环经济,利用从单一设备中产生的合成气来进行跨行业、跨部门的生产,以便得到具有高附加值的化工产品、液体燃料以及余热资源等。以天然气与煤伴生为例,天然气富氢、煤炭富碳,通过多联产的模式综合形成新产品,进而极大地降低废气排放,实现水、热、气等联产循环。其次,实现工业化和信息化的深度融合。工业化与信息化的深度融合是西部能源开发利用和承接东部产业转移的重要支撑。加强信息技术与工业技术、信息化装备和工业装备的融合,有助于形成新的生产能力和生产模式,逐步淘汰落后产能,提高生产效率。

4.5.4 创新技术与管理

加强能源技术的自主创新。在西部能源发展的科技路线图中,首先要关注传统能源的可持续发展问题。我国的能源特色是煤,解决我国能源问题的关键是如何清洁高效利用好煤。现阶段,我国要大力发展洁净煤技术、煤气化联合循环技术,研究二氧化碳捕获、资源化利用和封存技术等。结构的多元化是未来能源发展的趋势。因此,要着力发展新能源和可再生能源利用技术,在西部地区加强太阳能、风能、水电等新型用能、输能技术的研发,制定具体的能源发展路线图并进行国家主导的科技攻关,依托企业加强成果转化,建立能源发展专项基金,加强对工程示范的支持力度。

提高行业标准,推动产业技术水平升级。标准是先进技术和管理的有效集成,实践证明,把行业龙头企业的先进技术转化为标准将有助于产业快速升级以及加强企业创新能力。西部能源产业无论是规模化开发还是就地转化,无论是传统产业改造还是高新产业建设,都要及时吸收和推广国际先进的管理和技术标准,提高产品质量,降低企业成本,形成新的竞争优势。

构建科学的决策体系。科学决策是能源合理开发利用的基本前提。科学决策需要统筹考虑西部地区经济、资源、区位、市场、人力、环境等因素，以现代信息化技术为手段，构建临界决策指标体系，形成布局、结构、运输、规模的最佳结合点，为科学发展提供决策支撑。科学决策指标体系主要包括主导决策指标体系和约束指标体系。主导指标体系以经济指标体系为基础，模拟分析该地区在主要因素影响下，各种资源优化配置时产业布局和结构的经济性，并以单位能耗指标体系为依据，控制工业数量、建设规模、产业形态及技术工艺的合理性、先进性。约束指标体系主要是指水资源指标体系和环境指标体系。水资源指标体系用来约束地区资源开发利用的总体规模和强度，环境指标体系用来约束环境承载能力范围内的产业构成、工业企业空间集中的限度和建设规模。通过主导指标体系和约束指标体系的构建，合理确定产业布局和产品结构，使能源工业的开发利用既达到最佳的经济规模，又符合资源环境等约束条件的要求，实现能源经济的良性发展。

科学合理地开发利用西部能源，还需要把握好以下几个方面：

能源开发与生态治理的关系。生态环境保护是西部能源开发利用的前提，构建主动型生态环境治理机制、形成资源开发与生态建设良性互动是西部能源开发利用的重要目标。例如，神东煤田探索出一条"从源头控制、井上下互动、大范围治理控制小范围沙化"的主动型生态治理之路，这不仅成功解决了煤炭开采中高产与安全、开发与环保两大世界难题，而且实现了生态环境的逆转，其经验值得借鉴和推广。

能源开发与科技创新的关系。科技创新是西部能源合理开发利用的重要催化剂。科技创新使西部有条件优化产业布局、有条件调整产业结构、有条件创新产业模式、有条件化解发展中的一些突出矛盾和问题。在能源开发利用中，我们要始终以科技创新构建区域产业布局和结构、以科技创新打造区域特色优势、以科技创新衡量产业层次，提升企业的竞争能力。

能源开发与城乡布局的关系。西部能源开发与转化要坚持走产业向基地集中、人口向城镇集中的道路，避免走城市建设工业区、资源开发区建设城市的传统道路,要处理好工业园区与城市之间的空间关系,避免工业包围城市、城市包围工业,避免工业逼迫城市搬迁、城市逼迫工业搬迁。西部能源开发与转化应根据工业规模和性质科学筹划,形成工业园区与城市的良性互动,以工业发展推动城市建设,以城市建设促进工业发展。

5 西部能源产业的产出效益分析

上一章对西部能源产业发展的供给能力进行了分析,本章将解决另一个重要问题,那就是在保障供给能力的同时,如何提高产出效益。从研究目的来讲,分析西部能源产业的产出效益,就是要研究能源产业在发展过程中产出效益的内在机制与变化,是为了更加有效、持续地促进资源地经济增长。

5.1 能源产出效益的测度及变动趋势分析

鉴于数据的可获得性,本书定义的能源产业的产出效益主要取决于能源工业的净产出结果,即在能源供给系统中生产一单位能源所能获得的净产值,公式为:

$$ER = \sum NR_n \qquad (5-1)$$

式中,ER 为能源产业的产出效益;NR_n 为能源部门净产出,单位为万元/吨标准煤。

具体而言,能源供给系统是指包括煤炭采选业、石油和天然气开采业、电力蒸汽热水生产及供应业、石油加工及炼焦业、煤气生产及供应业各类能源资源开发及其二次加工在内建立起来的系统。不同的能源产品具有不同的利用效率,所以能源供给系统结构会产生不同的组合能源产出效益。比如,石油产业和天然气产业的产出效益比煤炭产业分别高出23%和

30%。本研究中能源供给体系主要指一次能源供给系统。

事实上，衡量能源产业的产出效益，其主要考察能源产业发展过程中能源利用的效率问题，即能源利用的效率越高，能源产业的产出效益也就越高。能源产业效益的高低，很大程度上影响着能源产业推动当地经济增长和能耗降低。

应当指出的是，由于全国能源价格市场化的改革起步较晚，能源价格体系在整体上尚未达到完全成熟的地步。为了使产出效益的评价具有科学性和可信性，这里采用2000年价格体系作为评价的基础。本研究鉴于数据的可获得性，剔除西藏自治区，西部地区主要包括内蒙古自治区、广西壮族自治区、重庆市、四川省、贵州省、云南省、陕西省、甘肃省、青海省、宁夏回族自治区、新疆维吾尔自治区在内的11个省（区）。数据主要来源于《中国统计年鉴》《中国能源统计年鉴》等资料。

根据图5-1显示，2000—2019年全国能源产业的平均产出效益整体呈增长趋势，但西部能源产业的产出效益一直处于上下浮动的状态，在3400~5800元/吨标准煤之间，未实现稳步增长。1999年之前国家一直实施地区能源自给政策，1999年以后由于国家能源需求迅速增加，西部能源产业扩大生产规模，不仅要满足自身区域发展，还要为东部、中部经济增长服务，所以全国能源产业的平均产出效益整体呈增长趋势是一个必然结果。但是遗憾的是，西部地区能源产出效益上升态势并没有得到呈现，相较于全国能源产出效益而言，西部地区产出效益在较低位上下浮动，主要原因是西部能源资源开发仍然没有摆脱高投入、高消耗、低效益的形势。

总体上，西部能源产业的产业效益与全国平均水平的差距持续增大。2001年，两者之间差额最低，为2109元/吨标准煤，随后逐渐波动上升，截至2019年差距已经达到7916元/吨标准煤（见图5-2）。在国家对煤炭产业进行整治之前，我国的能源价格体系混乱，各地区实行了自给自足的能源供给政策，导致西部地区的能源开采处于粗放、无序的状态，以煤炭为主要供给的西部能源产出效益与全国平均水平差距较大。但进入21世纪

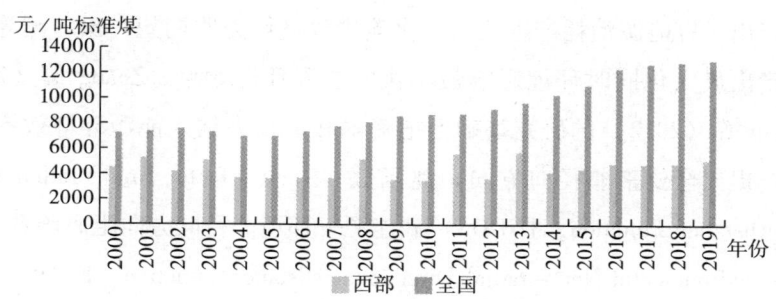

图 5-1 西部能源产业的产出效益与全国平均对比

以来，国家对能源价格体系不断改革和完善，大力推进市场化，使得全国能源价格逐步统一规范，减少了过去地区能源价格差异过大的问题。此外，由于西部能源供给规模迅速扩大，其占全国能源供给比重快速上升，整体"稀释"了西部与全国平均水平的产出效益差额，其产出效益理应随全国平均水平一致上升甚至更高，但近年来却一直处于波动状态，说明西部能源生产中的能源利用效率有待提高。

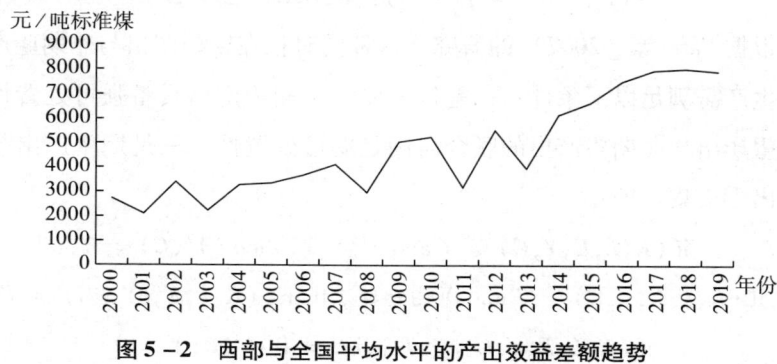

图 5-2 西部与全国平均水平的产出效益差额趋势

5.2 能源产出效益的全要素生产率（TFP）分析

5.2.1 计量方法及相关指标说明

考虑到当前中国经济发展面临的环境约束，本研究参考 Zhang 等（2014）的方法，以资本、劳动力和能源作为投入要素，以行业产值作为期望产出,以能源消耗产生的二氧化碳排放量作为非期望产出,测算反映经济产出最大化同时环境影响最小化的能源环境效率。Zhang 等(2014)在 Zhou 等(2012)的研究基础上把资本和劳动力纳入能源环境效率分析框架,提出全要素非径向方向距离函数(Total – factor Non – radial Directional Distance Function, TNDDF)和能源—环境非径向方向距离函数(Energy – environmental Non – radial Directional Distance Function, ENDDF)。本研究基于能源产业面板数据,假定规模报酬不变,在 DEA 模型框架下,采用 TNDDF 和 ENDDF 技术,分别测算两类代表中国能源产业的能源环境效率指标。以资本(K)、劳动力(L)和能源(E)为投入要素,以行业产值(Y)为期望产出,以二氧化碳排放量(C)为非期望产出,定义一个生产技术如下:

$$T = \{(K,L,E,Y,C):(K,L,E) \text{ can produce } (Y,C)\} \quad (5-2)$$

如果用生产集形式描述以上生产技术(Picazo – Tadeo et al., 2005)即:

$$P(K,L,E) = \{(Y,C):(K,L,E,Y,C) \in T\} \quad (5-3)$$

根据 Fare 等(2007)的研究,这种同时存在期望产出与非期望产出的联合生产需满足以下条件:一是投入要素和期望产出具备强可处置性;二是期望产出与非期望产出的联合需满足弱可处置性;三是期望产出与非期望产出零交集。即:

$$\text{if } (K,L,E,Y,C) \in T \text{ and } Y' \leq Y, \text{ then } (Y',C) \in T$$

$$\text{if } (K,L,E,Y,C) \in T \text{ and } 0 \leq \theta \leq 1 \text{ then, } (K,L,E,\theta Y,\theta C) \in T$$

$$\text{if } (K,L,E,Y,C) \in T \text{ and } C = 0, \text{ then } Y = 0$$

具体地,假设有 N 个决策单元,在规模报酬不变的前提下,上述生产技术可表示为:

$$T = \left\{ \begin{array}{l} (K,L,E,Y,C): \sum_{n=1}^{N} Z_n K_n \leq K, \sum_{n=1}^{N} Z_n L_n \leq L, \\ \sum_{n=1}^{N} Z_n E_n \leq E, \sum_{n=1}^{N} Z_n Y_n \geq Y, \sum_{n=1}^{N} Z_n C_n = C, Z_n \geq 0, n = 1,2,\cdots,N \end{array} \right\}$$

$$(5-4)$$

方向距离函数（DDF），由钱伯斯等（1996）开发，Zhong 等（1997）扩展到环境效率，是一种相对较新的衡量绩效的方法。在这里，传统的 DDF 被定义为，它最大化期望的输出，同时以相同的速率减少不期望的输出：

$$\vec{D}(K,L,E,Y,C;g) = \sup\{\beta:[(K,L,E,Y,C) + g \cdot \beta] \in T\} \quad (5-5)$$

传统的 DDF 是一种径向效率度量，当有一些松弛时，可能会高估效率（福山、韦伯，2009）。由于非径向效率测量的优势，在测量能源和环境性能时经常提倡使用非径向效率测量来克服这种限制（Chang and Hu，2010；Zhang and Cui，2013）。Zhou 等（2012）通过考虑非期望输出给出了非径向的正式定义，从而做出了重要贡献。Zhang 等（2013）通过引入元前沿方法扩展了非径向。继 Zhou 等（2012）之后，非径向方向距离函数（NDDF）被定义如下：

$$\vec{D}(K,L,E,Y,C;g) = \sup\{w^T\beta:[(K,L,E,Y,C) + g \cdot \mathrm{diag}(\beta)] \in T\}$$

$$(5-6)$$

其中，$w^T = (w_K, w_L, w_E, w_Y, w_C)^T$ 为权重向量，表示各要素的相对重要性，可以根据各自纳入模型的种类预先设定。需要说明的是，根据不同的政策研究需要，权重向量 w^T 可以赋予各投入产出变量不同的权重，因此具有较好的灵活性（Lin and Du，2015）。$g = (-g_K, -g_L, -g_E, -g_Y, -g_C)$ 是一个方向向量；而 $\beta = (\beta_K, \beta_L, \beta_E, \beta_Y, \beta_C)^T \geq 0$ 是松弛向量，表示各要素可以增加或减少的比例。式（5-6）所表示的 NDDF 可以解释为：生产技术既定时，生产者希望沿着 g_Y 方向尽量增加期望产出，同时沿着 $-g_K$、$-g_L$、$-g_E$、$-g_C$ 方向尽量减少资本、劳动力、能源投入及非期望产出。

NDDF 的优势之一在于能克服传统的 DDF 无法对单一投入要素的效率值进行测度的缺陷。Hu 和 Wang（2006）以及 Li 和 Hu（2012）的研究为能源环境效率指标的构建提供了新的思路。在全要素指标中，各种投入变量被认为是等同的，但是问题在于如果我们特别关注的是能源—环境绩效,那么资本和劳动投入可缩减的程度就不应该被过度纳入考虑范围,而应该是在资本和劳动投入保持不变的情况下,能源投入和非期望产出最大可缩减的比例,以及期望产出最大可扩大的比例。因此在构建能源—环境绩效指标时,能源投入、期望产出和代表环境影响的非期望产出被赋予同等重要的比例,即各占 1/3。而资本和劳动不纳入考虑范围,赋予权重 0。因此,采用 ENDDF 建立能源—环境绩效指数模型的权重向量为 $w^T = (0, 0, \frac{1}{3}, \frac{1}{3}, \frac{1}{3})$。与此对应,方向向量 $g = (0, 0, -g_E, -g_Y, -g_C)$,构建如下模型:

$$\vec{D}_E(K, L, E, Y, C; g) = \max. w_E \beta_E + w_Y \beta_Y + w_C \beta_C$$

$$\text{s. t.} \sum_{n=1}^{N} Z_n K_n \leq K_{n'} - \beta_K g_K$$

$$\sum_{n=1}^{N} Z_n L_n \leq L_{n'} - \beta_L g_L$$

$$\sum_{n=1}^{N} Z_n E_n \leq E_{n'} - \beta_E g_E$$

$$\sum_{n=1}^{N} Z_n Y_n \geq Y_{n'} + \beta_Y g_Y$$

$$\sum_{n=1}^{N} Z_n C_n = C_{n'} - \beta_C g_C$$

$$Z_n \geq 0, n = 1, 2, \cdots, N$$

$$\beta_K, \beta_L, \beta_E, \beta_Y, \beta_C \geq 0 \qquad (5-7)$$

利用该问题的最优解 $\beta^* = (\beta_E^*, \beta_Y^*, \beta_C^*)$ 可进一步计算得到第 n 个行业的 EEI 如下:

$$\text{EEI}_n = \frac{1}{2} \left[\frac{Y_n / E_n}{(Q_n + \beta_{nY}^* Y_n) / (E_n - \beta_{nE}^* E_n)} + \frac{Y_n / C_n}{(Q_n + \beta_{nY}^* Y_n) / (C_n - \beta_{nC}^* C_n)} \right]$$

$$= \frac{1}{4} \left[\frac{(1 - \beta_{nE}^*) + (1 - \beta_{nC}^*)}{1 + \beta_{nY}^*} \right] = \frac{1 - \frac{1}{2}(\beta_{nE}^* + \beta_{nC}^*)}{1 + \beta_{nY}^*}, n = 1, 2, 3, \cdots, N$$

EEI 是基于 ENDDF 的能源环境效率指标,EEI 的值介于 0 和 1 之间,这个值越大,表示第 n 个行业的能源环境效率越高,当 EEI 等于 1 时,说明该行业位于生产前沿边界上,即效率达到最高水平。

5.2.2 数据与变量

本研究采用 2006—2019 年的年度数据,数据来自历年《中国统计年鉴》《中国能源统计年鉴》《中国价格统计年鉴》《中国劳动年鉴》《中国国内生产总值核算历史资料(1952—2004)》《新中国 60 年统计资料汇编》《中国环境统计年鉴》以及各省份历年统计年鉴和全国历年人口普查资料等。由于数据可获得性,本研究中剔除西藏地区,只选择保留 30 个省份作为研究对象。对各变量数据进行如下处理:

(1)期望产出(Y)。用各省份 2006—2019 年的 GDP 衡量,以 2006 年为基期,将历年的名义 GDP 平减成实际 GDP。

(2)二氧化碳排放量为非期望产出(C)。

(3)资本存量(K)。本研究借鉴单豪杰(2008)的做法,通过永续盘存法计算求得:

$$K_t = I_t/P_t + K_{t-1}(1-\delta) \tag{5-8}$$

其中,投资 I 用实际固定资产形成总额衡量;P 为固定资产价格指数(以 2006 年为基期),折旧率 δ 取 10.96%。

(4)劳动力投入(L)。劳动用 2006—2019 年各省份年末实际就业人数衡量。

(5)能源投入(E)。用 2006—2019 年各省份消耗的能源总量衡量,并统一单位为万吨标准煤。所用到的数据来自各期的《中国统计年鉴》《中国人口和就业统计年鉴》《中国能源年鉴》和各地的统计年鉴。

5.2.3 西部各省份全要素能源效率测算结果及分析

通过以上数据整理,假定规模报酬不变,利用 Stata 软件分析,最终西部地区能源效率的分解项如表 5-1 所示。

表 5-1 西部地区能源效率的分解项

年份	能源全要素生产（MGML）	技术效率变化率（EC）	最佳实践差距变化指数（BPC）	技术差距变化指数（TGC）
2006—2007	0.9518	0.9868	1.0340	0.9298
2007—2008	1.0168	1.0780	0.9234	1.0328
2008—2009	1.0242	0.9766	0.8861	1.4928
2009—2010	1.0321	1.0544	0.9747	1.0917
2010—2011	0.9938	0.8378	1.2026	1.0711
2011—2012	0.9881	0.9353	1.0002	1.0651
2012—2013	1.0326	0.8415	1.1572	1.0654
2013—2014	1.0486	1.0673	0.9290	1.0629
2014—2015	0.9883	1.0848	0.9510	0.9601
2015—2016	1.0533	0.8831	1.2218	0.9888
2016—2017	1.0152	0.9741	1.0442	0.9994
2017—2018	1.0165	0.9969	1.1225	0.9494
2018—2019	1.0054	0.9735	1.1827	0.9379
平均值	1.0128	0.9762	1.0484	1.0498

注：根据数据计算得到，其中将各期指数进行几何平均得到各地区几何平均值。

MGML 指数进行测度主要包括以下内容：进行分解得到组内技术效率变化（EC），组内当期的前沿与组内共同前沿之间的差距变化（BPC）以及跨期各组技术前沿与共同前沿之间的差距变化率（TGC）。基于时间维度分析，2006 年到 2019 年西部地区的能源全要素生产率（MGML）、技术效率变化率（EC）、当期技术前沿与组内共同技术前沿之间的差距变化指数（BPC）年均增长率和跨期技术缺口变化率分别为 1.28%、−0.1%，4.84%、4.98%。其中技术效率变化率出现负增长，意味着能源效率不但没有改善反而出现了效率损失。从测算结果来看，BPC 的变化表示西部地区能源效率的增长由技术创新效应占据主导作用，其技术赶超效应和领先效应也显著。这表明 2006—2019 年西部能源生产过程中各投入要素配置结构得到了一定改善。产生这一结果的主要原因可能是：随着国家对能源产业能耗问题的日益重视，技术扶持、鼓励以及 FDI 的技术溢出效应提升了西部能源产业发展过程中的技术创新能力。从侧面也证实了实现技术上的革新对能源产业的产出效益具有积极作用。基于空间维度分析，省份能源效率的分解效应存在较大差异，如表5-2所示。处于技术劣势和技术效率不明显的省份均是发展落后且资源优势明显的地区，如内蒙古、甘肃与新疆。这些省份的技术效率变化率增长率大多呈现负值；对于西部地区的省份来说，能源全要素生产率有着明显提高，但各省份技术进步效率出现负增长，呈现负向作用，可以看出西部地区能源效率的提高主要是由技术创新起主导作用，表示作为资源型地区的西部地区可利用的技术创新能力的退步，从表5-2中可以看出，大部分省份缩短了与全国最优技术水平的差距。

表5-2 西部各省份的全要素能源效率及分解项

地区	MGML	EC	BPC	TGC
内蒙古	1.022261538	0.999	1.135	1.272
广西	0.991061538	0.956	1.006	1.041
重庆	1.041223077	0.999	1.003	1.037
四川	1.030115385	0.998	1.021	1.016
贵州	1.044123077	1.076	1.075	1.035
云南	1.034869231	1.007	1.015	1.034
陕西	0.992953846	0.959	1.075	0.979
甘肃	1.028769231	0.978	1.051	1.012
青海	0.971961538	0.936	1.01	1.05
宁夏	0.998315385	0.934	1.03	1.055
新疆	0.9854	0.893	1.112	1.014

注：根据相关数据计算整理得到各省份的各指标的几何平均值。

为了比较不同地区能源产业全要素生产率的差异性，在上述分析结果的基础上，按照发展水平，对全国东部、西部、中部三大区域的全要素生产率作出进一步比较分析。表5-3的结果显示，基于空间维度分析，我国三大区域的MGML指数多数大于1，说明我国能源产业的产出效率逐步改善，从分析结果来看，西部地区的增长速度略高于东部地区和中部地区，但整体还是低于东部与中部。从分解效应上看，东部和中部的产出效益主要源于技术创新效应和技术领先的共同作用，其跨期之间的技术效率变化率并不明显，其中技术创新的贡献份额较大。但是，基于时间维度分析，对于西部地区来说，技术效率变化率指数在2006—2019年增长率在大多数年份是负增长，如2015—2019年呈现累计负增长趋势，表示西部地区技术赶超效应和领先效应并不显著且拉低总体的能源产出效率。从技术效率变化率指数来看，东中西部是波动的，大多呈现负增长，证明能源效率不但没有加强改善，还出现了对于能源的损失，也在一定程度上降低了创新效应与技术领先所带来的积极效果。

表5-3 分地区 MGML 指数分解效应

年份	东部地区				中部地区				西部地区			
	MGML	EC	BPC	TGC	MGML	EC	BPC	TGC	MGML	EC	BPC	TGC
2006—2007	1.007	0.952	1.151	0.958	1.028	1.026	1.044	1.036	0.952	0.987	1.034	0.930
2007—2008	1.047	0.946	1.068	1.079	1.069	0.964	1.043	1.068	1.017	1.078	0.923	1.033
2008—2009	1.043	0.959	1.089	1.000	1.053	0.931	0.901	1.428	1.024	0.977	0.886	1.493
2009—2010	1.044	0.972	1.075	1.000	0.981	0.981	0.953	1.047	1.032	1.054	0.975	1.092
2010—2011	1.029	0.907	1.138	1.000	0.997	0.995	1.012	0.994	0.838	1.203		1.071
2011—2012	1.057	1.015	1.041	1.000	1.014	0.990	1.013	1.048	0.988	0.935	1.000	1.065
2012—2013	1.055	0.979	1.078	1.000	0.937	0.948	1.061	0.961	1.033	0.841	1.157	1.065
2013—2014	1.028	0.964	1.068	1.000	1.020	0.921	1.087	1.042	1.049	1.067	0.929	1.063
2014—2015	1.028	1.023	1.005	1.000	1.027	0.995	1.009	0.988	1.085	0.951		0.960
2015—2016	1.070	0.947	1.128	1.000	1.054	0.996	1.033	1.027	1.053	0.883	1.222	0.989
2016—2017	1.051	0.931	1.131	1.000	1.037	1.102	0.955	1.015	1.015	0.974	1.044	0.999
2017—2018	0.994	0.981	1.013	1.000	1.014	0.976	1.094	0.959	1.016	0.997	1.123	0.949
2018—2019	1.105	1.037	1.065	1.000	1.045	1.069	1.111	0.917	1.005	0.973	1.183	0.938
平均值	1.043	0.970	1.081	1.003	1.021	0.995	1.022	1.044	1.013	0.976	1.048	1.050

注：根据数据计算得到，其中将各期指数进行几何平均得到各地区几何平均值。

5.3 能源产出效益与空间布局

我们将从空间布局的视角来研究西部能源产出效益在各省份的差异。本书选取西部各省份2000—2019年的能源产出效益作为因变量，以年份为自变量，组成一个面板数据，通过时间序列的拟合分析，建立了二次项的回归模型：

$$y_{n,t} = \alpha_0 + \alpha_1 x + \alpha_2 x^2 \qquad (5-9)$$

其中，y 表示不同省份在不同时期的能源产出效益；x 表示年份，我们对上述模型进行回归，结果见表 5-4。

表 5-4　西部能源产出效益的空间布局

地区	省（区、市）	能源产出效益	R^2
西北地区	内蒙古	$7.073618 \times x^2 - 28464.22x + 28600000$	0.716
	陕西	$13.45205 \times x^2 - 54130.59x + 54500000$	0.8653
	甘肃	$10.41004 \times x^2 - 41706.81x + 41800000$	0.7856
	青海	$14.18092 \times x^2 - 56940.62x + 57200000$	0.4527
	宁夏	$4.195677 \times x^2 - 16794.44x + 16800000$	0.671
	新疆	$1.572445 \times x^2 - 6312.016x + 6336867$	0.1981
	西北	$8.619679 \times x^2 - 34671.52x + 34900000$	0.8731
西南地区	重庆	$113.3896 \times x^2 - 454310x + 455000000$	0.9605
	四川	$9.533268 \times x^2 - 37894.37x + 37700000$	0.9716
	贵州	$28.17097 \times x^2 - 113012.1x + 113000000$	0.9575
	云南	$31.76934 \times x^2 - 127628.5x + 128000000$	0.8606
	广西	$-46.55491 \times x^2 - 187304.5x - 188000000$	0.2209
	西南	$24.58034 \times x^2 - 98411.32x + 98500000$	0.9949
全国		$22.51192 \times x^2 - 90138.48x + 90200000$	0.9763

注：x 表示年份。

资料来源：根据《中国统计年鉴》以及《中国工业经济年鉴》数据计算而得。

从回归结果可以看出，总体上，西北地区一次能源产出效益低于西南地区。西部各省份中，四川省的相关系数仅为 0.9716，处于最高。但从西部地区整体而言，曲线方程表明，随着近年来该区域对煤炭、石油和天然气资源的开发投入力度不断加大，一次能源产出效益均有一种潜在的上升趋势，但西南地区所普遍呈现出的较平稳上升趋势与西北地区所普遍呈现出的大幅上升趋势形成鲜明对照。实际上，西北地区的内蒙古、新疆、陕西等一直都是能源生产大省（区），尽管相关系数较低，但一直拥有一个良好的上升趋势，且基础设施等发展环境完善，所以在综合效应下，整个西北地区的能源资源开发对一次能源产出效益的推动作用并没有西南地区那么明显。

其中，值得关注的是，新疆、广西的一次能源产出效益的相关性分别只有 0.1981 和 0.2209，从其回归拟合图来看，广西、新疆的产出效益随时间呈现上下波动趋势，并无二次相关关系，发展趋势不稳定（见图 5-3）。

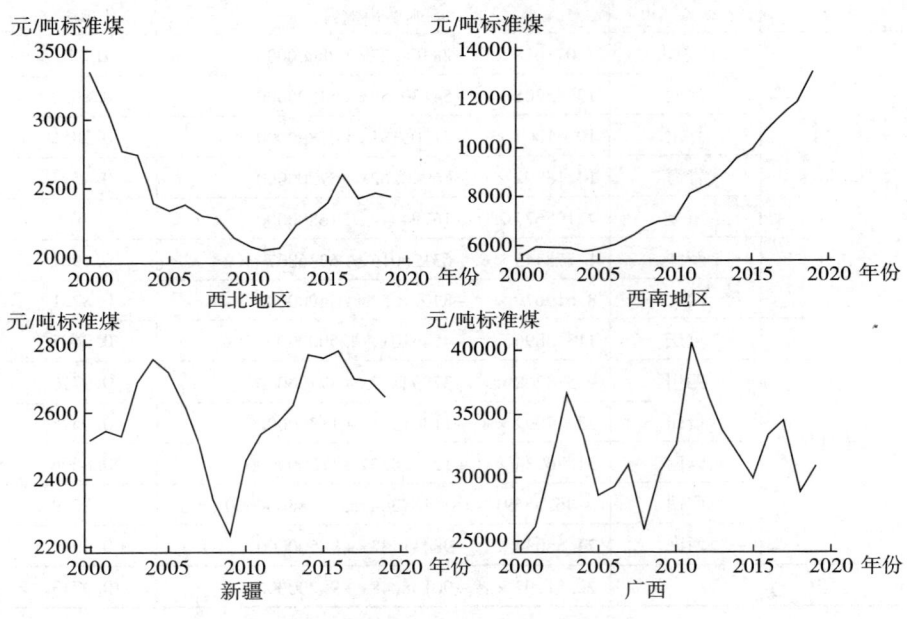

图 5-3 能源产出效益回归拟合图

除新疆和广西外，其中，作为西南地区重要的能源供给省份，四川、重庆等的能源产出效益的相关性分别是 0.9716 和 0.9605，远高于西北地区的内蒙古、陕西。另外，从二次系数可知，西部地区各省份的二次系数差距较大，因此西部能源产出效益存在较为严重的分化。

6 西部能源产业发展与区域经济增长的关系

6.1 相关概念界定与文献综述

6.1.1 经济增长理论

区域的经济增长对于提升该区域整体发展实力有着至关重要的作用。美国经济学家 Paul A. Samuelson 认为,经济增长是一个国家潜在的国民产出或国内生产总值的增加。当一国的生产可能性曲线在向坐标轴数值增长方向移动时,经济增长则初显成效。Simon Smith Kuznets(1971)指出,一个国家的经济增长可以表现为:该国为居民提供各式各样经济产品的能力不断提升,与此同时也形成了与经济实力提升相匹配的意识思想、优化的制度以及先进的技术,且为其进一步提升经济发展水平的基础。综上所述,我们可以从以下三个方面来理解:一是由劳务总量和商品增加所代表的经济实力上升是经济增长的集中表现;二是技术的进步是经济增长的必要条件;三是实现经济增长的充分条件是具有相适应的思想意识和匹配的制度①。

经济增长理论和模型经过了三个发展阶段:第一阶段是哈罗德—多马模型所代表的"资本积累论",着重突出资本是决定经济增长的关键因素;

---

① 王永刚. 中国城市群经济规模效应研究[D]. 沈阳:辽宁大学,2008.

第二阶段是新古典经济增长模型所体现的"技术决定论",尤其突出技术进步对经济增长的影响;第三阶段是突出人力资本的内生经济增长模型以及新经济增长模型。长久以来,自然资源与经济增长的关系并未引起经济学界足够关注,通常把资源作为经济增长模型的前提。

第一发展阶段是 H‐D 经济增长模型,又称哈罗德—多马模型。该模型是资本决定经济增长的主要标志。20 世纪 40 年代末,Roy Forbes Harrod (1948) 与 Evsey David Domar (1946) 构建的宏观计量模型称为"哈罗德—多马模型"(H‐D 模型)。该模型强调经济增长只与储蓄率呈正相关,经济增长的唯一动力是资本的积累。该模型的政策含义可理解为,低收入的发展中国家可以通过政府实施计划和命令推动投资来加快经济增长的步伐[①]。

第二发展阶段是新古典经济增长模型阶段。20 世纪 50 年代,美国经济学家 Robert Merton Solow、英国经济学家 T. W. Swan 和 James Edward Meade 提出了新古典增长模型。与哈罗德—多马模型进行对比,该模型考虑更加全面,它将资本因素、劳动因素和技术因素等都并入研究范围。新古典增长模型提出了以下假设:第一,储蓄将全部转化为投资;第二,假设投资的边际收益率是递减的;第三,引入了新古典柯布—道格拉斯函数。不过该模型也存在一些不足,我国学者张维迎(2021)指出:"第一,新古典经济增长假定技术是外生的,就像天上掉下来的馅饼,没有考虑什么因素推动了技术进步。第二,新古典增长模型只关心资本的数量,不关心谁控制资本,谁来投资。在新古典模型中,不论谁投资,结果都是一样的。由于技术被假定是外生的,谁都无能为力,唯有资本是人可以控制的,新古典增长理论客观上为政府主导投资提供了理论依据,这确实也是许多发展中国家信奉的理论。但实际上,投资主体的界定比投资数量的多少更重要,政府投资和企业家投资的效果完全不同,这一点对理解中国经

---

① 王宁. 我国西部地区的资源开发与经济增长关系研究[D]. 成都:成都理工大学,2017.

济增长尤其重要。中国在改革开放之前的投资力度并不小,但没有带来好的经济增长,就是因为这些投资由政府和国有企业主导,而来自私人企业家的投资为零,这才是真正的关键。"

尽管新古典范式主导着经济学的思维,但经济学家还是逐步承认,技术并不是外生的。所以从 20 世纪 80 年代后期到 90 年代开始,有些经济学家试图把技术进步内生化,提出了"内生增长理论"(endogenous growth theory)。内生增长理论的开创者保罗·罗默(Paul M. Romer)于 2018 年获得诺贝尔经济学奖。这一理论把技术进步模型化为知识生产问题,认为经济增长主要来自知识的积累。由于知识的生产具有规模报酬递增的特征,并且一个人创造出来的知识谁都可以用,在政策导向上,内生增长理论认为政府应该重视教育和科研方面的投入,同时,企业也应该加大研发投入(R&D)。但非常遗憾的是,内生增长理论中没有企业家的位置,其所讲的技术进步是没有创新的技术进步,因而并不能构成一个正确的增长理论。

经济增长理论发展到了第三个阶段,衍生出了内生经济增长理论。1958 年,美国经济学家 Jacob Mince 在其发表的论文中第一次通过构建数学模型对个人所得收入与劳动者能够承受培训量的关系进行研究。随后,1960 年 Theodore William Schultz 认为在推动经济增长的各要素中,人力资本发挥的作用比劳动力数量和物质资本投入更多,人力资本包括人的能力、身体素质、知识等方面。随后,Gary S. Becker 对人力资本理论的微观经济基础进行了更加深入的完善。20 世纪 80 年代之后,Robert Lucas 和 Paul M. Romer 在新经济增长理论中纳入了人力资本理论,指出因为人力资本和知识溢出效应表现显著,且边际生产率是递增的,因此,连续投入人力资本和知识对经济的增长率具有长期持续的促进作用,该理论被称为内生增长理论。内生增长理论模型将人力资本和知识纳入模型进行研究,突破了生产要素收益不变或递减这一传统观点,对经济能够长期稳定增长的动力进行了解释。

此外，以 Douglass C. North 为代表的新制度经济学派认为制度创新可以促进经济增长，Douglass C. North 在对经济增长进行研究时引入了制度因素，利用制度的内生性进行分析，指出在众多促进经济增长的因素中，制度创新和制度因素具有决定性作用，在制度因素中产权制度最为关键，因为往往产权的变化和界定会引起制度的变化。因而，政府可以通过实施制度创新，调整产权结构促进经济增长。

有学者认为，人类社会的发展可以分为四个阶段，即农业前期阶段、农业阶段、工业阶段、信息阶段。在每一个阶段，自然资源对经济增长的作用有所不同。总体来看，在经济增长的过程中，自然资源的贡献表现出先增长后降低的状态，总体表现为倒"U"型；空间资源的贡献表现出先减小、后增大、再减小的波动性；知识资源的贡献是随着时间逐渐增大的。那么自然资源，以及能源发展与区域经济增长之间的关系又是怎么样的呢？

6.1.2 区域能源与经济增长

能源，通常是指能够提供能量的资源。根据我国《能源百科全书》的界定，"能源是可以直接或经转换提供给人类所需的光、热、动力等任一形式的、且可以互相转换的能量的源泉"。能源通常可分为一次能源、二次能源两大类。其中，一次能源是指自然界天然存在没有经过任何形式加工的能源产品，包括可再生能源（水能、风能、生物能、太阳能等）和不可再生能源（煤炭、石油、天然气）。二次能源则是将一次能源进行再加工转换为其他形式的能源产品，包括焦炭、煤气、汽油三大类型[①]。能源产业及能源产品的利用和再利用与人类社会经济发展休戚相关。

《新时代的中国能源发展》指出："能源是人类文明进步的基础和动

---

① 邵帅. 能源开发对我国能源型地区经济增长的影响机制研究[D]. 哈尔滨:哈尔滨工业大学,2009.

力,攸关国计民生和国家安全,关系人类的生存和发展,其对于促进经济社会发展、增进人民福祉至关重要。"① 对于区域发展而言,能源是区域发展和经济增长的基础与动力。西部地区是我国最大的能源基地,其能源生产量和输出量相对全国都占有较大的比重,其能源产业发展也形成了逐年递增的趋势。但西部能源产业的清洁低碳导向与环境污染治理仍需进一步推进落实,不管对于区域的可持续发展建设,抑或区域经济增长都有相应的促进作用。

党的十九大报告中提出的经济发展理念,辩证地扬弃了原有的以经济增长为最终的发展目标,更多重视如何保持我国区域经济稳定可持续发展。这一理念得到了我国学者的广泛关注。因此,我国学者对能源开发与区域经济增长的关系进行深入探讨②。关于地区资源禀赋与经济增长协调发展的研究,罗若愚、张龙鹏(2013)基于自贡市1978—2011年的数据,从优化产业结构、传统产业结构转型升级、投资结构合理化三个方面进行分析,得出资源型地区实现经济发展的重要条件就是实现产业结构的转型升级③的结论。

已有学者实证分析了能源工业和能源固定资产投资对经济增长的促进作用,继而基于能源消费的角度来分析与其区域经济增长的关系。事实上,能源消费是考察能源产业发展对国家和地区经济增长影响的一个重要方面,由于经济增长必然导致对能源消费的增加,而能源消费增加又以经济增长为前提,两者呈相互促进的关系,基于之前文献研究可以发现:能源消费与经济增长往往呈正相关关系。

那么,西部区域如何依靠能源资源优势实现可持续协调发展呢?目前,区域协调发展在我国经济整体发展与社会稳定中扮演重要角色,更是

---

① 滕玥.《新时代的中国能源发展》白皮书发布引领中国能源迈入高质量发展阶段[J].环境经济,2021(2):20-23.
② 王迪.能源开发对西部地区经济增长的影响机制研究[D].呼和浩特:内蒙古科技大学,2019.
③ 罗若愚,张龙鹏.西部地区产业结构变动中的经济增长研究[J].财经问题研究,2013(9):30-36.

国家亟待解决的经济发展战略问题。能源过度依赖以及产业结构单一是抑制西部地区经济发展的主要原因。因此，西部地区经济如何快速、可持续发展成为学者探讨的问题。关于摆脱资源依赖的研究，李彬和何悦（2015）认为西部地区要利用"一带一路"的发展机会，发挥自身地理优势，不断提高资源利用率，大力培育人力资源资本，加快调整产业结构，形成以技术创新为核心的产业模式①。严红（2017）基于西部民族地区"资源诅咒"的事实，认为西部的发展必须依靠自身技术来改善产业结构，提升经济发展的能力，通过人力资本、制度管理、产业创新等内生发展道路实现经济的崛起②。陈凯麟和蒋伏心（2018）指出，在整体开放度下降的环境下，西部地区的经济发展速度和对外经济开放度紧密相关，"一带一路"倡议对西部对外经济开放程度具有促进作用。战略的不断推进，会扭转西部经济对外开放度下降的趋势③。邓彦斐和徐雷（2018）指出，西部地区要实现资源整合，针对本地区的资源优势，加大资金和技术投入，完善政策保障，同时要进行跨区域合作，实现优势互补④。同时，仍有学者认为沿线地区要紧抓"一带一路"以及区域协调发展战略，充分利用地理优势，发挥地区特色，培育替代产业，以绿色新兴企业为核心打造可持续发展的产业园区；通过技术革新以及政策扶持，加快企业转型升级，以"走出去、引进来"的合作理念促进对外开放交流，从而进一步加快经济发展⑤。关于资源产业转型的研究，覃福贵（2015）指出，西部资源丰富，

---

① 李彬,何悦.经济新常态下西部地区经济发展的新动力探索[J].经济纵横,2015(9):63-66.

② 严红.内生增长——西部民族地区打破"资源诅咒"的路径选择[J].生态经济,2017,33(9):54-58.

③ 陈凯麟,蒋伏心.共建"一带一路"使西部经济更开放吗？——基于OR值t检验方法[J].云南财经大学学报,2018,34(4):46-55.

④ 邓彦斐,徐雷.西部民族地区可再生能源开发的区域特征及可持续发展研究[J].资源开发与市场,2018,34(1):17-22.

⑤ 何雄浪,刘芝芝.资源诅咒、后发优势与民族地区经济跨越式发展探讨[J].民族学刊,2018,9(4):21-26,98-100.

但是经济如果依赖能源发展,就会陷入能源陷阱,不仅造成经济发展不稳定,也会对环境造成严重污染,这需要我们进行技术和制度创新,实现产业转型①。王思博和陈彦博(2018)得出结论:尽管西部现在的经济对能源有一定的依赖性,但是通过模型检验可以得知,西部经济发展对能源投资的依赖越来越弱,经济结构有所优化,能源产业占比不断下降。袁航和朱承亮(2018)认为西部大开发对西部经济具有重大推动作用,西部开发要重视西部能源丰富的资源条件,要渐进式发展城市建设,引进东部先进技术,对西部经济进行技术革新,带动产业升级改造②。

6.1.3 能源、环境与经济协调发展

从国内外研究来看,能源、环境与经济的混合系统的研究已经比较成熟,形成了多种不同的混合模型。Carla Oliveira 等基于投入产出分析建立了多目标线性规划模型,对能源、经济、环境三者的关系进行了研究。N. S. Kambo 和 B. R. Handa 等③通过建立多目标优化模型分析了能源、经济、环境三者的内在影响。Jorgenson 等④运用一般均衡模型研究分析了政策取向对经济增长的影响以及对二氧化碳排放的控制效果。Lazzaretto 和 Toffolo⑤运用信息动态响应方法构建了能源、经济和环境混合模型,探讨了三者之间的相互关系。Lenzen 和 J. Dey⑥通过定义不同的指标评价体系,对能源、经济和环境三者的协调状态进行了测度与评价。随着社会的不断

---

① 覃福贵. 能源依赖与西部经济转型的路径选择[J]. 现代经济信息,2015(18):451-452.

② 袁航,朱承亮. 西部大开发推动产业结构转型升级了吗?——基于 PSM-DID 方法的检验[J]. 中国软科学,2018(6):67-81.

③ Kambo N. S., Handa B. R., Bose R. K.. A linear goal programming model for urban energy-economy-environment interaction[J]. Elsevier,1991,16(1-2).

④ Dale W. Jorgenson, Peter J. Wilcoxen. Environmental RGDPulation and U. S. Economic Growth[J]. The RAND Journal of Economics,1990,21(2).

⑤ A. Lazzaretto, A. Toffolo. Energy, economy and environment as objectives in multi-criterion optimization of thermal systems design[J]. Energy,2004,29(8).

⑥ Manfred Lenzen, Christopher J. Dey. Economic, energy and greenhouse emissions impacts of some consumer choice, technology and government outlay options[J]. Energy Economics,2002,24(4).

发展,越来越多的人意识到能源、经济、环境三者关系的重要性,随之国内也出现了较多关于三者之间系统协调性评价的相关文献。刘志亭和孙福平①以能源、经济、环境三者的协调度为指标,对我国相关省份的数据进行了分析计算。张阿玲和李继峰②构建了能源—经济—环境混合模型,分析了能源系统与经济系统的混合联系。李昍煜和赵涛③建立了能源—经济—环境的混合评价模型,并将该模型运用于实证分析,证明了模型的系统协调情况。李廉水、孔善右④从系统评价的角度出发对南京的能源经济与环境的数据进行了分析研究。姜涛、袁建华等⑤建立系统优化评价模型,分析了系统变动的影响因素。范中启、曹明⑥利用主成分分析法对我国能源、经济和环境三者的混合系统进行了分析研究。综上可知,能源、经济与环境之间如何相互促进、协调发展已然成为学者们关注的重点内容,在区域经济高质量发展的同时,如何使环境友好型与资源节约型政策落于实处,也成了学者们探讨与研究的重要课题。

6.1.4 "资源诅咒"假说

对"资源诅咒"命题的剖析起源于对"荷兰病"(Dutch disease)问题的思考。"荷兰病"指的是资源贸易活动导致国内制造业衰退的现象,这种现象吸引了大量学者进行研究,Sachs 和 Warner(1995)的研究堪称典范,自此之后,国外关于"资源诅咒"的研究进入高潮,学者们陆续从

---

① 刘志亭,孙福平.基于3E协调度的我国区域协调发展评价[J].青岛科技大学学报(自然科学版),2005(6):555-558.
② 张阿玲,李继峰.构建中国的能源—经济—环境系统评价模型[J].清华大学学报(自然科学版),2007(9):1537-1540.
③ 李昍煜,赵涛.复杂系统协调度评价模型研究[J].中国农机化,2008(6):44-46.
④ 李廉水,孔善右.南京市3E系统协调度分析[J].机械制造与自动化,2007(1):126-129.
⑤ 姜涛,袁建华,何林,等.人口—资源—环境—经济系统分析模型体系[J].系统工程理论与实践,2002(12):67-72.
⑥ 范中启,曹明.能源—经济—环境系统可持续发展协调状态的测度与评价[J].预测,2006(4):66-70.

多维视角对"资源诅咒"问题进行思考,这些研究触角主要涉及制度、贸易、人力资本等方面,例如,Sala-i-Martin 和 Subramanian(2003)以尼日利亚为例进行实证分析,研究发现制度的缺陷会导致自然资源在促进经济增长方面丧失功效,丰裕的自然资源对于经济发展是"福音"还是"诅咒",取决于其制度政策质量的高低。不容置疑,国外关于资源诅咒的研究不仅从理论上补充完善了经济发展理论,而且从实践上深层次地讨论了社会发展问题,具有重大经济意义和社会价值。

我国自然资源开发起步较晚,对资源"相对有限性"的认识亦不够深入,一定程度上忽视了自然资源与现代工业和经济发展的内在关系[①],粗放型的自然资源开发方式已经导致部分资源短缺、环境问题的恶化等严重问题。我国学术界对"资源诅咒"的研究同样起步较晚,2000年以前几乎没有学者从经济角度对自然资源与经济增长之间的关系进行研究,直到2005年徐康宁等开始从"资源诅咒"的角度分析地区差距的原因。

随着研究的不断深入,21世纪初期,我国学者尝试从一国内的不同区域对"资源诅咒"现象进行实证分析。徐康宁和王剑(2006)缩小研究范围,选取29个省份为研究对象,验证了我国在区域层面确实存在"资源诅咒"现象,即资源禀赋会阻碍各地区的经济增长[②]。近年来,国内外学者对于"资源诅咒"命题研究主要有以下两个方面:一是"资源诅咒"的实证检验;二是"资源诅咒"的传导机制分析。有关"资源诅咒"的实证检验研究:李慧和康静(2018)以资源丰富的陕西省为例,采用 OLS 回归模型进行实证分析发现,陕西省的经济发展并没有因为丰富的资源比其他地区发展得快,存在"资源诅咒"现象[③]。王嘉懿和崔娜娜(2018)对中国中部36个地级资源型城市进行分析,采用时间个体双固定效应模型,对

---

① 陈栋生.经济布局与区域经济[M].北京:中国社会科学出版社,2013.
② 徐康宁,王剑.自然资源丰裕程度与经济发展水平关系的研究[J].经济研究,2006(1):78-89.
③ 李慧,康静."资源诅咒"与陕西省经济增长问题研究[J].经济师,2018(12):21-23,25.

自变量资源依赖度进行分析，结果显示在5%显著性水平上显著，证明"资源诅咒"效应存在①。综合分析可以得出，在资源型城市转型发展中，应重视吸引制造业投资，降低政府对微观经济领域的干预程度，培育新兴替代产业，实现经济社会的多样化发展。有关"资源诅咒"的传导机制分析研究：丁从明等（2018）基于CFPS微观数据，采用实证方法对自然资源与居民人均收入之间的关系进行了研究，结果显示：①资源丰富区居民的人均收入比资源贫乏区居民的人均收入低19%～23%，说明"资源诅咒"现象在区域层面存在；②丰裕资源对居民人均收入的影响机制，可以归纳为资源发展对当地教育投资、技术创新以及制度质量的挤出，对于资源丰富的地区，大多民众长期依托资源优势来增加收入，导致对教育以及科技的投资减少，进而抑制了居民的人均收入水平②。张志刚（2018）基于我国1999—2016年的省级面板数据，对资源与经济增长的关系进行了实证分析，并选取耕地资源与人均GDP作为自变量和因变量，结果显示，耕地资源与经济增长呈现负相关关系，进一步表明资源对经济增长具有抑制作用；对人力资本、教育投入等影响因素进行探讨，指出提高人力资本水平、增加教育投入是促进经济增长的重要途径③。

大量研究发现，"资源诅咒"在跨国层面和国内层面是普遍存在的，并且不少研究认为可以通过选择有效路径来规避，但也有研究质疑"资源诅咒"假说，目前学术界对于资源是"福音"还是"诅咒"的分歧较大。丰富的资源，对于该区域的经济增长与发展而言，到底是"祝福"还是"诅咒"？Shahbaz等（2018）以美国为例，应用Bayer - Hanck协整方法研究了1960—2016年自然资源丰富对金融发展的促进作用，揭示了自然资源

---

① 王嘉懿，崔娜娜."资源诅咒"效应及传导机制研究——以中国中部36个资源型城市为例[J].北京大学学报(自然科学版),2018,54(6):1259 - 1266.
② 丁从明,马鹏飞,廖舒娅.资源诅咒及其微观机理的计量检验——基于CFPS数据的证据[J].中国人口·资源与环境,2018,28(8):138 - 147.
③ 张志刚.耕地资源与经济增长之间的关系研究——基于"资源诅咒"假说的实证检验[J].农业技术经济,2018(6):127 - 135.

丰富与金融发展之间的反馈效应,为利用自然资源丰富程度作为经济工具提高金融部门绩效提供了新的见解①。王晓轩和刘那日苏(2018)利用双重差分方法进行检验,检验发现我国省域层面资源诅咒效应不明显,资源开发促进经济增长,同时双重差分方法检验发现西部大开发政策会改善资源开发与经济增长的关系②。马克星(2018)认为,经济发展主要体现在经济总量是否增加以及产业结构是否合理等方面,并以建设用地作为资源表征指标,从而验证资源诅咒效应。实证结果显示:西部地区建设用地对经济增长呈现正向作用,而对产业结构的优化起到抑制作用。因此,对于资源对经济发展是促进还是抑制作用需要进一步探讨③。

茶洪旺等(2018)从经济、社会、环境、资源等角度选取指标,构建资源诅咒系数测度模型,结果显示:时间演变上,2003—2015年资源诅咒现象区域差异越来越大,东部地区资源诅咒系数逐渐减小,而西部地区资源诅咒系数则越来越大;空间分布上,资源诅咒现象主要出现在西部地区,东部资源诅咒现象不明显④。杜克锐和张宁(2019)考虑到经济可持续发展的重要性,扩大了资源诅咒的研究范围,试图从经验上对资源丰裕度和生态效率之间的关系进行探究,以期对现有文献提供有益的补充,并得出结论:自然资源丰裕度与生态效率之间存在一个非线性的关系,适度的自然资源丰裕度(8%~15%)能够促进城市的可持续发展,而过低或者过高的资源丰裕度都会对城市的可持续发展造成负作用⑤。

---

① Muhammad Shahbaz,Muhammad Naeem,Muhammad Ahad,Iqbal Tahir. Is natural resource abundance a stimulus for financial development in the USA? [J]. Resources Policy,2018,55.

② 王晓轩,刘那日苏. 政策影响下资源开发与经济增长关系的双重差分检验[J]. 统计与决策,2018,34(23):125 – 129.

③ 马克星. 中国省域建设用地资源对经济增长及产业结构的影响分析——基于"资源诅咒"假说[J]. 经济问题探索,2018(3):32 – 39.

④ 茶洪旺,郑婷婷,袁航. 资源诅咒与产业结构的关系研究——基于 PVAR 模型的分析[J]. 软科学,2018,32(7):97 – 101.

⑤ 杜克锐,张宁. 资源丰裕度与中国城市生态效率:基于条件 SBM 模型的实证分析[J]. 西安交通大学学报(社会科学版),2019,39(1):65 – 72.

无论"资源诅咒"假说是否成立,目前有一个无法忽视的问题,就是资源的绿色、环保可持续发展已经成为必要的趋势与主题。面对气候变化、环境风险、能源约束等日益严峻的全球问题,新时代的中国能源发展秉持经济社会发展全面绿色转型的理念,也为中国经济社会持续健康发展提供有力的支撑。

6.2 西部能源产业发展与区域经济增长的实证分析

6.2.1 变量选取与数据来源

基于经济增长理论,结合已有研究,聚焦于分析西部能源产业发展对区域经济的主要影响因素,从能源消费、产业结构、环境可持续发展角度选取指标,构建三者对于经济增长变量的回归模型。

(1) 经济增长。选取各省份的年度 GDP 绝对量来客观、系统地衡量该区域经济实力,变量表示为 GDP,单位为:亿元。

(2) 产业结构。选取各省份的第二产业贡献率(%)来测度。因研究的区域都为能源大省,第二产业占能源消费比重较多,且其中主要以各类重工业为主,较好地体现能源产业再加工转换的情况,所以选用该指标表示产业结构,表示为 $G2$。

(3) 能源消耗。选取各省份的电力消耗量来表示能源的消耗情况。因考虑到近年来,我国的煤炭和石油能源供需存在估计值偏低的情况,而电力资源消耗相对而言更为准确[①]。因此,使用电力消耗量更能准确反映能源消费与经济增长之间的内在联系,表示为 E,单位为:亿千瓦时。

(4) 环境可持续发展。选用各省份的废气主要污染物排放情况来刻画环境可持续发展情况。因为煤炭、石油等资源在进行再处理、加工燃烧的

---

① 林伯强. 电力消费与中国经济增长:基于生产函数的研究[J]. 管理世界,2003(11):18-27.

过程中不可避免地排放出二氧化硫、氮氧化物以及相应的烟（尘）颗粒物等，此项指标旨在将不同区域的废气主要污染物排放情况进行汇总求和，统计出后进行求和来表示区域废气污染的整体情况。长期来看，较好的生活环境和较高的空气质量对区域经济增长有一定的促进作用，一方面可以提升区域生活宜居性，吸纳较多人力资源；另一方面，有利于区域可持续发展，倡导使用清洁能源，发展能源产业净化技术，有利于带动相关产业的发展，该指标表示为 F，单位为：万吨。为减少数据的异方差性，提高数据结果的可信度，特将各变量取自然对数，便于计算和整理，各变量的定性描述如表 6-1 所示。

表 6-1 各变量定性描述分析

变量类型	符号	含义	指标说明
被解释变量	GDP	各省（区、市）年度 GDP	各省（区、市）的年度 GDP 绝对值
解释变量	G2	第二产业贡献率/%	第二产业增加值/GDP 增加值/%
解释变量	E	电力消耗量/亿千瓦时	数据来自《中国能源统计年鉴》
解释变量	F	废气污染排放/万吨	二氧化硫+氮氧化物+颗粒物排放总和

早在 1986 年，第七个五年计划就确定了我国东部、中部、西部三大经济地区[①]。我国的西部地区包括重庆、四川、贵州、云南、广西、陕西、甘肃、青海、宁夏、西藏、新疆、内蒙古等 12 个省（区、市），其中内蒙古、陕西、新疆、四川、云南、宁夏、甘肃等省（区、市）以能源大省著称，其不仅有较为丰富的能源储存量，也是全国排名靠前的能源消费大省。本研究选取了能源消费水平在西部地区排名前五的省（区、市）作为研究对象，按照排名先后分别是内蒙古、陕西、新疆、四川、云南。整体所选取的研究年份为 2015—2019 年。因 2020 年的部分指标数据可能受到新冠疫情的影响，故不选取。样本原始数据来自各省（区、市）的统计年鉴（2016—2020）、统计公报（2015—2019），其中个别数据来源于省

---

① 杨明丽. "七五"计划中的地区布局与梯度理论分析讨论会纪要[J]. 人文杂志,1986(4)：70-73.

(区、市）统计局。部分原始数据表（2015—2017 年）如表 6-2 所示。

表 6-2 部分原始数据情况（2015—2017 年）

地区	年份	GDP/亿元	G2/%	E/亿千瓦时	F/万吨
内蒙古	2015	18032.8	51	2543	324.87
陕西		17898.80	41.00	1222	196.6
新疆		9324.8	38.23	2160	211.07
四川		30342	47.48	1992	165.61
云南		13717.88	40	1439	134.57
内蒙古	2016	18632.6	48.73	2605	187
陕西		19045.75	42.60	1357	98.57
新疆		9617.23	37.28	2316	153.72
四川		32680.5	42.50	2101	121.2
云南		14869.95	39	1411	122.07
内蒙古	2017	16103.2	39.80	2892	158.8
陕西		21473.45	43.50	1495	85.59
新疆		10882	39.30	2001	130.81
四川		37905.1	40.80	2205	107.07
云南		16531.34	38.60	1538	87.74

6.2.2 回归结果与分析

由于原始数据类型为短面板数据，且所选年份更易反映出"十三五"规划的执行情况，数据的质量应相对较高。本节将从数据的描述性统计与相关性分析开始，探索变量的整体情况和相关性程度；其次则通过逐步回归分析出主要的解释变量，剔除不显著的解释变量，得出更为精简、准确的回归模型；最后则是进行面板回归分析。

（1）描述性分析与相关分析。

首先，对各变量的基本情况进行描述性分析。描述分析用于研究定量数据的整体情况。由表 6-3 可知，离散程度最大的指标是 GDP（经济增长），其标准差为 9963.721，说明不同时间段的不同省份经济发展实力不尽相同，甚至出现了两极分化的情况。GDP（经济增长）达到最大值的是 2019 年的四川 GDP 水平，GDP 最小值对应的是 2015 年的新疆 GDP 水平，并且从整体来看，近年来四川的经济发展情况要优于新疆。离散程度次之的指标为 E（电力资源消耗），达到了 641.574，内蒙古、新疆近年来的用电消耗量在西部地区名列前茅。离散程度排名第三的变量为 F（污染排放总量），标准差水平达到了 57.568，内蒙古、新疆、云南污染物排放相较其余省份较大。从以上分析中可以发现，西部五个能源大省（区、市）的经济基础与增长情况不尽相同。

表 6 – 3　基础指标描述性分析

变量名称	样本	最小值	最大值	平均值	标准差	中位数
GDP	25	9324.800	46615.800	21108.524	9963.721	17898.800
G2	25	0.343	0.510	0.415	0.042	0.408
E	25	1222.000	3653.000	2157.160	641.574	2101.000
F	25	60.090	324.870	128.558	57.568	119.350

其次，对各变量之间的相关性进行分析。相关分析用于研究量化的数据之间的关系情况，即具体分析每个解释变量对于经济增长（被解释变量）之间的关系，关系的显著性和方向如何。利用相关分析研究 GDP 分别和 G2、E、F 之间的相关关系，利用 Spearman 相关系数表示相关关系的强弱情况。由表 6 – 4 可知，GDP 和 G2 之间的相关系数值为 0.564，并且呈现出 0.01 水平的显著性，说明 GDP 和 G2 之间有着显著的正相关关系。GDP 和 E 之间的相关系数值为 – 0.095，接近于 0，并且 p 值为 0.650 > 0.05，说明 GDP 和 E 之间的相关关系并不显著。GDP 和 F 之间的相关系数值为 – 0.424，并且呈现出 0.05 水平的显著性，说明 GDP 和 F 之间有着显著的负相关关系。

表 6 – 4　Spearman 相关分析

解释变量	lnGDP
G2（第二产业贡献率）	0.564**

续表

解释变量	lnGDP
E（电力资源消耗）	-0.095
F（污染排放）	-0.424*

注：*表示$p<0.05$；**表示$p<0.01$。

(2) 逐步回归分析。

通过逐步回归模型，自动识别出具有显著性的解释变量，将不具有显著性的解释变量自动移出模型，可以达到精简模型的目的。表6-5所示为逐步回归的主要过程与结果。为了解决数据潜在的异方差问题，对指标进行相应的对数化处理。

表6-5 逐步回归分析结果（n=25）

变量	非标准化系数		标准化系数	t	p	VIF	R^2	调整R^2	F
	B	标准误	Beta						
常数	14.352	1.258	—	11.405	0.000**	—	0.372	0.315	F(2, 22) = 6.514 p = 0.006
lnG2	2.233	0.765	0.509	2.920	0.008**	1.066			
lnF	-0.526	0.189	-0.485	-2.780	0.011*	1.066			
因变量：lnGDP									
D-W值：2.442									

注：*表示$p<0.05$；**表示$p<0.01$。

将lnG2（第二产业贡献率），lnE（电力资源消耗），lnF（污染排放）作为自变量，而将lnGDP（经济增长）作为因变量进行逐步回归分析，经过模型识别与剔除不显著的变量，最终余下lnG2，lnF2项在模型中，模型公式为：$lnGDP = 14.352 + 2.233 \times lnG2 - 0.526 \times lnF$，$R^2$值为0.372，意味着lnG2、lnF可以解释lnGDP的37.2%变化原因。而且模型通过了F检验（F=6.514，p=0.006<0.05），说明模型有效。lnG2的回归系数值为2.233（t=2.920，p=0.008<0.01），意味着lnG2会对lnGDP产生显著的正向影响。lnF的回归系数值为-0.526（t=-2.780，p=0.011<0.05），意味着lnF会对lnGDP产生显著的负向影响。

总结分析可知：地区第二产业贡献率会对地区经济增长产生显著的正向影响关系。另外，污染排放会对经济增长产生显著的负向影响。

（3）面板回归分析。

因本研究所收集的数据类型为面板数据，是不同时期跟踪给定研究对象个体样本而获得的数据集。面板数据模型分析方法是近几十年发展起来的较新的计量分析方法，在分析区域能源产业与经济增长之间的关系过程中，面板数据相对于单纯的时间序列数据或者截面数据，有诸多方面的优势：第一，数据点较多，数据信息更为全面。面板数据进一步提升了分析数据的自由度，降低了解释变量之间的共线性程度，其有利于提升模型估计的有效性。第二，降低解释变量相关遗漏变量的问题。

首先，判别模型的类型。通过 F 检验、BP 检验以及 Hausman 检验确定应采用何种模型（混合 POOL 模型、固定效应 FE 模型还是随机效应 RE 模型）。

因本研究以 $\ln G2$（第二产业贡献率），$\ln E$（电力资源消耗），$\ln F$（污染排放）作为解释变量，以 $\ln GDP$（经济增长）作为被解释变量进行面板模型构建。面板模型涉及 3 个模型分别是混合 POOL 模型、固定效应 FE 模型和随机效应 RE 模型。首先进行模型检验，便于找出最优模型，由表 6-6 可知：F 检验呈现出 5% 水平的显著性 $F(4, 17) = 48.379$，$p = 0.000 < 0.05$，意味着相对 POOL 模型而言，FE 模型更优。BP 检验呈现出 5% 水平的显著性，$\chi^2(1) = 22.918$，$p = 0.000 < 0.05$，意味着相对于 POOL 模型而言，RE 模型更优。Hausman 检验并不显著且 $\chi^2(3) = 0.786$，$p = 0.853 > 0.05$，意味着相对于 FE 模型而言，RE 模型更优。

表 6-6 检验结果汇总（n=25）

检验类型	检验目的	检验值	检验结论
F 检验	FE 模型和 POOL 模型比较选择	$F(4, 17) = 48.379$，$p = 0.000$	FE 模型
BP 检验	RE 模型和 POOL 模型比较选择	$\chi^2(1) = 22.918$，$p = 0.000$	RE 模型
Hausman 检验	FE 模型和 RE 模型比较选择	$\chi^2(3) = 0.786$，$p = 0.853$	RE 模型

接下来则是具体的面板模型分析。表 6-7 分别呈现面板回归涉及的三

个模型结果。

表 6-7　面板模型结果汇总

项	POOL 模型	FE 模型	RE 模型
截距	13.158** (6.161)	6.237 (1.967)	12.294** (5.510)
$\ln G2$ （第二产业贡献率）	2.256** (2.913)	0.322 (0.924)	1.571* (2.284)
$\ln E$ （电力资源消耗）	0.178 (0.696)	0.592 (1.740)	0.146 (0.583)
$\ln F$（污染排放）	-0.557** (-2.834)	-0.127 (-0.920)	-0.452** (-2.768)
R^2	0.386	0.555	0.334
调整 R^2	0.298	0.372	0.239
样本量	25	25	25
检验	$F(3, 21) = 4.402$, $p = 0.015$	$F(3, 17) = 7.066$, $p = 0.003$	$\chi^2(3) = 10.549$, $p = 0.014$

因变量：$\ln GDP$（经济增长）

注：*表示 $p < 0.05$；**表示 $p < 0.01$，括号里面数值为 t 值。

如表 6-7 所示，本研究以 RE 模型作为最终结果，针对 $\ln G2$（第二产业贡献率）而言，其呈现出 0.05 水平的显著性（$t = 2.284$，$p = 0.022 < 0.05$），并且回归系数值为 $1.571 > 0$，说明 $\ln G2$（第二产业贡献率）对 $\ln GDP$（经济增长）会产生显著的正向影响。针对 $\ln E$（电力资源消耗）而言，其并没有呈现出显著性（$t = 0.583$，$p = 0.560 > 0.05$），说明 $\ln E$（电力资源消耗）对 $\ln GDP$（经济增长）不会产生影响关系。针对 $\ln F$（污染排放）而言，其呈现出 0.01 水平的显著性（$t = -2.768$，$p = 0.006 < 0.01$），并且回归系数值为 $-0.452 < 0$，说明 $\ln F$（污染排放）对 $\ln GDP$（经济增长）会产生显著的负向影响。

综上所述，西部地区经济的积累和增长与其第二产业结构的蓬勃发展休戚相关。尤其以各大能源加工、重化工业为主要支出产业的大省，第二产业对经济拉动贡献是显著而持久的。但同时也要考虑到工业发展可能带来的一些负面影响，比如：各类环境污染问题，尤其是煤炭、石油等加工过程会排放出大量的废气，降低空气质量的同时，甚至会对各区域居民的健康产生不利影响。注重能源的可持续发展，大力发展清洁能源，对于未来能源的转型与早日实现"碳中和"的愿景目标有着极大的促进作用。而区域电力资源的消耗，对于区域经济增长的贡献并不显著，究其原因，有以下几点思考：其一，电力资源消耗与许多因素有关，包括人口数量、省域面积。在原始数据中，也会有所体现，耗电量排在前三的分别是内蒙古、新疆和四川。然而四川的经济实力最强，新疆的经济发展情况最差，无法体现出耗电水平与经济增长之间的逻辑性关系。其二，应注意电力消耗的变现价值，如果能耗较低，说明其能源利用效率较高，情况较为良好。因西部地区能源资源丰富，在未来持续发展的过程中也应务必警惕"资源诅咒"效应的产生。

6.3 新时代背景下西部能源产业促进经济增长的建议

党的十八大提出，中国发展进入了新时代，中国的能源发展也步入了新时代。中央经济工作会议将"做好碳达峰、碳中和工作"确定为2021年八个重点任务之一，阶段目标是"我国二氧化碳排放力争2030年前达到峰值，力争2060年前实现碳中和"。可以预见，"十四五"期间，我国化石能源（煤、油、气）占比将显著减少，非化石能源消费量会持续增大，基本构建起清洁、低碳、安全、高效的能源体系。要加快调整优化产业结构和能源结构，推动传统能源产业转型升级。以新时代的能源政策理念为主体发展思路，针对西部地区能源产业促进区域经济增长提出建议与相应的发展路径。第一，坚持以人民为中心，将能源发展和脱贫攻坚有机结合，实施能源扶贫工程，发挥能源基础设施和能源供应服务在扶贫中的基础性作用。第二，坚持以清洁低碳为导向，加快提高清洁能源和非化石能源的消费比重，致力于降低二氧化碳、二氧化硫等排放强度以及其他污染物排放水平,加速能源绿色低碳转型。第三,发挥好创新的主要拉动作用。坚持创新的核心地位,尤其是提升西部能源科技水平作为能源转型发展的突破口,发挥好企业技术创新的主体作用,推进产学研深度融合,联动中部、东部资源,延长能源全产业链协同技术发展。第四,把握好"双循环"新发展格局,激活市场活力。

6.3.1 优化产业结构,发挥制造大国优势

优化能源产业结构是西部地区实现可持续发展的重要条件。西部地区能源丰富,但整体为国家经济做出的贡献较低,且经济增长较为缓慢,产业结构不合理,甚至有些区域产业结构过于单一成为其经济缓慢发展的主要诱因之一。如何走出困局,最快的方式就是让单一的产业结构向多元化转变,分散经济增长方式,从而促进西部地区的经济增长。

第一,以多元化产业结构带动能源产业转型。西部城市长期困于产业结构单一、生产效率低下的局面,以内需型产业结构为主,所以,要实现西部能源产业有限转型就要转变产业结构,大力引进新兴产业、大型装备制造业等高端产业,形成以外需为主导的产业模式,延伸产业链,形成服务业与高技术产业为主的产业结构,进而带动西部能源产业有效转型,促进西部可持续发展。

第二,完善能源产业政策,发展新能源产业。在能源产业发展过程中,首先,稳定能源产业政策,保证西部能源产业长期稳定和可持续发展,能源产业作为西部地区主要的经济支柱产业,持续性和现实性是实现西部地区经济可持续发展必不可少的条件。其次,要结合西部地区自身的实际发展情况制定相应的政策,结合各地资源禀赋情况,因地制宜地谋求高质量能源经济发展。最后,实现西部产业多元化,要有针对性地培养能源替代产业,充分考虑西部地区有区域性竞争优势的产业,进行针对性培养。另外,产业结构设计避免以能源开发为导向,紧密与提高能源开发利用效率和能源开发技术相关的制造业相结合;重点发展西部地区的制造业

与创新型产业,加大对制造业的投资,鼓励发展新兴产业,改变西部地区一直以来以能源开发促进经济增长的局面。

突破能源限制实现制造业溢出效应是西部地区经济增长的主要方式。我国西部地区能源开发对制造产业发展有一定的抑制作用。所以,转变能源产业生产模式,培育替代产业,有效规避"荷兰病"效应,是保持经济健康、稳定、可持续发展的前提条件。

改善制造业发展环境,减少制造业发展压力。①合理分配市场资源,在制造强国、科技兴国和"双循环"大背景下,政府应大力扶持西部绿色企业,扩大优惠行业,提高优惠力度,全面落实减税降费,让企业充分享受国家的优惠政策,从而缓解资金不足带来的压力,提高企业自主创新能力,推动企业快速转型升级。②加强政策指导,根据对企业设立综合评价指标对企业的信用和发展潜力进行评价预测,鼓励银行、风险投资等金融机构对有发展前景的企业给予资金上的支持。在政府和企业的大力配合下,为制造业的发展营造一个舒适的生存环境。③减少企业成本。不断深入制造业"放管服"改革,降低土地使用成本,真正减少制造业企业的成本。④坚持"引进来"与"走出去"的对外政策。使得国内外市场能相结合,充分利用市场资源,实现与国内产业的完美对接。

以制造业融合模式加快产业结构转型升级。近年来,随着西部地区对产业结构优化、产业转型升级要求的不断提高,产业间合作模式对市场产生了深远的影响,改变了以往相互竞争的状态,开启相互依存共同发展的模式。随着经济的高速稳定发展和工业化进程的不断推进,西部地区迎来加速发展的关键时刻,制造业之间要充分实现资源共享、信息互通,以区域联合方式延伸产业链,促进新兴制造业下游产业的发展,实现西部地区制造业的集聚效应。

第三,推动制造业发展与信息技术相结合。①大力发展智能制造技术。研发高端制造装备通过核心技术,拓展智能技术和高端设备在制造业发展中的使用范围。②促进制造业与互联网相结合。在"互联网+"的大背景下，利用网络优势，促进制造业与互联网信息产业相融合，鼓励国有企业和具有较大规模的私营企业搭建"双创"平台，培育经济发展新模式。③建设工业互联网。改变传统互联网，创建工业互联网。通过建设工业大数据，创建工业云等平台，促使工业企业能源能高效率利用。④健全完善安全法律体系，着重提升工业信息安全水平，保障工业信息的安全。

6.3.2 推进能源消费方式变革，保障能源生态可持续

能源是经济增长的动力源泉，要保证经济的长期稳定增长必须保证能源的可持续性，因此，改变传统的能源消费模式，形成可持续的"能源—经济—生态"协调发展的消费模式是一条必由之路。要提高节能意识，改变能源消费结构，摆脱对传统能源的依赖，有效改善能源结构，下大力气发展清洁能源，努力实现能源可持续和生态环境可持续的有机统一。

第一，大力提升新兴能源的使用质效，改变以传统能源为主的能源消费结构。目前，新能源的发展普及正在蓬勃兴起，但存在质效不佳的问题。因此，要在新能源的利用技术上进行突破，大力提升使用质效，积极发展太阳能、潮汐能、地热能等可再生能源。同时，进一步拓宽新能源领域，将新能源的使用范围从基本的发电供热，通过技术创新提高核心竞争力，向交通、建筑、工业等各个领域进行扩展。另外，要按照地区优势，加强新能源基础建设，鼓励以新能源供给替代传统能源的消耗，进而形成地区能源产业优势，带动当地多元发展。在改进传统能源方面：首先，以能源科技创新为引领，淘汰、改造、更新能源密集型企业的陈旧设备，加快能源结构改变的步伐。其次，按照"关停并改"的思路，对小型能源企业进行整合重组，关停一批，并改一批，通过强力措施，进行能源转型调整战略。最后，把能源回收再利用落到实处。要把能源密集型企业生产之后的残留物进行二次回收，形成循环利用，这样既节省了企业采购成本，也提高了能源的使用效率。

第二，政府主导，转型升级，制订计划，增加投入。要按照党中央的

总体部署和"十四五"规划的要求，由西部地区政府主导，保证能源产业绿色转型顺利进行；主要针对能源生产、消费、政策等过程中的目标制定以及执行监督，建立企业负责制度，完善绿色产业进入标准，保证能源产业的顺利转型升级；科学制订绿色产业计划，要根据不同地区的产业优势以及地理优势，制定不同的产业发展计划，保证绿色产业顺利发展；要增加绿色产业投入的资金，能源产业的绿色转型，需要大量资金的支持，要充分利用各种投融资平台，扩大融资渠道，完善借贷制度，放松信贷条件，增加绿色能源的资金投入。

第三，环保引领，精心培育，优化布局，实现集聚。要利用区域政策优势，大力发展节能环保业、新型材料业、生物化学等各类绿色产业，重视科技创新，以技术发展带动产业顺利转型；政府要鼓励并支持环保企业、绿色企业的发展，培育新的经济支柱产业，实现经济可持续发展；绿色产业的发展要改变以往分散的传统能源布局，通过企业联合、技术融合以及资源整合等方式，形成高端化、专业化的集群发展模式，充分利用基础设施以及公共资源，减少基本设施的重复建设费用，最大限度地实现交通、信息、服务的交叉使用，实现能源绿色产业的集聚。

第四，大力宣传，提高认识，积极扶持，统筹推进。一要利用各大媒体平台，扩大宣传范围，加大绿色能源产业发展教育普及力度，积极倡导绿色低碳消费。二要提高认识，牢固树立节约资源保护环境的意识。能源产业的转型升级，不仅需要企业树立低碳绿色生产理念，还要引导消费者重视节约资源保护环境，增强节能意识，树立节能理念。三要在政府能源政策的引领下，大力扶持新型能源企业的发展，逐步培育绿色能源产业，减少传统能源带来的环境污染。四要统筹城乡供电供暖，加快推进农村沼气、天然气替代煤炭燃烧，逐渐减少对传统能源的依赖，同时，充分调动人民的积极性，对能源生产和消费进行监督，为保护环境和能源绿色发展建言献策。

6.3.3 发挥创新第一动力，完善能源科技协作创新发展

科技创新是西部能源产业实现高效生产的必经途径。西部地区能源产业存在能源利用不充分、生产技术水平低下、发展水平不均衡等问题，若想实现能源产业在短时间内快速转型，优化产业结构，就必须通过科技创新提高生产效率，促进能源产业转型升级，增加产业的竞争优势。

第一，强化技术外溢效应、创新能源产品，摆脱以往传统能源模式，有利于实现西部地区能源产业快速转型。①西部地区能源产业在提升自己科技创新能力的同时，也要接收周边地区的联动效应和技术溢出效应，提升创新能力，加快能源产业转型升级，推进现代化经济发展进程。②加强周边地区技术交流，不断引进先进技术的同时进行自主研发，短时间内形成竞争优势，重点发展能源服务产业。③向高技术方向转型，减少初级产品、基础产品比重，开发能源新产品，改变西部地区能源产业低级化的现状。

第二，区域间技术创新转移。技术转移和创新是一个区域创新的整个过程。首先，西部地区能源产业过程主要包括能源开采、产品提炼、产品优化、废物再利用，在整个过程中对技术要求较高。若想实现技术的创新，单凭借某个地区是做不到的，必须通过跨区域合作、产业链延伸、产品融合等过程中的技术交叉来实现。其次，西部地区要加快围绕重点能源产业进行科技成果准确对接，明确利益分享机制和合作共赢带来的科技成果。最后，建设西部地区典型的示范点。先让少部分优势地区建立示范产业，接受国家级科技成果转移，对能源发展模式和创新方式进行尝试，积累可在本地区使用的经验，再结合本区域的实际发展情况探索新的发展模式。

改革创新体制是西部能源产业实现科技创新的制度要求。能源产业实现科技创新的前提就是优化区域改革制度，营造良好的创新氛围，呼吁社会积极投身于科技创新的浪潮中，引导科技创新的成果投入实际生产中。

第一，推动科技创新体系建设，培育能源产业创新氛围。科技创新体系的建设是西部地区提高科技创新能力关键的一步。西部地区普遍存在科技创新动力不足、资金不足的现状，而且主导研发能力差，研发成果转化缓慢，这极大地抑制了区域创新能力的提高，若要实现科技创新的快速发展，政府需要考虑以下方面：政策支持方面，通过创立研究开发经费管理办法，规范研究资金使用办法等创新机制方面的法律法规，为研发活动提供政策保障。财政投入方面，保证研发机构有足够的财政支持，保证研发能够持续稳定地进行，政府通过创建科技创新专项基金，对创新者给予奖励等方式鼓励研发活动的进行。

第二，组建科研小组推进能源开发。通过组建部门领导小组参与制定研发活动的相关政策，推进研发活动有序进行；组建监督管理小组，对研发资金的运转以及研发项目进行管理；组建专家委员会，负责把握整体研究方向，制订详细的研究计划，确保研发项目在正确的宏观条件下进行。最后的研发成果要进行分类，提高研发活动的效率。

第三，创办能源信息中介服务平台。鼓励西部地区针对不同能源企业，不同机构建立科技创新服务平台，能为企业提供专业化技术咨询，保证能源信息在各企业间相互流通；积极发展技术代理、信息咨询等专业服务机构，拓宽科技创新服务范围；利用信息平台大力整合优势，引导平台参与国家项目的研发。

6.3.4 积累人才资源，助力产业升级发展

能源产业的持续发展，不仅需要科技创新的支持，更加需要能源产业人才的推动，加快人才的培养，才能有效激发能源产业潜力，实现能源产业持续高效发展。西部不同区域基于自身发展优势，加大人才吸引力度，建设人才蓄水池计划，尤其加大创新、应用、技能型人才引育以及激励力度。

加大教育投入是培育西部地区人才后备力量的重要保障。从实现能源

产业现代化要求来看，能源产业的发展对人才的需要有了更高的要求，也意味着需要更加重视教育投入。西部地区要想实现经济的快速发展，就要加快调整能源产业结构，发展绿色能源产业；而实现能源产业的绿色可持续健康发展，就需要提高劳动者的知识水平，转换人才培养结构，增加专业型、创新型人才的培养。

提升人力资本是实现西部能源产业转型升级的关键因素。随着经济的高质量发展，不同的劳动分工以及企业定位，对劳动者素质的要求也越来越高。美国著名经济学家舒尔茨认为，自然能源并不能在长时期成为经济发展的主要推动力，唯有提高劳动者的质量才能为经济注入源源不断的活力。

制订西部人才引进计划。在工业化发展的大背景下，东部发达地区劳动力成本较高等问题逐渐显现，正逐步丧失以往产业具有的竞争力优势，使得许多劳动密集型产业开始向西部地区转移。在这种经济环境下，西部地区应该充分发挥政策导向作用，利用西部地区劳动力优势，通过提供优越的物质条件吸引人才，大力引进能源产业专门人才，优化人力资本结构，积累企业后备力量，提高能源产业竞争力，实现能源资源的高效配置。

改善人力资本结构。第一，保证人力资源在地区内配置合理，西部地区要加大教育投入，保证西部地区接近发达地区的教育水平，缩小社会各阶层接受教育机会的差距。第二，鼓励不同岗位的员工进行职业培训，扩大劳动者的就业范围，促进劳动力和产业协调发展。第三，根据从业人员的自身实际情况和岗位需求，针对性制订个人计划，对参加培训的从业人员实行学分制，确保培训者高质量地完成培训计划。

7 西部能源产业发展与西部能源金融中心的形成

能源产业集聚是促进产业自身和区域经济高质量发展的重要手段,金融支持是驱动产业集聚和发挥集聚效益的关键因素。能源产业与金融中心的协同发展模式,可以更好地发挥金融支持对能源产业集聚效益的正向作用。我国能源产业的集聚发展仍在进程中,现有的能源产业集群建设仍需继续摸索完善,聚焦西部地区能源产业发展与金融中心建设能够更有效地发挥西部区位能源禀赋优势,形成良性区位发展模式。

7.1 能源产业集聚:西部能源金融中心形成的外在条件

第二届中国金融四十人曲江论坛会议将主题聚焦于"新格局下的西部新发展",提出在新的发展格局下,陆向经济的重要性开始凸显,西部发展迎来新的机遇。海向经济逐渐与陆向经济融合,是我国"双循环"新发展格局的要义所在。我国的西部大开发已经进入了"以点带面、全面突破"的关键阶段,为加快建设西部能源金融中心创造了契机[①]。

(1)区域经济发展要素与发展格局正在发生转变。

新要素的使用需嵌入横纵比较关系中进行分析。西部能否实现新发展,也应该结合科技新要素、世界格局新变化进行全面论述,要从历史角

---

① 武文静. 我国西部能源金融中心形成机制与空间选择研究[D]. 西安:陕西师范大学,2017.

度分析其发展基础是否牢固。否则,任何新建议、新点子都只能是空中楼阁。历史上,我国经济中心从西晋以后逐步南移。南宋时期,经济发展已经出现"北不如南"和"西不如东"的现象。胡焕庸线一定程度上揭示了地理在区域经济发展上的分割效用。这条从黑河到腾冲的分割线,东部是经济相对发达、气候条件相对较好、人口相对密集的区域;西部是人口相对稀薄、经济发展相对滞后的区域,而新的发展态势为突破这种历史定律提供了可能①。

首先,任何一个经济体的发展,都会先从几个重点区域突破,不可能是"全面开花"的模式。美国经济也是如此,美国东部和西部对其GDP的贡献率遥遥领先。五大湖地区曾经也是美国经济发展的重要增长极,但现在已经是巨人陨落、风光不再。加拿大则主要是南部地区发展较好,这片跟美国接壤的区域成为加拿大重要的经济增长极,而其他区域中,除了阿尔伯塔地区由于具有页岩油等丰富的能源储量,经济数据相对不错,其他地区发展都不尽如人意。由此可见,任何一次经济模式的调整,都需要排头兵的先导作用。

根据阿尔伯特·赫希曼的不平衡增长论,在经济发展的初期阶段,经济会从一个原点逐渐外扩,"极化效应"占主导地位。通过优先发展外向型经济,沿海地区经济先行发展,内陆的生产要素、人口等向沿海聚集,区域差异逐渐扩大。但从长期看,随着经济规模化增长,"极化效应"逐渐向"涓滴效应"过渡,后者将缩小区域差异,沿海地区的投资回报率会逐渐下降,产业、技术、资金等会逐步向内陆扩散,这正是西部地区追赶的历史机遇。

中国的情况更加明显,在发展早期,中国属于出口导向型经济,也就必然是海向经济模式,沿海区域率先发展,内陆逐渐跟上。因为在历史进

---

① 武文静,周晓唯.丝绸之路经济带战略视阈下西安建设西部能源金融中心的优势测度[J].陕西师范大学学报(哲学社会科学版),2017,46(3):60-68.

程中,一个长期困扰国际贸易的重要瓶颈是运输问题,也就是如何把贸易品合理有效地运到目标市场。谁在运输方面占据优势,谁就有可能率先发展起来,海运的优势就在于此,但这并不代表沿海地区富裕,内陆就始终要落在后面。

早在20世纪初,英国地缘政治学家麦金德就曾提出"陆权论",认为随着陆上交通工具的发展,欧亚大陆的"心脏地带"将成为最重要的战略地区。事实确实如此,并且不单是地缘政治,从经济的角度也是如此,海向经济是天然的外贸型经济,而陆向经济本质上是内外较为均衡的综合型经济①。

(2)初步具备海向经济与陆向经济的融合条件。

我国有能力在陆向经济发展上实现突破。

首先,运输条件和运输方式的变化正在改变中西部地区的区位条件。我国高铁营运里程的迅速增长,打破了很多运输瓶颈。高铁等新型交通工具使得人员流动高效便捷,数据的自由流动也打破了地域藩篱。根据轮毂辐射模型(the hub – and – spoke model),未来可能会形成中心辐射型的陆向经济模式,即经济发展围绕核心城市,像自行车轮的辐条一样不断地辐射出去②。这个作用力场会形成经济发展广域覆盖的增长态势,推动陆向经济和海向经济有效融合。

其次,数字经济的发展正在消弭地区之间发展的鸿沟。现在数字洼地的"出零"和数字经济的再平衡速度比传统模式更迅捷。例如:在提及新经济、数字经济时,人们最先想到的是硅谷,认为硅谷是新技术的渊薮,形成了系统的技术创新生态。但是近年来,特别是新冠疫情之后,美国中部得克萨斯州的首府奥斯汀,凭借土地价格和房产价格远低于硅谷,以及

---

① 赵佳,郎美玲,李忠民,等.丝绸之路经济带能源金融中心综合评价指标体系构建及建设路径分析[J].西部金融,2017(5):22–31.

② 闫树熙,刘昆,郭利锋.西部资源富集地区资源环境承载力评价研究——以国家级能源化工基地榆林市为例[J].中国农业资源与区划,2020,41(7):57–64.

低廉的税率和高额的补贴,著名的高等学府和顶尖的科研综合实力,吸引了一大批高科技人才和企业,成为美国新的科技聚居区,被称作"硅山"。这种发展模式在推进我国西部地区能源金融中心的建设过程中值得借鉴。随着西部地区经济社会体制的不断完善,凭借合理的房价水平、充足的人才优势、优越的自然环境和有力的政府支持,中国未来也有希望在中西部地区集聚"硅山",发展国际新产能集聚中心[①]。

(3) 新格局下西部地区发展的差异化定位。

目前,我国西部大开发已经进入"以点带面、全面突破"的关键阶段。经过前期的夯实发展基础、承接产业转移,部分西部地区已经进入了良性发展的循环。陕西省生产总值全国排名强势上升 6 名,四川省生产总值总量位列全国第 6;成都、重庆、西安等上榜新一线城市。西部地区城市的发展为推进能源金融中心的建设奠定了坚实的基础。但是西部地区整体的经济发展依旧受到多种因素的制约,主要表现在市场环境还不够好、技术创新能力不足、基础设施较为薄弱、农村相对落后、生态环境问题未得到根本改变等。目前中心城市的首位度已经持续提高,未来要发挥中心城市、都市圈作用,辐射带动周边重要节点城市塑造城市群,并推动中小城市、特色镇以及乡村加快发展,形成全面发展的新格局[②]。

7.1.1 能源产业禀赋:西部能源金融中心形成的区位影响

能源金融中心的形成会对一个区位产生辐射影响,区位经济理论对于时间产生的区位影响形成了分析机制。区位经济理论也被称为空间经济理论,被广泛应用于区域经济学、城市经济学、空间经济学以及金融地理的研究中,杜能、韦伯、克里斯塔勒等从不同角度对区位理论进行了理论探索。

7.1.1.1 农业区位论

农业区位论是指以城市为中心,由内向外呈同心圆状分布的农业地带,

---

① 程婧瑶,陈东,樊杰. 金融中心和金融中心体系识别方法[J]. 经济地理,2007(6):892 – 895.
② 孙国茂,范跃进. 金融中心的本质:功能与路径选择[J]. 管理世界,2013(11):1 – 13.

因其与中心城市的距离不同而引起生产基础和利润收入的地区差异。对这一理论进行研究的学者较多,最著名的当数德国农业经济学家杜能,因此我们目前所说的农业区位论,一般就是指杜能的农业区位论。

杜能根据其在德国北部麦克伦堡平原长期经营农场的经验,于 1826 年出版了《孤立国对农业及国民经济之关系》一书,提出农业区位的理论模式,即在中心城市周围,在自然、交通、技术条件相同的情况下,不同地方对中心城市距离远近所带来的运费差,决定不同地方农产品纯收益(杜能将其称作"经济地租")的大小。纯收益成为市场距离的函数,即:

$$R = PQ - CQ - KtQ = (P - C - KT)Q \tag{7-1}$$

其中,R 表示地租收入;P 代表农产品市场价格;C 为单位农产品的生产成本;Q 为农产品的生产总量(等同于销售总量);K 为生产地距城市(市场)的距离;t 为农产品的运费率。

按这种方式,形成以城市为中心,由内向外呈同心圆状的 6 个农业地带:第一圈称自由农业地带,生产易腐的蔬菜及鲜奶等食品;第二圈为林业带,为城市提供烧柴及木料;第三至第五圈都是以生产谷物为主,但集约化程度逐渐降低的农耕带;第六圈为粗放畜牧业带,最外侧为未耕的荒野[①]。杜能学说的意义不仅在于阐明市场距离对于农业生产集约程度和土地利用类型(农业类型)的影响,更重要的是首次确立了土地利用方式(或农业类型)的区位存在着客观规律性和优势区位的相对性。

杜能农业区位理论在农业地理学上的意义在于即使自然环境相同,仍会出现农业的空间分异,农业生产方式只存在相对优越性,距市场越近,布局单位面积收益越高的农业生产方式越合理。而在经济学上的意义表现在将数学方法引入经济研究和经济区位研究。同时,杜能农业区位理论因为采用了一种完全均质条件下的理论模式,忽略了河流干扰要素、谷物价格变动和土质差异的影响,技术发展和交通手段发达使市场

---

① 石瑔. 国外能源金融中心发展的特点研究[J]. 时代金融,2015(11):20-21.

距离缩短,以及现代城市周边土地利用的多样性,因而存在一定的局限性。

在杜能之后百余年时间里,有大批农业经济学家先后多次论证、应用和修订杜能的农业区位学说。如劳尔应用杜能原则,把全世界农业经营类型按集约程度排列为七大农业经营地带,并以西北欧工业区域为世界农业集约化中心。由于杜能学说只考虑市场距离对农业布局的影响,现代农业区位论者除考虑这一因素外,还考虑自然、技术、社会、行为、政策因素。同时,研究农业区位更多注意农业区域的优化组合,以便为农业决策提供科学依据。

7.1.1.2 工业区位论

随着社会的变迁,生产力的发展超过了农业所能给人们带来的满足程度,人类开始步入工业社会时代,区位理论也从农业区位论演变成了工业区位论。

阿尔弗雷德·韦伯是西方研究工业区位理论的鼻祖,他是德国经济学家、社会学家和文化理论家。他首次全面系统地论述了工业区位,他的代表作《工业区位理论——论工业区位》中阐述了选取工业区必需的前提条件。他认为假定在原材料、资本、市场均等的情况下,工厂的选址应该选取生产费用最低的那个点。成本主要包括资本、利息、工资、燃料、原料、运费、固定资产、维护、折旧等,而这其中最重要的是运费、工资、聚集效应。

首先是运费,运费其实很好理解,钢铁厂当然优先选取靠近煤炭、钢铁的地点。大多数发达国家如德国、英国、法国、美国、日本的经济发展,都必须有一个资源,这个资源就是煤炭,这种廉价的能源能使一个国家迈上一个叫现代化的台阶①。在爆发工业革命的英国,工业中心都要靠

---

① 贺瑛,华蓉晖.金融中心建设中的政府作为——以纽约、伦敦为例[J].国际金融研究,2008(2):60-66.

近河流、海港、煤矿、铁矿,只有这样这个工业点才具有工业价值。后来的意大利、法国、西班牙、德国也都是这样起家的,尤其是德国的鲁尔工业区,是地球村制造业的模板,虽然现在煤矿决定城市选址的实用价值已经不大了,但人类主要的工业区还是靠近煤矿主产区,而且没有移动过。关于运费的考量,自然是要选择一个运费最小的点来建立企业,即最小运费原理,关于这方面的研究,经济学家龙赫德在其1872年的《商业趋向的理论》和1882年发表的《工业合理区位的确定》中提出了区位三角形的概念并应用于分析企业区位。

其次是工资,这里仅限于节约劳动力成本大于因偏离运费最低点而增加的运费的情况,假定沿海工资是1万元,武汉工资是5000元,成都工资是2000元,工厂当然优先选取成都。但现在中国制造业不能扩散的一个很重要的原因就是财政转移(行政干预)导致各地的工资差别不大,所以中资和外资企业最后都选择了去东南亚。

最后是聚集效应。集聚节约额比运费(或工资)指向带来的生产费用节约额大时,便会产生集聚。一般发生在多数工厂互相邻近的区域。通过集聚产生的经济效益有:扩大企业生产规模,与邻厂紧密相连配置,共用公共设施以及同一工业部门内部的企业之间开展紧密协作。我们假定一个工厂在城市周边,那它可以随时招到熟练工人,假定一个工厂在离城区20千米的农村,它就要频繁面对用工荒。假定一个工厂离学校、医院、公园、电影院的距离是6千米,它可以搭城市发展的顺风车。假定另一家工厂离城20千米,它就要自己修学校、医院、公园、影剧院,而这些开支都必须由工厂承担。这也是为什么最后三线工业最后都失败的原因,物耗和成本太高,生产出来的东西质量还低劣[①]。

韦伯的工业区位论首次将抽象和演绎的方法运用于工业区位研究中,建立了完善的工业区位理论体系,对其他产业区位乃至经济区位都有重大

---

① 张飘洋.中国与中亚国家能源金融合作研究[D].乌鲁木齐:新疆大学,2016.

影响,采用技术经济论证法揭示了工业布局的某些特点和布局规律,它是一把尺子,可以用来衡量现代城市工业布局的自由间隙。

7.1.1.3 商业区位论

商业区位选择的一般原理主要是德国地理学家克里斯塔勒提出的中心地理论。他从城市中心居民点的物品供应、行政管理、交通运输等主要职能的角度,论述了城镇居民点的结构及形成过程,他认为城市形成于一定数量的生产地中的中心地,是向周围区域居住的人口供应物品和劳务的地点,而且不同级别的中心地应遵循一定的等级分布规律。

按照中心地学说,商业区位的指导原则为:近消费市场、时间最短、交通便捷、消费心理影响、接近商业中心。同时中心地理论在实际操作中,还受到市场最优、交通最优、行政最优的影响。市场最优即中心地对周边中小型商业网点的影响和控制作用。交通最优就是附近的公交车换乘枢纽、地铁站,将会使中型或小型的商业网点迅速扩张,量变引发质变,从而取代大型商业网点。该理论具有一定的理论局限性,在实际操作中有着非常多的变量因素可以随时影响和改变原有的理论模型[①]。

在现实情况中,一个城市内会有很多购物中心,假如用圆心来划分,就会发现有很多的圆形互相交织,而很多空白的区域没有被填补,而在空白区域放一个购物中心,又会造成资源浪费,所以就会造成经济资源的不合理配置。克里斯塔勒讨论了中心地对周围地区担负中心服务的范围,认为距离最近、最便于提供货物和服务的地点,应位于圆形商业地区中心。他指出,对于一个孤立的中心地的市场区而言,圆形是最合理的市场区图形,圆的半径是最佳服务半径。但在多个中心地并存的情况下,圆形市场区就不再是最合理的市场区图形,因为这时相邻中心地的服务范围会产生空白或交叉,从而达不到最佳效果。根据周边最短而面积最大和不留空当的弥合性原则,他认为市场区最合理、最有效的市场图形是正六边形体

---

① 曹荣光,胡峰,黄河.中国西部地区能源产业发展研究[M].北京:中国经济出版社,2016.

系,因此,以城市形状配置一到两个大型的商业中心,以六边形取代圆形,在六边形的六个角落配置小型商业中心,以大型商业中心周边的六个六边形的中心点为依托,构建六个中型商业中心,以求城市资源利用效率的最大化①。每一个中心点都有自己的社会功能,必需品在小型的商业中心就能满足,中层消费品可以去中型商业中心,奢侈品和耐用消费品则可以去大型商业中心,由于对消费品、奢侈品、耐用消费品的购买频次不同,中心地学说很好地满足并解决了这一问题,所以在欧洲和美洲被广泛用于城市规划和建设。城市建设在部署大中型的商业中心时,也要着重考虑商业中心之间的距离以及是不是在城市的中心点,城市的发展具有惰性,往往需要几十年,甚至上百年,商业中心才会发生偏移。

中心点理论在评估物业地产价值方面具有重要意义,所以新的商业广场、开发区、房地产简单地用尺子量中心点到物业的距离,计算中心点到城市边际的实际距离,然后再考虑物业到中心点的距离,就可以大概估算出物业现阶段的实际价值。

基于已有的区位理论研究,从宏观和微观两层视角分析西部能源金融中心的形成对区位产生的影响,宏观层面聚焦于地区总体生产布局的优化研究,微观层面则主要聚焦于具体生产部门和经济设施分布的优化分析②。

(1) 宏观层面区位影响分析。

区域金融中心的区位是指金融活动集中的场所,是一个包含了自然区位、经济区位和行政区位的外延较广的概念。选择在西部建设能源金融中心符合区域金融中心宏观层面的区位因素考虑,具体分析如下:

从自然区位方面考虑。从传统地理学角度解释金融中心的自然区位,通常可以发现大部分金融中心都地处交通发达、利于贸易往来的地区,港

---

① 贾根良."一带一路"和"亚投行"的"阿喀琉斯之踵"及其破解——基于新李斯特理论视角[J].当代经济研究,2016(2):2,40,48,97.
② 张然.构建丝绸之路经济带能源金融一体化的初步设想[J].新疆农垦经济,2014(10):26-29.

口、交通枢纽均是金融中心最可能形成的地方。这是因为和其他产业一样，金融业经营也强调成本因素。与客户间的接近，意味着交通成本、通信成本和交换成本都将得到有效降低。在交通便利的城市开展业务，金融机构的交易成本、交通通信成本和获取商业信息的成本要比在其他城市展开业务更加低廉，获得的商业信息也更为精确。这种成本优势将吸引更多的金融机构集聚，使规模经济逐渐显现，专业化分工使经营成本和交易费用进一步降低。西部能源金融中心作为专业型区域金融中心，选择在能源富集、能源产业集中的西部设立，符合金融机构在自然区位选址上的要求。

从经济区位方面考虑。经济区位通常是指地理范畴上的经济增长带或经济增长点及其辐射范围。金融中心的经济区位的形成是该地区经济基础、市场条件等综合作用结果，其中包含了地区产业结构、经济实力、技术层级、金融市场规模、金融市场结构等①。如果说自然区位是金融中心形成的先天优势条件，那么经济区位就是金融中心形成发展的潜在动力。显而易见，"京津冀"经济区、"长三角"经济区、"珠三角"经济区均具有鲜明的经济区位优势，也是使北京、上海、深圳成为区域金融中心的关键因素。"一带一路"建设在我国广阔的西部规划出新的经济增长区域，西部的战略位置凸显，也使得新丝绸之路经济带沿线地区拥有了潜在的经济区位优势。

从行政区位方面考虑。现代区位理论已经纳入制度因素，在区域性的金融中心形成过程中，除了地理、经济等区位因素的影响以外，政策制度的作用越来越关键，政府机构通过制度设计，推出各项有利的政策引导和加速金融资源集聚。通常政府的行政级别越高，其调控能力越强，现有的金融中心多是由首都或省会城市演变而来，全球性金融中心中2/3是首都，

---

① 高卉杰,李正风,任莎莎,等.科技人才聚集与区域科技创新的耦合协调度研究[J].数学的实践与认识,2018,48(12):109-118.

区域性国际金融中心约 1/2 是首都，国家金融中心中 4/5 是首都。

（2）微观层面区位影响分析。

Kingleberger 从比较经济学角度对国际金融中心的形成与发展进行了系统研究，认识到经济学家在研究金融中心时，过于强调使用城市经济学、区域经济学的分析工具及方法，局限于传统区位理论对一般意义上的企业选址问题的研究和讨论，而忽略了"金融"这一核心要素，难以适用于具有一定特殊性的金融产业的研究，因而，金融中心研究领域需要建立更为严谨的分析体系。在此，从微观层面使用"金融"服务属性的现代区位理论解释西部能源金融中心的形成。银行业起源于近代批发业，商人们为方便开展业务而建立的异地清算、融资系统成为银行业最初的存在形态。随着商业进一步繁荣发展，出现了专门从事这类业务的人群，工商、贸易均集中在交通便利的港口城市或交通枢纽地区，加之银行服务随时需要和人打交道，驱使早期的银行业开始追随并聚集在商业活动的集中地区。此后，银行便和实体商业活动进一步发生融合演化出多样的金融服务，其服务对象也开始延伸至政府机构、私人消费者和其他经济组织。金融服务的不断丰富势必将各种金融市场更加紧密地联系在一起，产生集聚效应，最终形成地区性的金融中心[①]。

传统工业企业的区位选择下西部能源产业的集聚形成鲜明的产业区位优势。古典区位理论始于 1826 年，德国经济学家杜能在《孤立国》中首次提出了农业区位论。古典区位理论以成本为主要决定因素，从运输费用、级差地租和产品价格等方面论证了"孤立国"的存在及其成因。杜能采用"孤立化的方法"排除了其他因素的干扰，只讨论某个要素的作用，即不考虑所有自然条件的差异，只考察在一个均质的假想空间内农业生产方式的配置与距离城市的关系，结论表明，即使在相同的自然条件下，也

---

① 杨晓宇，凌泽华，张勇.川南经济区科技人才聚集环境研究[J].经济师，2018(6):169-172，175.

会出现农业的空间差异，这种差异源于生产区位和消费区位之间的距离，导致不同的农业生产方式在空间上呈现出同心圆结构。当然，随着技术进步、发达的交通网络的形成、城市化及其他产业的多重影响，杜能当时限定在落后的生产力和自然条件下的圈层结构已经难以描述当今的农业空间布局问题了。杜能之后，同样是德国的经济学家，韦伯在其著作《工业区位理论》一书中把区位理论拓展到工业领域。他认为通过对运输、劳动力和集聚因素相互作用的分析和计算找到的工业产品生产成本最低点可作为工业企业选址的理想地。显然，能源产业作为传统工业，在企业选址时由于生产要素（能源资源）远比能源产品的运输要困难得多，西部能源企业自然会在生产要素所在地进行选址，而且考虑到巨大的沉淀成本，这种选址倾向会保持增强的趋势，必然在西部形成能源产业的规模经营并产生外部规模效应，而这种外部规模效应会吸引相关产业向西部集聚，其中最具代表性的就是金融机构的集聚[1]。

依照前文的逻辑路径可以预见，随着西部能源发展战略不断清晰，西部能源产业发展未来必然因集群式发展的需求对能源金融服务提出更高的要求，那么能源金融中心的形成、发展及壮大也就成为必然。西部能源金融中心的集聚效应将提高跨地区能源贸易支付效率和金融资源跨地区的配置效率。随着高效率支付结算体系的形成，达到一定规模的国内外能源企业将趋向于在能源金融中心集中，意图利用当地便利的金融市场交易、服务体系完成交易，从而节省资金周转时间和费用，并获得更为便捷、安全、专业的投融资服务。

现代区位理论下，能源金融资源的集聚趋势显见。不同的区域在吸引金融资源集聚方面会展示出不同的优势，金融资源在不同区域和当地特定的相对优势及资源禀赋结合就会形成具有地域性特色的金融形态。西部地区因能源资源禀赋和能源产业规模化生产经营的形成，首先完成了能源产

---

[1] 李健. 推进科技创新与人才培养紧密结合[J]. 中国高等教育, 2006(15):15-16.

业的集聚,随着能源产业集群式发展,会对金融服务的要求不断产生变化,能源金融是在能源与金融产业进一步融合发展中应运而生的。在此,我们还需利用利润最大化模型考察金融机构的选址问题。"理性经济人"假设成立的市场经济条件下,企业行为均以利润最大化为原则,影响企业选址的因素可分为供给、需求和外部经济三部分,这就是所谓的企业选址的利润最大化模型[①]。Davis(1990)根据"理性人"假设成立的市场经济条件,指出金融中心是金融企业活动和聚集的中心,金融企业选址的关键依据是某个地区综合条件与其他地区相比是否能使金融企业获得更大的净利润。金融机构集聚的过程以金融机构选址决策为起点,而金融机构在为客户提供服务,或者"生产"过程中,同样要考虑供给、需求和外部经济,而对于金融机构而言只有在实体经济(产业)稳定发展、有足够的资金来源和持续的客户需求时,才会在此选址并形成金融集聚。根据能源产业集聚产生对金融服务的需求,在金融支持下,能源产业得以发展,其产生的外部规模经济不断吸引金融机构在西部集聚,最终形成能源金融中心。

综上,金融中心的形成并非偶然,而是因为历史过程使得某些区域具有促进银行将活动布局于此的吸引力,对于我国西部地区,能源就是吸引金融机构的因素之一,区域经济学的区位选择理论为我们分析西部区域能源金融中心的形成机理提供了理论支撑。

7.1.2 能源产业消费:西部能源消费与经济增长的关系

能源是经济社会发展必需的生产要素和投入因子,经济发展是以能源为基础的,自然资源是经济发展的物质基础,从经济学的角度分析能源消费与经济增长的关系,一方面工业发展需要消耗大量的能源,工业行业能

---

① 蔡青青,克甦. 新时代新疆建设丝路能源金融中心的现实基础、制约因素与推进策略[J]. 对外经贸实务,2019(12):55-57.

源消耗的增加将促进经济增长；另一方面，所有行业都要消耗能源，各个行业快速发展带来经济增长的同时也增加了能源消耗。所以，能源既能促进经济增长也能抑制经济增长。随着经济的快速发展，能源的开发和利用程度将会加大，世界必然要面临能源短缺的问题。正确分析和处理经济与能源两者的关系，对于经济发展的长远规划与能源开发和利用都十分关键。

陕西省位于我国西部，原油、原煤和天然气非常丰富，可以说是我国的化石能源大省。近年来，陕西省的能源得到了开发和有效利用，经济也快速增长。陕西省石油资源物产丰富，石油资源大多分布在榆林和延安。目前石油的区域面积共8万平方千米，面积非常大。此外，石油的预测资源总量约为40亿吨，石油累计探明的地质储量共19亿吨，这一数据排在全国第五位；累计探明技术石油可采储量共3.25亿吨，排在全国第六位。

截至2019年底，陕西省的含煤面积达到57000平方千米，在我国的国土面积中大约占到27.7%，陕西省原煤分布在延安、榆林、宝鸡和铜川等城市。全省通过预测的煤炭资源总量达到3800亿吨，排在全国第四位。目前，累计的煤炭探明储量共1700亿吨，排在全国第三位。国家重点规划建设的十三个大型煤炭基地中，陕西省占了三个，可见陕西省的煤炭资源十分丰富。榆林和延安除了盛产石油以外，天然气资源也十分丰富。全省天然气大部分分布在这两个城市，经过统计，区域面积达到8万平方千米。天然气的预测资源量达到11.7万亿立方米，累计的天然气探明地质储量共1.2万亿立方米，排在全国第三位。通过资料可知，陕北地区和渭北地区能源丰富，陕西省大部分能源都分布于此。石油、煤炭和天然气在全国排名比较靠前，未来陕西省如果要开采能源支持全省经济发展，陕北与渭北地区是不错的选择①。

从陕西省的能源结构来看，煤炭资源的开发利用比石油和天然气更有

---

① 黄谷,张桦.地方金融监管立法的构建路径——以西部金融中心为例[J].重庆行政,2021,22(4):71-73.

优势。在全省能源消费总量中各能源所占比例有所不同，煤炭消费量居首位，石油消费量次之，天然气消费量所占比例最小。开发成本比较低，煤炭资源在陕西省的能源消费中一直居于首位。近年来，产业结构进行不断调整，开采技术水平不断发展，人们对煤炭的需求逐步增加，2014—2018年，煤炭在能源消费结构中的占比从72.41%增加到了74.76%。而自2010年以来，石油在能源消费结构中所占比例逐年降低，直到2018年跌至8.40%。近年来，随着国家对环保知识的宣传和居民环保意识的提高，天然气作为新型高效的能源已经慢慢被人们接受。2016年以来，天然气占比首次超过石油（见表7-1）。

表7-1 陕西省2014—2018年能源消费情况

年份	2014	2015	2016	2017	2018
能源消费总量/万吨	11222.46	11706.60	12111.76	12527.07	12900.38
煤炭/%	72.41	72.71	75.49	74.94	74.76
石油/%	15.06	13.26	9.90	8.61	8.40
天然气/%	8.90	9.48	10.54	10.68	10.58

资料来源：国家统计局。

通过表7-2可以看出，陕西省的经济呈现逐年波动增长的趋势。自2014年起经济增长率保持稳定增长的态势。能源消费和经济增长两者存在着长期和谐、稳定的关系，能源的消费有效地促进经济的增长，经济增长有效保证能源消费的可持续。但是在短时期内，能源消费对经济增长的作用不是特别明显。在这段时期，可能是因为当地没有有效地利用能源，导致能源利用率低下。结合已有研究过程中发现的一些问题，将陕西能源消费与经济增长中发现的问题推介到整个西部地区，为西部地区能源消费和经济增长的协同优化发展提出建议。

表7-2 陕西省2014—2018年GDP增长情况　　　　（亿元，%）

年份	2014	2015	2016	2017	2018
GDP/亿元	17689.94	18021.86	19399.59	21898.81	24438.32
增长率/%	9.1	1.9	7.6	12.9	11.6

针对能源利用率低下的问题，政府应该引起重视，根据地域实际发展，优化调整能源消费结构，促进经济平稳增长；政府应当做好环保宣传工作，鼓励居民多用清洁能源，在经济发展的同时也要保护环境；在分析陕西省经济增长情况时，第二产业占 GDP 总值比例居高不下，第三产业耗能最低，经济环保最差，呈现逐年波动增长趋势。这说明当前的经济仍以工业为主，并没有实现产业转型。针对产业结构的问题，在未来的发展中，政府应该针对此情况采取相应的措施，逐步促进产业结构转型。

7.1.3 能源产业革新：能源产业与能源金融中心协同发展的国际案例

对于金融中心的研究一直都是金融地理学的重要议题，区位理论对区域金融中心的研究有着重要的支持作用。金融体系的产生、变化和发展取决于区域经济的发展，由于区域经济的发展对金融服务和金融产品产生了新的需求，因此促进了金融机构和市场的相应扩张。金融资本是金融与产业资本融合的产物，是产业资本在金融业存在和运行的形式，金融的发展归根结底要依托于实体产业的持续发展。亚当·斯密提出发挥区域内的优势资源和优势产业是区域经济发展的基础，空间经济学研究表明，世界上很多区域经济的崛起都得益于该地区得天独厚的自然区位禀赋，或是基于地理位置上的便利，或是依托当地特有的资源禀赋带动特色产业的发展，而形成产业集聚的规模经济效应。

对于目前世界性的金融中心而言，以纽约、伦敦为例，虽然目前已成为跨越国界的全球性综合金融中心，但追溯其历史，也是从最初具有鲜明区位特征和专业性的贸易金融中心、结算金融中心逐渐发展壮大而来。比如，纽约最初是因大量制造类企业聚集于此，才吸引各类金融服务机构汇聚于此，形成纽约国际金融中心最早的形态。

美国旧金山因其发达的科技产业，使整个旧金山湾雄踞美国西部地区。正是由于当地独特的区位优势——科技产业的集聚，产生了对投资的巨大需求，催生了"风投+银行"为代表的新兴金融业态，进而形成今天著名的旧金山科技金融中心。旧金山科技金融中心实际上是指旧金山以及周围九个郡共同组成的旧金山湾区，这里是美国第四大、西海岸第二大都会区，是美国科技金融体系最为发达和科技金融资源最为集中的区域。旧金山湾区是美国科技产业最为集中的地区，2010年，美国"财务500强"公司中，有31家公司总部设立于此，著名的"硅谷"更是集聚了美国甚至全世界尖端信息技术、生物技术、新材料技术类的高科技公司，其中包括Goolge、苹果、英特尔、雅虎、惠普、思科、甲骨文、朗讯等知名公司。正是由于"硅谷"汇聚各类高科技公司及研发机构，使其整体在投融资需求方面不同于传统行业，具有研发资金的高投入性、研发阶段的长期性、研发成果的不确定性、高风险性和高收益性等特点。

以"硅谷"为代表的大量高科技企业统一面临的问题是，在研发产品阶段需要投入巨额的研发资金，技术难度水平越高，也就意味着更高额的投入。对于大多数企业来说，相比研发阶段，中间的实验费用往往更加骇人，而且，研发实验结束后并不一定意味着会有可观的收入，有可能会一无所获。即使研发的产品获得成功，在后续推向市场和销售阶段，仍然需要在广告、促销等方面加大投入才能保证市场占有率的提高。高新技术企业的研发投入强度通常是5%~15%，甚至达到50%，而研发成果商品化阶段的投资比研发投入强度高5~10倍。在日本，高新技术企业被称为"食金虫工业"。

除了研发阶段，高新技术企业的高风险性还来自于技术和市场的不确定性。新技术的出现越来越快，导致已有技术更新换代的周期在不断缩短，无疑又加大了高新技术企业的市场风险。因此，高新技术企业的高投入、高风险、投资回收期长等特点让大部分传统商业性金融机构望而却步。一方面，科技创新企业的发展迫切需要大量资金支持；另一方面，传统金融机构的普遍惜贷，催生了风险投资行业。

从美国风险投资行业近40年的发展来看，风险投资是经济发展到一定阶段，基于实体经济需求下的产物，因为风险资本的出现有效解决了以"硅谷"为代表的美国科技企业在创业及发展中所面临的巨大融资障碍。可以说，风险投资行业在美国的科技创新和发展过程中起到了关键作用，也为旧金山湾区从一个以银行服务业为主的区域性金融中心发展成为美国最为发达的专业性科技金融中心铺平了道路。由于产业集聚的效应，目前，美国风险投资的"Top100"中，已有KPCB（Kleiner Perkins Caufield & Byers）、红点创投、红杉资本、橡树投资、光速创投等具有国际影响力的风险投资机构把总部设在旧金山湾区。准确把握了旧金山湾区的典型区位优势，旧金山当地的金融机构和风险投资机构密切合作，共同服务于当地企业是最终成就旧金山成为全美著名科技金融中心地位的关键。旧金山当地银行等金融机构始终以旧金山湾区的科技创新型企业的需求为服务导向，具体可以从著名的硅谷银行的业务发展略见一斑。与其他商业银行相比，硅谷银行的规模不算大，但硅谷银行在经营策略上始终保持与风险投资机构的合作，自1983年创办以来，硅谷银行一直把创业企业作为主要服务对象，并要求这些客户必须获得风险投资机构的支持，这样就把创业企业、风险投资机构和银行紧紧地团结在一起，更利于信息共享和深入合作。硅谷银行和当地高科技公司的融合并未停留在单纯的服务上，而是进一步持有众多公司的股份，因而除了信贷收入以外，有15%的收益来源于投资收益。

硅谷银行与风投的深入合作只是旧金山科技金融中心运营的缩影，旧金山科技金融中心的成功原因还有很多，比如，有限合作制度为风险投资行业提供了有效的管理机制，纳斯达克股票市场为风险投资提供了良好的退出机制，高新科技产业强大的创富能力，包括美国政府在创投行业开展过程中的大力扶持。但我们能够深刻体会到，在特定区位因素下，高新科技产业禀赋与金融资本的充分融合，才是旧金山科技金融中心的根基所在。

反思我国西部地区金融中心的形成机制，"一带一路"倡议下向西谋求能源发展合作规划的实施，使西部能源产业迎来历史难得的发展机遇，金融和实体能源产业融合发展形成的能源金融体系将极大地推动西部能源业的持续发展，而西部完善的能源金融体系建立的最佳途径就是尽快建立西部能源金融中心，使其充分发挥应有的资源配置等功能，实现对西部能源产业发展的支持、对外能源合作的促进以及构建未来国际能源新秩序的宏伟目标。

7.2 能源信息集聚：西部能源金融中心形成的内在基础

如果说区位因素在金融机构选址、金融集聚和金融中心形成过程中发挥着宏观层面的基础性作用，那么从服务业角度考察金融产业，对金融服务、产品的种类及特征的发展变化进行分析，则可以从微观角度解释金融中心形成的内在动因。亚瑟·梅丹把金融服务（产品）的特征概括为以下方面：无形性、不可分性、异质性、缺乏专门特征、高度个体化的直销系统、地理分散性、风险性、需求波动性、劳动力密集。麦肯尼在金融服务特征中增加了委托责任和双向信息交流。金融服务、金融产品的形式始终处于不断发展和变化之中，尤其是在一个国内和国际竞争加剧的时代，金融服务业正处于大变革的过程中。随着世界经济的飞速发展，西方发达国家拥有着金融领域绝对的优势，金融创新和层出不穷的金融产品和工具让人眼花缭乱。各家金融机构纷纷摒弃一贯坚守的传统银行信贷业务，积极开发能够带来丰厚收益的现代银行业务[①]。随着信息时代的到来，金融创新与发展面临前所未有的挑战，信息技术、放松管制和自由化的影响彻底改变并在持续重塑金融服务领域。我国作为发展中国家，传统金融机构的经营模式也面临着巨大挑战，以银行为主导的金融机构同样在寻求新的路径。

---

① 王遥. 中国发展绿色债券市场正当其时[J]. 债券,2016(2):25-33.

7.2.1 资源禀赋与资源产业规模

我国资源储备的基本特点是煤炭资源丰富、油气资源贫乏，这也决定了煤炭在我国一次能源中的重要地位。据统计，我国煤炭资源总量为5.06万亿吨，其中已探明的储量是1万亿吨，占到全世界总储量的11%，而我国探明的石油储量仅占世界总量的2.4%，天然气仅为1.2%。因此，我国的国家能源战略定位为"以煤为基础、多元发展，实行油气并举，稳步发展石油替代产品并加快发展风能、太阳能、生物质能等可再生能源，对传统能源进行补充"。

西部地区占我国（港澳台地区除外）面积的71.83%，煤炭、石油和天然气等能源资源丰富，其中煤炭资源尤为丰富，约占全国总量的66%，内蒙古、陕西、新疆三省份煤炭储量最为集中。西部还拥有全国80%以上的天然气可采储量，其中新疆、陕西、四川、重庆又占到了西部可采储量的90%，西部石油储藏量占到全国的29%。此外，在可再生能源方面，西部拥有丰富的水能、风能和太阳能等资源，可发电的水能资源占全国总量的85%。新疆、甘肃的戈壁大漠、内蒙古高原、黄土高原和云贵高原已成为中国风电热土，其中内蒙古风能储量全国居首，可开发容量超过1.5亿千瓦。

西部煤炭资源主要集中分布在新疆、内蒙古、陕西、甘肃、宁夏等省（区），占全国煤炭资源总量的66%，其中储量前三名依次为新疆16210亿吨、内蒙古12053亿吨、陕西2922亿吨，不均衡的分布使我国形成了西煤东运和北煤南调的发展格局。西部的石油资源主要分布在川陕盆地（西南油田、长庆油田）、新疆青海塔里木盆地（塔里木油田）、克拉玛依油田、青海油田、吐哈油田等。天然气资源相对集中分布在鄂尔多斯盆地、塔里木盆地、柴达木盆地、准噶尔盆地和四川盆地。西部油气资源的特点是：石油资源量大，是世界可采资源量大于150亿吨的10个国家之一，分布比较集中，大于10万平方千米的14个盆地的石油资源量占全国的73%，中部和西部地区的天然气资源量超过全国总量的一半。

2000年以来,高速经济增长驱动下,我国能源生产、消费均快速增长,"十三五"规划对我国能源产业做出清晰定位:对内,从规模扩张转为系统优化,能源价格和体制改革全面提速;对外,借助"一带一路"倡议谋求参与全球能源治理,加强话语权。西部作为我国最为重要的能源产业聚集地区,在国家能源战略实施中的战略位置的重要性不言而喻。

7.2.1.1 西部是我国能源供应保障基地

新中国成立初始,1959年大庆油田的发现促使中国石油工业发生了转折性的变化,实现了石油的自给自足并少量出口。自20世纪90年代以来,随着经济的快速发展,我国对石油的需求不断攀升,我国1993年成为成品油净进口国,1996年成为原油净进口国。以往以煤炭为主的能源消费结构遭受巨大减排压力,使得我国石油对外依存度进一步提高。我国现已成为世界上第一大能源消费国,第二大石油消费国,2014年原油和天然气对外依存度分别达到59.5%和32.2%。随着经济全球化的发展,发展中国家均抓紧时机发展经济,对能源的需求不断攀升,而传统能源的稀缺性和不可再生性成为各国保障能源资源持续供给能力的瓶颈,尤其对中国这样的能源净进口国,同时又是最大的能源消费国来说,能源持续供应问题备受关注。西部地区煤炭、石油和天然气等能源资源丰富,煤炭占全国总量的66%,石油占29%,天然气占81%,西部地区可开发的水能资源占全国总量的85%,不论是传统能源,还是可再生能源,西部地区俨然已成为我国重要的能源储备和供给基地。从国家层面上讲,能源产业发展的可持续性问题关系到国家能源安全、经济发展和政治稳定等多层国家战略方针问题。早在2008年,江泽民在《对中国能源问题的思考》的文章中就曾提到要实施好能源发展战略,进一步完善能源政策,健全体制机制,加强宏观管理、更好地发挥市场配置资源的基础性作用,为社会经济发展提供有力的能源保障。西部的能源发展战略和能源政策不能孤立开来,要将其放到全国的能源战略中考虑,要从利用国内、国外两种资源、两个市场的角度考虑，至少要考虑未来 20 年的发展，将西部地区经济发展、保护生态环境、满足西部地区能源消费及中东部地区能源供给等问题统一考虑。

7.2.1.2 西部是我国向西开展广泛能源合作的重要通道

世界能源资源竞争日趋激烈，发达国家极力巩固自身在世界能源秩序中的控制权，不断加强对能源和战略运输通道的控制。中国一直以来油气来源相对单一，世界能源格局不稳、能源市场价格剧烈波动，严重危及我国能源安全和经济可持续发展。从 20 世纪 90 年代初开始，中国开始实施"走出去"战略，积极开展能源国际合作，通过政府互访和高层峰会等形式，中国的能源外交获得了重大成效，与多个国家以及国际组织签订了政府间能源合作协议和能源合作框架协定。"丝绸之路经济带"位于欧亚大陆中心腹地，东临亚太经济圈，西系发达的欧洲经济圈，具有丰富的自然资源、矿产资源、能源资源和土地资源，被称为 21 世纪的战略能源和资源基地，是"世界上最长、最具有发展潜力的经济大走廊"。"一带一路"能源合作战略是新时期我国把能源安全上升为国家战略的重要体现，中国和中亚国家在能源合作方面已经取得了良好的成果，"丝绸之路经济带"中线建设开通了我国通往中亚地区的能源大通道，西部地处以石油天然气管道为主的中线建设的核心区域，自然承担起对外能源合作大通道的角色，西部能源产业也肩负着我国向西开放先行兵的使命。"一带一路"能源合作，在能源基础设施建设、能源贸易往来以及能源合作机制建立方面都将进一步加强中国在世界能源主产区的国际影响力。能源作为一种能够迅速形成能源资源国、能源消费国和能源途径国共同商业利益的商品，使得中国开展的国际能源合作超越了制度、经济发展水平以及国家间的文化差异。

7.2.2 金融发展助力能源产业革新

"西部大开发"战略实施以来，西部地区的金融发展程度明显提高，金融生态环境方面也有显著改善。2015 年，西部地区地方法人银行机构数量快速增长，城市商业银行规模增长速度高出东部、中部和东北地区 4.3 个百分点，2015 年金融机构数量占比 26.8%，从业人员数占比 23.9%，资产总额占比 19.4%，法人机构数量占比 31.1%。非银行金融机构存款大幅增加，存款余额同比增长 13.4%，增速较上年上升了 0.2 个百分点，人民币非银行金融机构存款同比增长 95.4%，非金融企业人民币存款余额增速同比上升 7.0 个百分点，由于东部地区经济外向程度高，外币余额的总额占到全国 81.3%，但西部外币存款增速却领先东部地区。2015 年，全国本外币贷款余额 99.3 万亿元，同比增长 13.4%，西部地区的本外币贷款余额同比增长 14.8%，高于全国水平。西部贷款投向的行业机构得到不断改善，产能过剩行业中长期贷款增速继续放缓，民生领域贷款余额同比增长 59.8%。近年来，能源企业在国内的新疆、内蒙古、贵州等新兴能源基地投资迅猛增长。《中国能源发展报告（2016）》显示，2015 年我国能源工业投资额合计 3.25 万亿元，同比增长 4.1%。另外，随着能源企业"走出去"战略的进一步实施，为获取海外能源资源，我国能源企业也在加大对外能源直接投资的力度。西部地区的能源产业作为当地支柱性产业，得到了金融业的重点支持，两产业之间融合发展趋势明显。金融与西部能源产业融合发展过程中存在的问题如下。

（1）能源产业企业融资效率低迷。

除了地方财政投资，金融机构贷款是能源产业发展的主要资金来源，能源企业利用资本市场融资比例还比较低。能源产业依靠金融机构实现固定资产投资持续增长，西部能源富集地区为顺利推进能源产业结构转型，完成产业升级，努力形成具有竞争优势及规模的能源产业，能源固定资产投资额近年来一直处于上升状态，1995 年，西部地区能源工业固定资产投资仅为 479.06 亿元，2008 年以来，西部能源固定资产投资增速加快，到 2012 年，西部能源工业投资达到 4804.54 亿元，占全社会总投资达 13%，比 2008 年增加了近 72.38%。但是在从以往中央统一调控过渡到市场调控的过程中，由于全国统一的能源产业市场体系尚不完善，金融市场配置功能被抑制，一定程度上还是由地方政府主导能源产业发展布局。这个过程中，西部各级地方政府受地区利益最大化的驱使，往往对市场具体需求的分析浮于表面，盲目追求单一的地区经济增长，割裂了整个西部区域能源产业的总体发展布局，各地区之间能源产业发展结构趋同，规模小、低水平重复建设，不利于西部能源产业规模经济效应的形成。

（2）金融资本运营效率低下。

能源产业发展过程中，资金需求量巨大，"西部大开发"战略实施以来，西部金融充分发挥杠杆作用，促进资本在短时间内快速增加和集聚，一定程度上解决了能源产业发展面临的资金短缺问题，为西部能源产业发展提供了有力的资金支持。以商业银行为主的金融机构在为西部能源产业发展提供了极大资金支持的同时，也导致能源企业资产负债率持续攀升，大量信贷资金投向低水平、重复建设项目，导致资金的浪费。同时，由于我国能源金融市场发展滞后，市场化程度低，企业和银行抗风险能力较差。因此，目前西部地区的能源金融发展仍处于不断集聚形成的过程中，能源金融一体化发展必须向更高级的阶段发展。

能源是国家经济发展的动力源泉，也是国家经济安全的保障，能源产业的战略地位不断增强。随着我国经济的发展，我国对能源的需求变得更为紧迫，能源行业投资呈飞速增长的态势，金融对能源产业发展的支持力度在不断加强。能源产业集群式发展规模的扩大和能源结构的优化升级对金融服务的质量和效率提出了更高的要求，促使金融业不断创新推出更为适合的金融服务及产品，而金融结构的转变将进一步拓宽能源企业的融资渠道，这种良性互动关系一旦建立，将会对能源金融体系的完善起到积极的推动作用。"一带一路"实施背景下，西部成为经济带的核心地区，西部的经济腾飞对西部金融发展提出了更高的要求。尤其是"一带一路"框架下能源领域的发展与合作的战略规划，以及"十三五"能源发展战略目标的确立，西部能源战略供应基地和战略通道的地位越发重要，西部能源产业将向规模、高效、技术密集以及对外开展广泛深入合作的目标快速迈进。在此过程中，就更需要西部金融业凭借自身资源优化配置等服务功能对"新常态"下西部地区能源产业发展和产业结构向高效益、高价值转换提供重要支持。

7.2.3 科技创新与人才资源集聚

科技创新人才是一种特殊的人力资本，是不同专业和领域的科技创新人才合作的结果。从世界经济版图来看，科技创新人才聚集度越高其科技创新成果数量越多、频率越快，该区域的经济也越发达，表现为明显的知识经济的特征。西部地区能源与金融中心的协同发展要充分挖掘科技创新人才潜力，在区域内形成科技创新人才聚集优势，促进知识交换和知识创造，将人才优势转化为创新优势。

党的十九大以来，国际国内发展形势严峻，针对我国科技事业面临的突出问题和挑战，党中央坚持把科技创新摆在国家发展全局的核心位置，全面谋划科技创新工作。科学技术是综合国力竞争中的决定性因素，而科技的竞争归根到底是人才和教育的竞争。为加快西部地区创新科技人才的聚集，西部各省在引进人才方面相继发力，推出了独具特色的人才引进机制，以期在中国内陆腹地集聚创新产业的高地。四川省提出将加大高端人才引进力度，精心组织实施重大引才项目；统筹重点领域人才队伍建设。重庆市则表示到2022年累计引进100所高校、科研院所和企业在渝布局研发机构，助力重庆实现创新发展。青海于2016年制定出台了《青海省"高端创新人才国家高级人才计划"实施方案》，启动青海历史上力度最大的高端人才培养引进工程，突出融合发展理念，紧扣"十三五"重点发展的传统优势产业、战略性新兴产业、工业新业态和现代服务产业，坚持人才引领创新发展，促进人才发展与经济社会发展的主题主线深度融合。拓宽培养、引进频谱，按杰出、领军、拔尖和团队4种类型，全频谱培养引进高端创新人才。创新培养引进渠道，坚持"以用为本"原则，着眼青海特色产业比较优势，采取工作调入、"候鸟式"聘任等多种方式，刚柔并举引进人才。重视激活人才存量,通过访学研修、学业深造等途径对现有人才进行深度培养。切实提升人才获得感,倾力实现人才投入爆发式增长,强化政策保障措施,形成配套支持政策体系,为各类人才涌现创造了良好的政策环境。陕西省加强高层次创新型科技人才队伍建设,通过培育青年科技新星、重点科技创新团队等,加强科技人才队伍建设。鼓励各市区科技管理部门结合本地区资源禀赋特点和产业发展情况,制定支持本级新型研发机构发展的相关政策举措,积极吸引国内外高校、科研院所及其人才技术团队在陕西建立新型研发机构。西咸新区、国家级高新区、省级高新区等园区作为新型研发机构的主要承载主体,紧密围绕秦创原创新驱动平台建设,支持技术团队在园区设立新型研发机构,做好相关配套服务,鼓励园区对初创期的新型研发机构以投资入股、奖励激励等多种形式进行资金支持,形成利益共同体,并作为招商手段吸引创新主体落地落户,促进园区产业结构调整和转型升级。

通过人才聚集推动科技创新,带动能源金融中心机制创新,谋求多元化的金融体系结构创新,为西部地区的能源金融体系发展谋求革新路径,在总的形式机制上与时俱进,不一味遵循已有的金融体制集聚发展模式,这或许是突破西部能源金融中心体系建设瓶颈、克服发展难题的最佳方式。

7.3 能源产业集群与西部能源金融中心的协同演进

7.3.1 能源产业集群的发展追溯

能源产业集群的发展受能源类型的影响,不同的能源类型产业集群发展的演进趋势也有所不同,本节对能源行业进行细分,追溯行业内部的产业模式从而拓展对于能源产业集群的发展思考。

7.3.1.1 煤炭行业产业链

中国煤炭行业产业链发展成熟，可分为三个环节。产业链上游参与主体为煤炭生产设备供应方，包括民用爆破器材生产商及煤矿机械设备制造商；产业链中游参与主体是煤炭生产方，负责煤炭的开采、洗选工作，是煤炭生产技术所有者；产业链下游主要参与主体为运输方及需求端，其中运输方主要分为铁路运输及水路运输，需求端主要分为电力、钢铁、建材、煤炭四大领域。

（1）上游分析。

产业链上游主体为煤炭生产设备供应方，主要分为民用爆破器材生产商及煤矿机械设备制造商。产业链上游民用爆破器材生产商生产产品主要包括工业炸药、工业雷管、工业索类三种。产品主要应用于煤炭开采领域中巷道掘进及土石方剥离工程，属于煤炭开采消耗品。民用爆破器材涉及国家安全问题，运输半径有限，中国民用爆破器材行业竞争格局呈区域性垄断，上游民用爆破器材生产企业相对于中游企业具有较强议价能力，民用爆破器材消耗成本约占中国煤炭企业固定资产投入的4%。

产业链上游煤矿机械设备制造商主要制造、销售中游煤炭生产环节所需专用机械设备。煤矿机械设备具有一次性投入、持续产出特性，根据煤矿开采条件划分，可分为露天煤矿机械设备及地下煤矿机械设备。

（2）中游分析。

露天煤矿机械设备包括矿用卡车、矿用挖掘机、铲运机及钻机。露天煤矿机械设备制造企业所生产产品除供应中游煤炭企业外，广泛应用于金属矿山领域、非金属矿山领域。中国露天煤矿机械设备市场集中度较高，头部企业不断加大产品研发力度，技术水平与国际领先水平持平，除中国国内市场外，现已成功进入全球矿山机械设备市场，与中游煤炭企业相比，此类企业具有较强议价能力。

(3) 下游分析。

中国煤炭资源分布不均，总体分布北多南少、西多东少，煤炭消费主要集中在东部沿海地区及南方地区，促使中国形成"北煤南运""西煤东调"的运输格局。中国煤炭运输方式主要分为铁路运输及水路运输两种。煤炭主要应用于电力、钢铁、建材、化工四大行业，既有能源属性，也有煤炭属性，其中电力行业是重要的下游行业。从基本面来讲，短期中转地与下游行业的库存会对煤价走势有很大的影响。但长期来看，煤炭行业是典型的周期性行业，行业景气度与宏观经济和投资密切相关，周期性十分明显，下游行业的景气程度直接影响着煤炭行业需求，进而影响行业供需关系，导致价格和产量的变化，而煤炭企业利润的变化也会对行业的开工、增产形成反作用，进而影响行业整体的供给水平。

7.3.1.2 商业模式

煤炭的定价机制：煤炭的最大消费来自电力行业，而电价波动会对人民生活、工业生产等产生很大的影响，所以动力煤价格此前一直以来受到政府的干预，每年的煤电谈判会决定合同煤价，但在其他下游行业，煤价又是完全市场化的。随着电力行业市场化改革的进行，煤价也相应地有望最终实现全面市场化，煤炭集团与电力集团之间不断的价格博弈将愈演愈烈。在煤炭行业不断实行兼并重组和产能整体过剩的情况下，煤炭定价将向成本价收敛，行业龙头的定价策略会对整个煤价走势起到引领作用。

7.3.1.3 技术发展

综合机械化采煤作业采用机械方法破煤和装煤，输送机运煤和液压支架支护的采煤工艺。它使回采工作面中采煤的全部生产工序如破煤、装煤、运煤、支护和管理顶板等过程都实现了机械化。此外，顺槽中的运输也实现了相应的机械化，以便充分发挥综采设备的生产效能。

传统采煤作业由于矿山所处地区气候恶劣、现场环境非常复杂，往往面临着安全事故频发、工作效率低下、人工成本高还招不到人等困难。5G技术的无人驾驶矿车实现了高清视频的高速回传以及基于控制信号的低时延业务的结合,从而避免了人员伤亡,为矿山开采带来巨大的经济效益和社会效益。推广和运用5G技术,既可以促进工业化与信息化融合,促进传统产业转型升级,推动行业新型化、新兴产业规模化、支柱产业多元化发展,又可以构筑起多元发展、多极支撑的现代产业体系,实现发展的新跨越。

7.3.1.4 政策监管

煤炭行业是国民经济基础产业之一,特别是与人民生活密切相关,国家对该行业的管理主要是根据行业发展状况,完善产业市场进入和经营流通方面的政策,建立公平的市场竞争秩序,并制定和实施合理的内外贸易政策,通过职能部门按照产业政策实行政府部门宏观调控和行业协会规范自律管理相结合的监管体制,促进企业向集约化、规模化方向发展。国家发展和改革委员会承担对煤炭行业宏观调控的职能,主要负责研究分析产业发展情况,组织拟定产业政策,提出优化产业结构、所有制结构和企业组织结构的政策建议,监督产业政策落实情况。

7.3.2 金融集聚的演进过程

金融集聚具有阶段性和差异性特点,其中,阶段性是指金融集聚程度通常可分为初级、中级和高级阶段,相应地反映为区域金融中心、国家金融中心和世界金融中心三种不同的存在形式。阶段性同时也体现出金融集聚发展的动态性,即较低阶段的金融集聚会向较高阶段发展,也反映了金融集聚在量和质上的成长性。差异性则表现在金融中心并非完全趋同,通常会因区域经济发展需求表现出各异的集聚特点,或是功能上的具体差异。

金融集聚本身是一个长期发展变化的动态过程:在最初阶段,集聚的现象并不明显,因集聚产生的效益还未显现,但区域金融业聚集的信息冲击首先将吸引第一批职业眼光和商业嗅觉极其敏锐的金融创业者的加入,之后就会伴随着首批金融资本汇集,产生更为广泛的社会影响力。在形成阶段,前期投入产生的经济效益将会进一步吸引更多的人才和资金,金融业务量快速增长,但由于当地经济规模还不大,金融结构相对简单,此时,金融发展还处于无序状态,发挥的功能有限,还无法起到优化当地产业资源配置、改善当地经济发展的作用。

在快速发展阶段,随着金融业务量快速增长,经济总量不断提升的积累,集聚区域产品的市场份额扩张加快,新的企业不断出现,已经形成特定产业的新兴集聚区,对周围更大半径内的资源产生强有力的吸引,极化作用显现,业已成为当地经济新的"增长极"。在金融中心位置确立阶段,金融业对当地经济的贡献率不断提升,金融产品服务实现持续的创新,金融结构得到优化,金融中心的位置已经基本确立。当金融中心进入稳定运行阶段,金融业对区域经济增长贡献比重较大,并基本和当地资源配置和经济发展保持匹配,开始发挥完备意义上的金融功能,使当地产业达到离最优状态最为接近的状态。已有的金融与产业发展关系研究中,金融被普遍作为是集群发展的一种投入要素,即使在创新产业集群成长过程中金融也仅被认为是催化剂,但事实并非如此,艾维尼莫勒茨(Avnimelech)对以色列的研究表明,创新集群与创业金融中心两者间是协同演进的关系。西部能源产业在国家"十一五"能源战略规划实施以来,已经形成产业集群发展的态势,未来西部能源产业的转型、升级和发展与西部能源金融发展间的关系同样是协同演进的关系。

7.3.3 能源产业集群对金融集聚产生的影响

大规模生产、专业化投入服务、专业化劳动力和新思想以及现代基础设施是产业集群发展的动力。Park 根据规模经济理论分析了国际金融中心的成因,认为当某地区跨国银行的数量增多和规模扩张时,所产生的外部经济导致国际金融中心的形成,因为这种外部经济会进一步促成企业的空间聚集。经济发展和金融发展是共生共长的关系,金融集聚和产业集聚的关系,实际上是宏观领域的经济发展与金融发展关系在中观层面上的反映。特定产业在一个地区的集群式发展为当地的金融集聚和发展提供了现实基础,历史实践也证明了金融中心一直以来多是经济发展迅速的经济中心,如纽约、伦敦、东京等世界级的金融中心,反过来,金融产业在当地的发展又为原本的产业集聚提供了源源不断的动力和重要支持。

从国内的实际情况考察,金融资源的分布在地区间、城市间都不是均匀的,总是集聚在某个城市或城市的某个地区,形成金融集聚现象。金融中心的形成和金融集聚是同一过程,以能源产业集聚来解释西部能源金融中心形成的动因极为贴切。集聚经济作为外部的规模经济总是与区域的经济活动相联系,西部能源产业集聚所产生的外部规模经济是促成能源金融生产和经营单位空间集聚的主要动因之一。"规模经济"分为两类,一类是内部规模经济,主要是指企业自身内部规模的扩大,起到了降低企业成本,提高生产效率的作用;另一类是外部规模经济,主要是指企业在无法通过内部规模经济降低成本、提高效率时,利用地理位置上的优势,通过外部合作达到同样的目的,或者说"通过区域外部因素在客观上相互为区域内的其他主体提供利益而使其他主体的经济效果增加或费用减少"。由于西部丰富的能源资源禀赋,在能源企业区位选择的驱动下,形成了西部能源产业的集聚并产生规模效应,这种外部规模效应开始吸引金融机构向西部地区集聚。

7.3.4 能源金融中心对产业集群发展的效应分析

目前多数学者都认可金融集聚是金融中心形成的动态反映,产业集聚的一般理论模型应适于对金融集聚的研究,进而起到揭示金融中心形成过程的作用。产业集聚作为一种空间现象,属于空间经济学和经济地理学的研究范畴,主要研究各生产要素在空间角度布局和活动的经济现象及规律。克鲁格曼在不完全竞争和规模递增理论的基础上，用规范的数学模型分析了企业规模经济、市场外部经济、交易运输成本、工资等相互作用下所形成的集群动态过程，为产业集聚的形成和发展提供了一个解释。金融中心的聚集效应主要体现在跨地区支付效率的提高和金融资源跨地区配置效率的提高，金融中心的规模效应还会吸引金融资源的进一步集聚，聚集效应主要体现为两个方面：一是从事交易的人集中居住便于提高交易效率、促进分工；二是分工的网络效应带来集中交易效率的提高，金融集聚的规模经济效应是金融机构集聚的直接原因，"国际金融中心是银行家们对在国际运营中受益于规模经济效应的自然反映的结果"。当一个地区出现大量的金融资源聚集，金融机构间共享公共基础设施、共享信息，便具有了成为金融中心的可能。金融中心产生的集聚效应进一步降低金融机构的成本，使金融机构和各个其他行业间的信息交流变得更为顺畅，金融机构的增加也提升了金融中心的办公、通信、交通等基础设施的整体利用率，进一步促进金融中心基础设施建设向更为先进、完善和便利的方向发展。如果此时外部规模经济持续存在就会不断加强这种集聚。低廉高效的金融服务会吸引更多能源企业向西部集聚，形成能源产业集聚程度不断加强的趋势，成为西部能源金融中心得以持续发展的动力源泉。西部能源金融中心的规模效应表现在为金融机构与能源企业提供近距离交流与沟通的便利，能源企业和金融机构的集中，使双方可以面对面地针对复杂多变的能源市场需求进行充分沟通，并建立长期信任的客户关系。此外，金融机构、其他相关的中介机构都可以在能源金融中心形成长期、稳定和互动的业务往来关系。

西部能源金融中心的形成可以推进解决西部能源产业发展融资过程中存在的"市场失灵"问题，或者说是解决金融服务机构和能源企业之间的信息不对称问题。能源行业普遍具有前期投入巨大、投资回收期长、市场风险较大以及行业发展周期性等特点，与商业性金融机构的短期逐利性相冲突。加上我国目前商业银行的信贷投放技术相对落后，造成以新能源和可再生能源为代表的能源企业,即使是未来成长空间巨大,也会出现在企业最需要银行资金支持时很难获得贷款的现象,银行也因此难以得到企业未来高速成长时带来的高额资金回报。而当银行意识到上述问题,开始积极向企业放贷时,又可能因为整个行业的周期性,尤其是遇到行业萧条期,导致银行难以回收贷款。一些项目和企业原本风险不高,但商业性金融机构由于没有掌握能源行业发展周期、能源市场波动情况和能源企业经营的充分信息,认为其存在很大风险,过高估计了风险,而没有做出合理的风险评估,丧失了盈利的机会。西部金融中心的建立形成了西部"能源信息腹地",各类金融机构汇聚于此,与能源产业集聚的区域发生深度融合,使资金需求双方的沟通变得便利,再加上能源金融的发展和业务规模的不断扩大,为交易双方提供了风险规避的适宜环境。

西部能源金融中心的形成有助于解决西部能源产业发展融资过程中的"政府失灵"问题,或者说是有助于解决各级政府和能源(行业)企业间的信息不对称问题。西部能源产业的发展对融资需求数额巨大,单纯依赖商业性金融机构的融资支持并不现实。由于能源项目投资回收周期普遍较长,短时期无法实现盈利,期初投资如果完全依赖国家财政补贴支持,日后一旦盈利,就会出现远高于其他行业的盈利,也会使商业性金融形成不公平竞争,必然导致政府失灵现象。鉴于此,在"一带一路"倡议下西部能源产业走出去对外展开长期深入的开发合作中,同样不适合完全采取无偿援助或者政策性金融的方式,这时就需要更为高级的金融服务体系发挥综合的优化资源配置作用。在能源产业集聚区,选择具备金融集聚条件的城市建立能源金融中心,可以有效整合西部现有能源金融资源,借"一带一路"的战略良机,为完善我国能源金融体系提供良好的试点机会及操作平台。政府、金融机构和客户(能源企业)间距离上的接近避免了信息在远距离传输过程中信息失真的可能,使政府和金融机构对客户(能源产业)需求信息的掌握更加充分和及时,有利于各方做出更为科学、专业的判断。随着对产业集群研究的不断深入,研究重点逐渐从对产业集聚生成动力的辨识、属性和作用的分析发展到对集聚动力生长、动力因素间关系和相互作用机制的研究。产业集群的发展机制与生成机制相比，具有更高层次的属性和稳定性，但归根结底产业集群发展的根本推动力仍源自其原始的生成动力。因此，我们有必要把西部能源金融中心各种发展动力纳入金融中心的发展机制框架之中，并予以整合，那么原本零散的发展动力就会形成一个有机的构成，而非相互独立，在这个有机构成中，各因素之间相互影响协同发展，最终形成相对固定和协调的网络关系。

8 西部能源产业的绿色发展研究

8.1 西部地区绿色发展现状

当前，我国城市中，尤其是西部能源密集型城市，由于长期的不合理开发利用，超生态环境负荷运转，普遍存在着城市及周边生态环境急剧恶化、自然资源过度消耗和浪费、居民幸福感降低等问题，已经严重威胁到其可持续发展。加之近几年国际能源产品市场对我国能源市场的影响和冲击，我国能源富集区的发展也遭遇了前所未有的压力和挑战。

同时，西部地区在国家生态、能源、资源安全方面具有重大战略意义。西部地区各类保护区面积为 1.11 亿公顷，占全国保护区总面积的 85% 以上；我国 2/3 以上的优质天然林以及近 90% 的草地、60% 的内陆天然湿地分布在西部地区；西部地区水资源总量占全国可开发总量的 70%；西部地区的 45 种主要矿产资源储量潜在价值高达 44.97 万亿元。

绿色发展是在对传统发展模式反思和创新的基础上，以生态环境容量和资源承载力为前提条件，以实现经济发展、生态良好、人民健康的和谐统一为目标，协调经济发展与生态环境之间的关系，走以人为本的、和谐的、可持续的发展道路。绿色发展是一种发展理念，从"黑色发展"到"绿色发展"是西部地区从牺牲资源追求 GDP 增长的发展思路向人与自然和谐共生的价值理念的转变。

绿色发展不仅仅是价值理念的转变,更是反映了未来的发展趋势。它指出了我国西部发展建设过程中经济增长与资源、环境、生态之间的矛盾,其目的是实现经济发展与资源环境之间的和谐统一共同进步。

党的十八大以来,我国已经把生态文明建设放在突出位置,"绿色发展"成为国家的新发展理念之一。习近平总书记也高度重视生态环境保护,指出"绿水青山就是金山银山"[①],"像保护眼睛一样保护生态环境,像对待生命一样对待生态环境"[②]。

生态环境保护是人类社会由工业文明向生态文明迈进的重要任务。在全社会树立生态价值观和绿色发展观,是引导经济社会可持续发展的核心理念。从地区治理层面来说,中央政府应加快制定以绿色GDP考核为主的晋升激励机制,引导地方政府牢固树立"绿水青山就是金山银山"的发展理念,坚持生态优先的发展原则,在全社会形成生态保护的文化氛围。

绿色发展不仅是可持续发展理论的重要延续,也对目前我国乃至世界城市的发展具有重要的战略意义。我国西部城市社会经济发展相对滞后,城市资源环境消耗强度随着社会经济发展诉求的增加不断提高,然而西部城市又大多位于环境脆弱区域,所以绿色发展成为我国西部城市未来发展的重要方向和必经之路。

8.2 西部地区能源产业面临的问题

8.2.1 传统能源比重过大,经济结构失衡加剧

改革开放以来,我国西部地区的经济建设取得了巨大成就,我国西部地区矿产资源丰富,具有发展能源密集型产业的优势,但同时也面临着清

---

① 习近平发表重要演讲吁共建"丝绸之路经济带"[EB/OL]. (2013 - 09 - 07)[2024 - 12 - 20]. http://jhsjk.people.cn/article/22841981.
② 习近平. 坚决打好扶贫开发攻坚战 加快民族地区经济社会发展[EB/OL]. (2015 - 01 - 21)[2024 - 12 - 20]. http://jhsjk.people.cn/article/26427010.

洁生产和结构转型的压力。由于我国西部地区在发展过程中存在对 GDP 高速增长的追求，再加上西部地区化工、能源、建材产业的特点——需要大量投入自然资源，导致了能源资源大量消耗、环境污染严重、生态环境恶化等一系列问题。此外，西部地区在能源产业更新转型的过程中保护环境的意识不强。《中国能源发展报告（2020）》显示，整体来看，我国煤炭消费占能源消费总量的 56.7%，石油消费占 18.9%，清洁能源仅占 24.4%，这表明我国经济发展对传统能源的依赖性极大。因此，企业应认识到保护环境和节约资源的重要性，将自然资源消耗计入企业生产成本中，树立可持续发展的意识。

8.2.2 市场化融资渠道不足

8.2.2.1 投融资模式单一使资金聚集效应受限

新能源企业的发展需要资金支持是毋庸置疑的，但从我国西部地区的发展情况来看并不理想，我国的资本市场还需要进一步完善。在 2020 年中国企业排行榜中，新能源企业只有 4 家，且排名并不靠前，这也反映了我国西部乃至全国，新能源企业还有很大的发展空间，需要进一步融资来获取更大的价值。新能源企业的发展对企业技术有比较高的要求，不断进行新技术的研发需要企业有一定的规模、经济实力和人才储备，三者缺一不可。这些都需要大量资金支持，这就需要充分发挥绿色金融的资金聚集效应，但目前我国绿色金融的主要呈现方式是绿色信贷，以贷款的形式为企业提供资金支持，这种融资模式太过单一，不能发挥出绿色金融的资金聚集效应。由于受到我国政策的支持，新能源行业聚集了大量信贷资金，新能源产业金融变得十分脆弱，一旦我国宏观经济出现波动，或宏观政策调整导致市场供求出现变化，企业筹措的资金安全无法保证，是否能够按期还款也会成为一大难题，再加上目前新能源产业规模较小，一个企业的波动会对整个行业造成较大的影响。这也进一步体现了新能源企业向资本市场的融资力度需要进一步加大，资本市场也应更加重视新能源产业，拓宽绿色金融业务，加大资本注入量，推动绿色金融的发展。

8.2.2.2 新能源绿色金融支持政策错位使投资导向效应混乱

近年来，我国出台了各类针对新能源产业的方针政策，说明国家对此一直是高度重视的。新能源产业作为绿色清洁产业，同时又对高新技术的依赖程度大，具有投资难度大、回报周期长的特点。基于这两个特性，我们暂时难以对新能源产业政策进行评估，也会影响到绿色金融的投资导向。光伏产业是典型的新能源产业，是基于半导体技术和新能源需求而起的朝阳产业，虽然其风险较大，但各级政府仍愿意对其给予各项优惠政策。2010年，受到国家政策的支持，我国光伏产业迅速崛起，成为全球光伏产业发展的主要动力，但过快的发展也导致了产能过剩，2019年政策调整后，我国光伏应用市场有所下滑，企业利润大幅下降，经营风险不断扩大，面临被淘汰的风险。虽然光伏企业倒闭不多，但行业展现出普遍亏损的态势，这是因为政府作用发挥不当从而导致整个产业发展失衡。目前我国新能源产业主要依靠绿色金融政策的扶持，缺乏内在推动力。

8.2.2.3 绿色金融创新水平低使科技创新效应受阻

目前看来，我国绿色金融市场发展并不完善，主要存在产品种类少、缺乏创新、影响力不广泛等问题。与之配套的绿色金融服务也无法满足投资人的需求，成本高、审批流程过于繁杂都影响着投资方对金融服务的满意度，促进技术创新的能力也受到限制。近年来，新能源汽车在国家政策的大力支持下蓬勃发展，不只是外国品牌特斯拉，我国也涌现出了一大批电动汽车品牌，如比亚迪、小鹏、欧拉、红旗等，有关新能源汽车的专利数量不断上升，但随着时间的推移，政策红利逐年减少，自2013年起，新能源汽车专利数开始有了下降的趋势。同时，新能源汽车行业还面临着技术突破的难题，这就需要企业加大研发投入，吸引人才，注入新鲜血液，难以继续依靠政府的政策支持。此时想要寻求新的突破，最好的方法就是发挥绿色金融的作用吸引资本流入，在降低企业经营风险的同时对企业产品研发、技术创新提供资金支持，以保证新能源产业的可持续发展。

8.2.3 生态环境持续恶化

我国西部地区地域辽阔，边境线长达1万多千米，与14个国家接壤。西部地区的耕地面积占全国总耕地面积约80%，草地、森林面积占全国一半以上，而且具有丰富的矿产资源，煤炭、石油、天然气均有很大的储备量。但由于对GDP高速增长的一味追求，过度开采及乱砍滥伐现象的加剧，给西部地区的生态环境带来了一系列问题，如水土流失严重、水资源短缺、土地荒漠化加剧等。西部地区更是长江、黄河、嘉陵江的发源地，对三江源地区的生态保护也关系到中下游各个省份、城市的发展建设。西部地区城市也因为发展重工业而对城市环境造成了很大的影响，工业废水、废气只经过简单的处理就大量排放，各类污染强度远远高于全国其他地区。西部地区的生态环境逐渐恶化不仅阻碍了西部地区经济的可持续发展，而且严重影响了中国的整体经济发展和社会稳定。

自我国2001年实施西部大开发战略以来，我国西部地区的森林覆盖率由不到10%增长至22.3%。20世纪50年代，四川省的森林覆盖率为30%~40%，进入21世纪以来，该省森林覆盖率急剧降低，目前的覆盖率为25%以下，相较于同期的云南省，森林覆盖率由50%下降至30%以下，其主要原因为过度狩猎以及不合规大量使用农药，致使西部地区生态环境遭到严重破坏。自西部大开发战略实施以来，许多濒临灭绝的物种生存环境得以改善，西部地区生态环境大幅提升。2020年，西部地区森林覆盖率已达到22.3%，明显高于全国平均水平。在国家相关政策的支持下，近年来我国各省的森林覆盖率基本与20世纪50年代持平。即使如此，生态环境的破坏存在不可逆性，应进一步注重西部地区生态环境的建设，以期为我国生态环境的建设做出更多贡献。

以往我国的西部地区环境破坏严重，政府管理水平低下，从综合排名来看，经济发展排名较后，通过几十年的奋斗，西部地区以其独特的自然资源优势，在煤炭、天然气、化工原材料等产品的原材料能源供应方面起着不可替代的作用，虽然在我国的工业格局中担任重要角色，处于生产前端，但是仍然存在自然资源消耗量大、技术水平含量较低、生产过程中产生的大量废气废水随意排放等问题，以至于西部地区在工业产品的加工技术方面与东部发达地区相差甚远，对当地自然生态环境污染严重，以破坏环境换取的产值也难以与东部地区持平。

8.3 西部地区能源绿色转型对策研究

8.3.1 西部地区能源绿色转型的改革路径

8.3.1.1 发展新型工业化，优化产业结构

在我国西部地区如西安、兰州、成都、重庆等地，有一些规模较大的企业，形成了制造业的产业中心，具有很好的制造业基础。在西部地区的制造业中，不乏有许多军工企业，这些企业中军工技术和产业规模都有一定的基础，企业规模大、产品竞争力较强，但同时也存在着没有高新技术开发新产品、创新能力不足、缺乏先进的管理理念的瓶颈。这些以西安、兰州、成都为首的地区可以以现有的制造业为发展基础，考虑"军民融合"的同时加大创新力度，引进一部分高新技术产业，通过高新技术产业与其他本地制造业的融合，搭建相关配套设施，提升本地制造业的技术水平，进而促进本地区制造业的发展和转型，还可以提升当地企业的管理水平、设施建设和产品质量，有利于企业和地区的可持续发展。

（1）优化产能结构。

西部地区虽然能源资源丰富，但产业结构单一，以传统能源的开发为主导，这也导致了西部地区经济发展速度缓慢。而想要改变这一现状，就要优化现有的产能结构，将单一的产业结构向多元化转变，多种产业并

行,从而推动西部地区的经济增长。

首先,发展多元化产业结构。我国西部地区能源产业转型要由单一向多元化产业结构发展,就要引进高端产业,如结合西部地区特色的现代旅游业、现代文化产业、大型制造业等,并以此为圆心,延伸产业链,建设与高新技术产业、文化产业相配套的服务业,扩大外部需求,形成链条式的产业结构,拉动西部地区的经济增长,实现可持续发展。

其次,发展新能源产业。西部地区能源产业多元化转型,只依靠传统能源产业转型是远远不够的,还应有针对性地发展新能源产业,使其对能源产业进行替代。西部地区政府可以出台相关政策,结合自身发展的实际情况考虑具有区域特色的、有竞争优势的产业,并对其进行有针对性的培养。在此基础上,还要维持原有的传统能源产业政策,保证西部经济发展的持续性和稳定性。西部地区政府对当地产业结构设计也应尽量避免以能源开发为导向,而应侧重能源使用效率和新能源开发,重点开发与其相关的制造业和创新型产业,改变西部地区经济发展对能源开发极度依赖的现状。

(2)培育替代产业,转变能源产业生产模式。

在我国"制造强国,科技兴国"的大背景下,想要促进制造业的发展,首先要合理分配资源,政府应该加大对制造业的扶持力度,扩大优惠范围,减少企业在经营过程中面对外部环境所带来的风险,尽可能使企业享受到国家和当地的税收优惠政策,从而缓解资金不足的压力,推动企业升级转型。此外,政府还可以加强政策指导,对能源产业相关制造业的经营、盈利能力进行综合评价,鼓励风险投资、证券公司、银行等金融机构对有发展潜力的企业进行投资或提供商业贷款,一定的资金支持会给制造业带来更好的发展。还需要西部地区政府坚持"引进来""走出去"的对外政策,结合我国"一带一路"倡议,借助我国西部地区向欧洲延伸的陆地"丝绸之路",借助现有的、行之有效的区域合作平台,结合国内外市场,充分利用市场资源,共同推进区域经济的发展。

近年来,我国产业结构得到了进一步优化,对于产业转型升级的要求不断提高，特别是在我国西部地区尤为明显，我国企业更改变了相互竞争的传统状态，产业之间的合作进一步加深，各个产业相互依存，共同发展，这种新型合作模式对我国市场产生了积极且深远的影响。随着西部地区工业化进程的不断推进，这也意味着制造业迎来融合模式，企业之间充分实现信息互通，资源共享，充分利用区域联合的方式，进一步延伸产业链，以此来实现我国西部地区制造业的聚集，以促进制造业下游企业的健康发展。

8.3.1.2　发展旅游文化，构建生态文明

西部地区旅游资源丰富，西安、敦煌、青海、成都、云南都是著名的旅游城市，风景秀丽，名胜古迹众多，人民纯朴、热情好客，吸引着众多中外游客，旅游业具有很大的发展潜力，也能成为其支柱产业。西部大开发以来，旅游业在西部地区发展迅猛，对当地的经济发展有着重要的推动作用。

旅游业不仅仅是传统印象中的观光度假、休闲游览，还可以对旅游项目进行深挖，拓展出相关的文化产业、养老服务、提供会议服务等活动。提升旅游景点的服务水平是西部地区的当务之急，增强游客的体验感和满意度，提高游客"回头率"，加大旅游城市的宣传力度，完善公共设施，维护治安，确保游客安全等，是西部地区旅游业需要完善和提高的方向。目前来看，西部地区的游览线路已大致形成，可以针对不同的消费群体规划更多功能型旅游点，如度假村、会议中心、文化产业等，向更专业化、更高层次的方向发展。目前我国西部地区旅游城市的收入来源还停留在依靠出售景区门票的阶段，还应继续围绕旅游景点的核心朝旅游产品、游客服务等方向探索西部地区旅游业发展的深度和广度。

8.3.2　西部地区能源绿色转型的政策建议

对我国西部地区绿色产业发展来说，想要取得更进一步的发展，在合理合法的条件下利用产业政策是必不可少的。从国家层面考虑，不仅要对

绿色产业进行政策扶持，更要对正处于发展初期的高新技术产业进行一定的资源倾斜，强调绿色经济的重要性及其功能性。还可以根据不同特征的绿色产业，有针对性地制定政策方针，对其起到一定的保护作用，结合现在我国西部地区对绿色产业需求的紧迫性，相关绿色产业在我国有着良好的发展环境，对西部地区的经济发展有重要的推动作用。

8.3.2.1 发展绿色消费文化，营造良好的绿色消费文化环境

要想发展好绿色产业，发展绿色消费文化是必不可少的。目前来看，我国西部地区的绿色产业的特点是不稳定，容易受到政策变化和消费环境的影响，如果想要绿色产业稳定、可持续地发展下去，政府应有意识地引导居民绿色消费，树立公民的环保意识，将绿色产业和绿色消费文化融入居民日常生活的方方面面，利用政府"有形的手"营造良好的消费文化环境，促进绿色产业的发展。

消费是人类社会生活中必不可少的一环，促进绿色产业，把绿色消费理念植入人民的脑海，不仅有利于改善生态环境，还能拉动居民对绿色产品的需求，促进绿色产业的发展；政府还可以通过电视、广播、网络等平台，倡导节能减排、垃圾分类、杜绝浪费等行为，从人们触手可及的生活小事开始改变，长此以往，不仅减少了资源浪费，也培养了人们绿色消费的理念。

"绿水青山就是金山银山"是绿色发展理念的真实写照，但保护环境不能只依靠政府，还需要社会各界共同努力，企业需要绿色发展，居民需要树立环保理念、绿色消费理念。绿色消费文化是良好环境的基础，绿色消费导向会带动绿色产业的生产和发展，西部地区的绿色发展需要政府、居民、企业等共同促进。

因此，在推动绿色发展的过程中，必须将推动绿色消费文化作为重点因素进行政策倾斜。比如，我国实施的垃圾分类政策和限塑令。这些政策虽给人们的生活带来一定的不便，政策实施之初居民会有些许不习惯甚至

怨声载道，但时间久了，居民养成了垃圾分类的习惯，看到了生活环境正在向好的方向转变，也会感受到绿色消费文化带来的积极影响，从而形成良性循环，推动绿色产业的可持续发展。

8.3.2.2 完善新能源产业发展政策

研究表明，科学技术进步对能源消费的影响远远大于经济发展的影响。所以在聚焦经济发展，追求GDP增长的同时，应加大财政对新能源技术研究的补助，特别是对高等院校、企业或一些与新能源技术相关的科研单位，鼓励自主研发，促使科研成果不仅停留于科学文献中，还投入企业的生产中，衍生为产品。另外，还可以对将新能源技术应用于生产环节的企业进行额外的财政补贴，这样可以加快新能源技术的推广，同时用好国家可再生能源电价补贴等有利于新能源产业发展的政策，倒逼企业研发新能源技术。西部地区各级政府还可以根据当地的实际情况，出台一些地方政策和规章制度，在招商引资、产业规划、办理行政审批流程等方面优先考虑绿色能源产业，在税收、财政补贴方面给予一定的政策倾斜，在企业落地的过程中，当地政府也应关注企业在基础设施、水电交通等方面是否存在困难，如果存在困难，也可以进行补贴和支持。从企业技术层面来看，政府还可以出台人才引进政策，给绿色能源产业相关的人才提供丰厚的待遇，加快推进新能源产业技术在本地的发展和应用。

新能源产业具有科技依赖程度大、初始投资高、回报期长的特点。我国西部地区的新能源产业正处于产业发展初期，所需要的资金量十分庞大，不能只依靠新能源企业自己筹措资金，政府也应积极引导风险投资、私募基金、银行等金融机构向新能源产业注入资金，建立健全新能源产业投融资机制，以促进本地区新能源产业的发展。另外，政府还可以采用激励的方式与民营企业合作，由政府出台对新能源产业有利的政策，民营企业出资，发挥市场资源配置的作用，既能使民营企业的闲置资金投入新能源企业获取更大的收益，又能促进新能源产业的发展。

8.3.2.3 加快人才培养

西部地区想要快速、可持续地发展经济，就要尽快改善能源产业结构，发展绿色新能源产业。这就需要大量具有专业知识的，善于创新发掘新事物的高质量人才，这些人才不是凭空就能出现的，而是要经过专业培养的。

（1）加大教育投入。

首先，要提升现有教育的质量，西部地区中也有许多省份是教育大省，可以从高校入手，组建高质量的师资队伍。一流的师资队伍具有扎实的理论基础，教学技能突出，有利于激发学生的兴趣，培养高质量的人才，以高等教育人力资本的提升带动本地区的经济发展。生产企业的车间工人多从技术职业学校中来，可以将中专、高职或者已经参加工作的人员作为起点，扩大招生人数，通过为在校生提供职业培训、对从业人员进行再教育等渠道，提高劳动者的积极性，增强劳动技能。学校和企业也可以开展校企合作，既为员工提供再次学习继续深造的机会，也可以让学校学生提前进入工厂了解生产过程，促进学习，为西部地区能源产业转型提供人才支撑。

其次，要想提高教育水平，政府应加大对教育的投入。政府的资源是有限的，还可以引导企业通过设立奖学金、投资实验室等方式加大对教育的投资，推进现代化教育体系建设，提高学校的教育水平，但校方对于教育经费需要严格管控，专款专用，避免经费发放效率低下等问题。此外，财政部门还可以增加对西部地区的教育投入，多设立职业技术类院校，提高学生的动手能力。

（2）提升人力资本。

随着经济的高速发展，新能源产业及传统能源产业对劳动者的素质要求也在逐步提升，美国著名经济学家舒尔茨认为，自然能源并不能在长时期成为经济发展的主要推动力，唯有提高劳动者的质量才能为经济注入源源不断的活力。

第一,当地政府可以通过制定人才引进计划来吸引更多高素质的人才到西部地区就业。我国当前的大环境背景下,劳动力成本逐年升高,东部发达地区已经不能再依靠人口红利,许多人口密集型产业开始由东部发达地区向西部转移。在这样的环境下,西部地区政府更应该发挥政策导向的积极作用,提供丰厚的物质条件来吸引优质人才,引进新能源方面的专业人才,为当地新能源产业提供坚实的后备力量。

第二,政府可以通过政策调整当地人力资源结构。通过财政投资和引导企业投资的方式加大对西部地区的教育投入,提高西部地区整体教育水平。在偏远地区,如西藏、青海等地投资基础教育建设,让更多的人有机会接受高等教育,实现各地区均衡发展。还可以对不同受教育程度、不同年龄段的职工进行有针对性的培训,提高专业技能,促进劳动力和新能源产业共同发展。

(3) 加快绿色成果扩散。

要想促进西部地区新能源产业的发展,培养科学技术人才和加快扩散新能源技术成果是其中至关重要的一环,但这一环节也是市场失灵的显著环节。美国和日本都是在传统能源产业向新能源产业转型中有着丰富经验的国家,通过对他们发展历程的经验总结,我们发现他们都十分重视高科技人才的引进,也会通过一系列的政策来纠正市场失灵。

这些发展经验对我国能源产业转型也有着重要意义,意味着政府需要采取各种措施吸引高科技人才,提高跨国合作的深度和广度,为新能源产业发展奠定人才和环境基础。政府不仅要大力支持技术创新,更重要的是推动科技成果转化和创新成果扩散,利用产业政策纠正市场失灵。发达国家有良好的新能源产业发展态势,其原因在于技术成果转化率高,政府在企业和高等院校之间搭建起沟通协作的桥梁,使得新的科学技术能有效地应用于市场,将科技创新和产品生产紧密结合,从而获得更高的收益。政府出台政策推动技术成果扩散也会促进新能源产业的发展。如果一项技术长期为一家企业所独有，容易形成技术垄断，也不利于新能源产业的整体发展。为了避免重复研究所造成的科研资源浪费，我国政府可以吸取日本政府的经验，通过一系列制度来促进技术成果的扩散。比如：日本规定专利先申请者获得专利权，同时在专利公开之前也要进行技术公开，从而促进新技术在国内快速传播。我国在新能源发展中要综合利用不同维度的产业政策进行调整，加快技术扩散，避免市场失灵，促进整个行业的发展。

9　新发展阶段西部能源产业发展的政策建议

9.1　新发展阶段西部能源产业发展理念

　　理念是行动的先导，在向着全面建设富强、民主、文明、和谐、美丽的社会主义现代化强国"升级转段"的进程中，也就是新发展阶段，要将创新、协调、绿色、开放、共享新发展理念贯彻到底。我国西部地区蕴藏着丰富的能源资源，在我国的能源产业健康稳定发展过程中起到了重要作用。党的十八大以来，随着可持续发展战略不断深入人心，以及习近平总书记提出的"绿水青山就是金山银山"理念，环境友好型的能源产业发展已然成了发展趋势。2020年5月，党中央、国务院在《关于新时代推进西部大开发形成新格局的指导意见》中将新时代西部大开发的目标明确为"大保护、大开放、高质量发展"。这不仅进一步明确了西部大开发的方向指引，而且赋予了这一战略更加科学深刻的时代内涵，更体现了在新发展阶段产业的发展理念及方向。我国西部地区兼具生态脆弱性与生态特色性，在新发展阶段下，要推进西部能源产业发展形成新格局，必须立足现实，坚持生态优先、绿色发展的思路，在新发展理念指导下，以绿色治理为手段，绿色受益为目标，补齐生态脆弱短板，展现地区生态特色，激活区域发展潜力，为西部地区实现大保护、大开放和高质量发展奠定坚实基础，从而促进西部地区能源产业可持续、高质量发展。新发展阶段西部能源产业发展理念，主要包括以下四个方面：

9.1.1 坚持清洁绿色为导向

当前，"碳排放"及其衍生的"碳达峰""碳中和""碳目标""两碳"，以及关联的"气候变化""绿水青山"等，已成为全球媒体和各种文件中的高频名词。近年来，气候变化在学术界不再是冷门学科。目前最被认可且备受尊敬的相关机构——政府间气候变化专门委员会（IPCC）也在其第五次评估报告（AR5）中指出：人类活动产生二氧化碳排放等温室气体增加导致气候变暖的可能性在95%左右。并且自工业革命以来，温室气体的浓度远远超出过去80万年自然变化的范围。如果真的要使空气初步达标，就必须控制煤炭，以及其他化石能源的消费总量，而不能仅仅指望末端处理。中国人口多，城市规模大，而且城市群连成片。城市基本上是生产型城市，工业总量远远超过其他国家。中国人口高度集中在中东部地区。内陆性地理条件，加上全球变暖使静风天气增加，中国多数城市空气质量的治理本来就比许多国家更为困难。中国要达到$PM_{2.5}$35微克的初步目标，必须在控制化石能源，特别是煤炭燃烧，以及石油消费上下更大的功夫。中国只有彻底改变以化石能源为主，特别是煤炭为主的能源结构，彻底改变煤炭石油等大量用于终端能源状况，大幅度减少煤炭石油等化石能源的消费总量，才有可能实现蓝天白云清洁空气。

一系列的数据和分析让我们反思当下，当前西部能源产业要想落实党的十九大提出的新时代高质量发展的要求，一定要走坚持可持续发展，以清洁绿色能源为导向，坚持绿色发展的新发展理念，以生产发展、生活富裕、生态良好为目标的文明发展之路。新时代西部能源产业的发展将建立在对传统发展方式的反思与超越基础之上，立足于当前我国经济社会发展的现实，统摄于国家治理体系和治理能力现代化的具体实践之中。"大保护、大开放、高质量发展"作为新时代推进西部大开发新格局的核心目标，要求将绿色发展置于更为突出、更加重要的位置，并以此作为新时代西部大开发战略的先决条件。"大保护"是新时代推进西部大开发形成新格局的第一要义,这主要是由西部地区的自然环境与生态特点所决定的。西部地区生态屏障的重要位置与生态脆弱的客观现实,决定了其在国家主体功能区规划中限制开发区域与禁止开发区域较多,这就要求必须在保护中谋发展,在发展中促保护。西部能源产业不仅要为"十四五"期间社会经济高质量发展提供能源保障,更重要的是能源产业要率先实现动力转换,成为创新协调绿色开放共享发展的领头产业。

要秉持"生态优先"原则,要明白保护生态系统的平衡高于一般经济增长需要,关心国家竞争力、经济发展态势与人民生活水平方面的发展固然重要,但目前阶段生态带来的金山银山更值得人们去爱护。

综上所述,西部能源产业要树立人与自然和谐共生的理念,把清洁低碳作为能源发展的主导方向,推动能源绿色生产和消费,优化能源生产布局和消费结构,加快提高清洁能源和非化石能源消费比重,大幅降低二氧化碳排放强度和污染物排放水平,加快能源绿色低碳转型,建设美丽中国。并且面对日趋严峻的全球气候变化形势,要树立人类命运共同体意识,深化全球能源治理合作,加快推动以清洁低碳为导向的新一轮能源变革,共同促进全球能源可持续发展,共建清洁美丽世界。

9.1.2 坚持创新发展为核心

欧盟已经明确提出2050年碳中和的整体目标,主要欧洲工业大国都通过了相应的国家政策目标。美国拥有占人口50%以上,经济总量56%以上的二十多个州和几百个城市,坚持低碳转型和2050年碳排放下降80%以上的目标。从现在到2050年只有不到30年的时间,对能源设施而言仅仅是一个技术经济周期,时间已经十分紧迫,技术和市场转型将继续加速。日本为低碳技术储备更是做了大量工作。中东石油主产国沙特阿拉伯等国家,都在认真发展低碳能源技术。这些国家正在积极进行从社会消费到基础设施,从相关能源技术到能源消费技术、装备、用具等的全面转型、升级、创新,并已经开始进行市场的转变。化石能源技术的进一步开发如果不能解决低碳零碳问题,将面临现实的市场淘汰前景。所以这对于我国西部地区的能源产业来说更是严峻的挑战。

西部大开发以来,陕西、四川、重庆等西部地区的主要省份均制定了雄心勃勃的高新技术发展计划,建立起多家国家级高新区,此举被认为是实现西部地区又好又快发展的战略选择,是破解西部地区资源环境约束难题、加快提升发展质量的迫切要求。但由于发展基数较小,目前西部高新区经济总量占全国的比重仍然很小;高新技术产业发展基础十分薄弱,对地区创新体系建设的支撑能力有限,主要问题在于科技与产业的脱节比较严重。企业是科技成果转化的最主要环节,西部地区的科技成果主要来源于高等院校和国家科研机构,大中型企业多数不设研发机构,科研、生产独立运行的体制和机制导致了科技与产业相脱离,科技成果商品化和产业化的程度较低。尽管西部在许多产业领域拥有一定的技术优势,但由于科技成果向生产转化的渠道不畅,以至于科技优势得不到应有的发挥。

低碳转型不仅涉及所有化石能源生产转换和消费,还涉及与化石能源相关的各种原材料(冶金、建材、石化原料)生产工艺路线和整个装备的转型。人们最重要的基本生活设施、住房和交通系统的升级换代、超低能耗或零碳建筑、汽车和其他交通工具的非碳化,已经不是纸上谈兵,而是进入了市场转换阶段,而且市场翻转时间很可能随着技术的加快发展而提前到来。其中最明显的例子,一是光伏发电技术的转换率和成本的惊人变化,超出几年前人们的最大预期。二是储能电池技术的爆发性创新发展,使电动车续航达到上千公里而且成本明显降低已经成为现实。此外,热泵技术的发展和应用高速扩展,高效电解催化制氢和合成碳氢原材料燃料技术也日新月异。如此等等,已经成为现实的尖端技术市场竞争内容,并开始进入市场扩张阶段。

首先,要聚焦关键能源技术寻求突破,才能牵住能源化工产业高端化发展的"牛鼻子",促使高碳资源低碳发展,推动能源结构由"黑"转

"绿"。能源绿色低碳转型并不是简单的"去煤化",在目前的状态下,煤电是煤炭清洁、高效、经济、便捷的最好利用方式。要围绕西电东送,在特高压外送沿线地区合理布局一批新的煤电一体化项目,提高煤电在全国能源行业的话语权和竞争力。

其次,要加快能源科技创新引领。加快能源科技创新平台构建和关键技术攻关示范,高标准建设榆林能源革命创新示范区。开展以储能为枢纽的多能互补示范及以"绿氢"为载体的可再生能源和煤化工产业融合示范。加大力度研发二氧化碳捕集、封存和利用等技术。

最后,要积极主动参与"新基建",推进西部能源行业互联网大数据中心建设,推动数字经济蓬勃发展,为全国能源发展赋能增效。

综上,西部能源产业在发展上要坚持以创新发展为核心理念,强化技术创新引领,抢占产业发展制高点,持续发力推动西部能源化工产业向配套装备制造业延伸、向下游增值产业延伸、向现代服务业延伸,推动资源优势转化为产业胜势。把提升能源科技水平作为能源转型发展的突破口,加快能源科技自主创新步伐,加强国家能源战略科技力量,发挥企业技术创新主体作用,推进产学研深度融合,推动能源技术从引进跟随向自主创新转变,形成能源科技创新上下游联动的一体化创新和全产业链协同技术发展模式。同时也要积极推进科技体制改革,开展探索赋予科研人员职务科技成果所有权或长期使用权试点工作。支持扩大科研经费使用自主权,提高智力密集型项目间接经费比例并向创新绩效突出的团队和个人倾斜。加快科技人员薪酬制度改革,扩大高校和科研院所工资分配自主权,健全绩效工资分配机制。

9.1.3 以改善民生为目的

改善民生是推动发展的根本目的,社会建设与广大人民群众的切身利益紧密相连,以解决人民最关心、最直接、最现实的利益问题为重点,使经济发展成果更多体现在改善民生上,是推进中国特色社会主义建设必不可少的环境保障，对于全面建设小康社会具有重大而深远的意义。所以，西部地区在加快能源经济发展的同时，要坚持"以民生为导向，为民生而改革"。

首先，要秉承"从群众中来，到群众中去"的理念，要着力解决人民群众反映强烈的突出问题，"致力于事业、无愧于人民"。比如，大气污染防治是当前人民群众普遍关注的重大民生问题，我们以能源领域大气污染防治实实在在的行动，在能源领域开展了一系列大气污染防治相关工作，形成政府统领、企业施治、市场驱动、公众参与的大气污染防治新机制，坚决打好大气污染治理攻坚战，实现环境效益、经济效益与社会效益多赢，早日实现天蓝、地绿、气爽，为建设美丽、幸福中国而奋斗。

其次，一定要有求真务实之心、改革创新之行，进而赢得群众满意之心。俗话说，只说不练假把式。笼统地下指示、发文件，即使强调再多、要求再多，短时间内也无法推动问题解决。比如，与生活息息相关的油、气、煤、电等能源价格扭曲现象严重，已经严重影响了城市中低收入家庭的生活，因此，能源价格、定价机制的改革要深入，政府进一步放开能源市场，降低准入门槛，而不是由几家超大型能源公司垄断，要建立一套更能反映市场运行规则的能源价格改革机制。与能源价格改革同步，国家要进一步健全并完善已经建立起来的社会救助和保障标准与物价上涨挂钩的联动机制，从而保障能源价格改革的顺利推进和实施。突出民生导向，要扎实推进能源腐败的惩治和预防体系建设。近年来，能源系统成为腐败"重灾区"，在项目审批方面寻租空间太大，该领域官员腐败落马事件屡上报端，能源腐败大案的频发将能源项目审批的机制弊病暴露无遗。因此，能源体制改革要注重预防的方针，强化权力制约和监督拓展从源头上防治腐败工作领域，努力形成拒腐防变教育长效机制。

总之，改善民生是党的性质和宗旨的本质体现，是贯彻落实科学发展观的必然要求，是发挥社会主义制度优越性的客观需要，是构建社会主义和谐社会的重要基石，是社会文明进步的现实需要。只有以改善民生为目的，才能赢得人民的信任和支持，只有人民信任和支持，党的执政地位才能稳如泰山。因此，我们必须把改善民生放在更加突出的位置，始终关心百姓，始终惦记民生，真正做到"权为民所用、情为民所系、利为民所谋"，把构建和谐社会落实到人民的生存、发展和幸福等问题之上，把全心全意为人民服务的根本宗旨落实到一系列具体的惠民政策之中。只有在加快经济发展的同时，切实关注全体人民的民生问题，采取更加积极有效的措施，改善困难群众的生活状况，才能使全体人民共享改革开放发展成果，进而实现社会的稳定和谐。

综上，能源体制改革不能忽视老百姓反映强烈的民生问题，在能源产业发展中要秉承以改善民生为目的的理念，明确能源发展要依靠人民、目的是为了人民和服务人民，把保障和改善民生用能、贫困人口用能作为能源发展的优先目标，加强能源民生基础设施和公共服务能力建设，提高能源普遍服务水平。把推动能源发展和脱贫攻坚有机结合，实施能源扶贫工程，发挥能源基础设施和能源供应服务在扶贫中的基础性作用。织就覆盖全民的保障基本民生"安全网"，补上短板，兜住底线。"一根筷子很难吃着东西，两根筷子一起才能夹到食物，一把筷子捆在一起就不易折断。"众人拾柴火焰高。因此，新一轮能源体制改革需要我们大家团结起来，群策群力，集聚民众智慧，共同往利国利民的正方向推进！

9.1.4 以市场改革为动力

对应市场改革，健全财税金融体系建设。市场化的体制机制改革是解决我国能源发展面临两大内外挑战的必然选择。我国能源行业目前基本上由国有大企业主导。客观上，国有大企业居主导地位的我国能源行业，在过去较好地解决了改革开放以来经济快速增长导致的能源需求急剧增加的难题，使一些诸如西气东输、核电站建设、特高压输电等大项目得以实施，并使我国在不太长的时间内在国际油气勘探开发方面取得了喜人的成绩。但是，由于存在服务意识、市场反应、成本控制等内在短板，国有大企业越来越不能适应市场差异化服务的需求，人民群众对能源行业改革的呼声越来越大。

  为解决不断提升的对海外油气资源的依存度，我国需要一批具有国际竞争力的大企业参与国际竞争，保障我国海外油气供应安全。要从根本上解决我国对海外油气资源依存问题，只能寄希望于增加国内油气资源供应，实现我国的能源独立。从美国近40年的努力和当前实际看，大国实现能源独立不仅是可能的，也是现实的。要实现能源独立，仅从油气行业来说，一是要尽快扭转国内海上油气资源勘探开发增长缓慢的局面，要加速培养和组建专业化的海上油气勘探开发大企业，要让国家专业海上油气勘探开发企业专注于海上油气勘探开发工作；二是要打破我国陆上油气生产停滞不前的局面，要进一步开放国内陆上油气勘探开发，培养出众多拥有一定技术能力和经济实力的中小企业，让这些中小企业成为国内油气勘探开发市场的主体，从而尽快使我国油气勘探开发形成像美国页岩气生产那样繁荣的局面。

  为满足人民群众日益提高的对能源普遍服务的需求，能源行业需要的是千千万万个有差异化服务能力的企业，这些企业要有较强的服务意识，对市场的快速反应，较强的成本控制能力，使人民群众拥有选择服务和服务供应商的可能。要做到这一点，国家应开放国内能源市场，培养出数量众多的能源企业，这些能源企业既可以是国有的，也可以是国有经济占主导的，应该让更多的民营企业加入能源服务行业，通过多元的市场主体解决服务意识、市场反应和成本控制难题。

  因此，解决我国能源发展面临的内外两大挑战，一方面既要有有实力的大企业参与国际市场能源资源的开发、国内海上油气资源开发、核电站和长输管网电网等大项目建设，另一方面更要有数量众多的能源企业提供有竞争性的、可选择的差异化能源服务，更好地满足人民群众不断提高的对能源普遍服务的要求。更为重要的是，要实现我国的能源独立，必须要有数量众多的中小企业充分挖掘和利用国内能源资源，扭转我国国内油气生产停滞不前的局面。为此，国家一方面在培养多种所有制能源服务企业的同时，剥离能源行业垄断大企业的国内业务，使其解体成众多的能提供区域化能源服务的中小企业，满足能源服务需求差异化和市场竞争的需要，增强国内能源市场的活力；另一方面，保留并增强能源大企业的海外和专业化业务能力，参与国际竞争，专业从事海外海上油气资源勘探开发和能源大项目建设工作。

相应的配套措施也应该为其保驾护航，首先要努力营造良好营商环境。深化"放管服"改革，加快建设服务型政府。落实全国统一的市场准入负面清单制度，推动"非禁即入"普遍落实。推行政务服务"最多跑一次"和企业投资项目承诺制改革，大幅压缩工程建设项目审批时间。落实减税降费各项政策措施，着力降低物流、用能等费用。实施"双随机、一公开"监管，对新技术、新业态、新模式实行审慎包容监管，提高监管效能，防止任意检查、执法扰民。强化竞争政策的基础性地位，进一步落实公平竞争审查制度，加快清理废除妨碍统一市场和公平竞争的各种政策和做法，持续深入开展不正当竞争行为治理，形成优化营商环境长效机制。

其次，要深化金融支持。支持商业金融、合作金融等更好地为西部地区发展服务。引导金融机构加大对西部地区小微企业融资支持力度。落实无还本续贷、尽职免责等监管政策，在风险总体可控的前提下加大对西部地区符合条件的小微企业续贷支持力度。引导和鼓励银行业金融机构合理调配信贷资源，加大对西部贫困地区扶贫产业支持力度。支持轻资产实体经济企业或项目以适当方式融资。增加绿色金融供给，推动西部地区经济绿色转型升级，依法合规探索建立西部地区基础设施领域融资风险分担机制。

综上，在能源产业发展中要坚持以市场改革为动力的理念，充分发挥市场在资源配置中的决定性作用，更好发挥政府作用，深入推进能源行业竞争性环节市场化改革，发挥市场机制作用，建设高标准能源市场体系。加强能源发展战略和规划的导向作用，健全能源法治体系和全行业监管体系,进一步完善支持能源绿色低碳转型的财税金融体制,释放能源发展活力,为能源高质量发展提供支撑。

9.2 国际化视野的政策建议

9.2.1 展开能源多边国际合作,优势互补,取长补短,共促发展,共建"一带一路"

全球化的趋势下,随着新时期世界能源供需格局的改变,政治、经济、文化方面都要求我们加强国际合作,这主要是由于全球性资源配置的差异性以及地域等历史原因。所以在此背景下,展开能源多边国际合作,优势互补,取长补短才能共促发展。

越来越多的国家意识到以新兴经济体为主的能源消费国开始在能源合作中赢得更多主动权,当前的国际能源合作呈现出三大趋势。

趋势一:能源合作理念从保障个体安全走向维护集体安全。随着经济全球化的发展,能源资源已经全球配置。全球能源供需互利共赢需求增加,利益博弈也在加剧,越来越多的国家通过双边合作或借助多边合作机制协调利益争端,能源合作理念从保障个体安全走向维护集体安全。

趋势二:能源转型与应对气候变化仍是能源合作主旋律。化石能源大量使用带来环境、生态和全球气候变化等系列问题,主动破解困局、加快能源转型发展已经成为世界各国的自觉行动。主要经济体纷纷制定新能源发展规划,抢占新能源技术制高点,扩大市场份额,新能源合作将成为国际能源合作的重要内容。

趋势三:加大能源合作成为"一带一路"建设的新亮点。"一带一路"关注的欧亚大陆是世界能源经济的心脏地带,共建地区将成为非常重要的能源消费市场。

在国家共建"一带一路"的倡议引领下,中国的能源国际合作已经取得了丰硕成果,一批重大能源合作项目落地实施,能源合作多边、双边机制及能源政策也不断完善,技术交流日益频繁,对共建"一带一路"国家的经济和社会的发展起到了积极作用。

受新冠疫情影响,全球经济恢复存在不确定性,很多国家采取绿色发展政策促进了疫后经济复苏,全球清洁能源转型也在加速。面对新形势和新挑战,我们要秉持共商共建共享原则,坚持开放绿色和廉洁理念,努力实现高标准、惠民生、可持续目标,同各国在共建"一带一路"框架下加强能源合作,在实现自身发展的同时更多惠及其他国家和人民,为推动共同发展创造有利条件,务实推动"一带一路"能源国际合作高质量发展。所以,在此背景下,要遵循"双循环"发展战略,展开能源多边国际合作,主要包括以下几个方面:

第一,持续深化能源领域对外开放。中国坚定不移维护全球能源市场稳定,扩大能源领域对外开放。大幅度放宽外商投资准入,打造市场化、法治化、国际化营商环境,促进贸易和投资自由化、便利化。全面实行准入前国民待遇加负面清单管理制度,能源领域外商投资准入限制持续减少。全面取消煤炭、油气、电力(除核电外)、新能源等领域外资准入限制。推动广东、湖北、重庆、海南等自由贸易试验区能源产业发展,支持浙江自由贸易试验区油气全产业链开放发展。埃克森美孚、通用电气、碧辟、法国电力、西门子等国际能源公司在中国的投资规模稳步增加,上海特斯拉电动汽车等重大外资项目相继在中国落地,外资加油站数量快速增长。

第二,推动互利共赢的能源务实合作。中国与全球100多个国家、地区开展广泛的能源贸易、投资、产能、装备、技术、标准等领域合作。中国企业高标准建设能够满足合作国能源项目的迫切需求,帮助当地把资源优势转化为发展优势,促进当地技术进步、就业扩大、经济增长和民生改善,实现优势互补、共同发展。通过第三方市场合作,与一些国家和大型跨国公司开展清洁能源领域合作,推动形成开放透明、普惠共享、互利共赢的能源合作格局。

第三，提高全球能源可及性。积极推动"确保人人获得负担得起的、可靠和可持续的现代能源"可持续发展目标的国内落实，积极参与能源可及性国际合作，采用多种融资模式为无电地区因地制宜开发并网、微网和离网电力项目，向使用传统炊事燃料的地区捐赠清洁炉灶，提高合作国能源普及水平，惠及当地民生。

第四，积极参与全球能源治理合作。我们将秉承开放包容理念，建设好"一带一路"能源合作伙伴关系，促进能源互利合作，加强与区域组织的合作，开展联合研究与交流，继续加强与国际组织的多边机制合作，积极开展各种多边能源合作和交流活动。

第五，高质量推动能源合作项目。深度参与全球能源转型变革，研究推进与有关国家在核电、风电、光伏、智能电网、智慧能源、互联互通等方面的合作，研究绿色能源和绿色金融相结合的政策，推动双边和多边合作项目。积极推动第三方、多方合作，形成"一带一路"能源合作的"大合唱"。

9.2.2 加强全球产业链协作，带动配套产业服务的发展

全球经济是一个整体，各国的产业链和供应链你中有我、我中有你。经过40多年的改革开放，我国经济已经深度融入了全球产业链、供应链，受新冠疫情影响，世界各国普遍都在收紧防控措施，全球产业链和供应链都受到了不同程度的冲击。当前，世界面临百年未有之大变局，保护主义、单边主义加剧，国际格局失衡、全球治理滞后等各种风险和挑战频出，不稳定、不确定因素明显增加。我们要认识到，经济规律和历史大势不以人的意志为转移，经济全球化大潮滚滚向前，各国相互协作、优势互补形成了深度融合的全球产业链，这是生产力发展的客观要求，也代表着生产关系演变的前进方向。面对贸易保护主义的冲击，必须促进科技协同创新，加强全球产业链合作，进一步带动生产要素全球流动，推动新一轮

经济全球化健康发展。并且要明确，加强全球产业链协作不仅是推动世界经济开放包容发展的必然要求，也是应对贸易保护主义的坚实保障。在经济全球化深入发展的今天，世界各国相互依赖，一荣俱荣、一损俱损，既是命运共同体，也是利益共同体和责任共同体。在此背景下，要积极推进人类命运共同体理念，加强全球产业链协作，倡导合作共赢，以合作取代对抗，以共赢取代独占，促进全球产业链拓展升级，具体包括以下几个方面：

第一，全球产业链合作是推动经济全球化的内在动力及经济全球化进一步发展的必然要求。经济全球化是商品、服务、资本、知识、生产要素等在世界范围内形成统一市场的过程，全球产业链是专业化分工从一国到多国不断深化、系统化所形成的全球范围的链状或网状产业集群。从上一轮经济全球化实践来看，全球性挑战不再局限于一国内部，很多挑战也不再是一国之力所能应对，需要各国通力合作。在世界多极化、经济全球化、社会信息化、文化多样化的新形势下，党的十九大报告强调"促进贸易和投资自由化便利化，推动经济全球化朝着更加开放、包容、普惠、平衡、共赢的方向发展"。当前第五轮产业转移和要素重组、新一轮科技革命和产业变革叠加，必然催生全球产业链深度融合与创新。抓住历史机遇，加强全球产业链合作，是重塑全球产业格局、推动经济全球化进一步发展的必然要求。全球产业链是全球经济的骨架和脉络，融合生产者与消费者，沟通各国企业和政府，以其经济发展的基础性、社会联系的广泛性、国际协调的互动性在各国交往中发挥着越来越重要的作用，加强全球产业链合作越来越成为推进全球治理、共同应对全球挑战的重要要求。

第二，加强关键技术环节协同创新，保护产业链完整性。发达国家凭借科技优势在关键技术环节和核心产品上"卡脖子"，这对全球产业链的完整性构成了重要威胁。因此当前和今后一个时期，我们必须抓住关键核心技术攻关的"牛鼻子"，搭建国际合作创新平台、优化创新环境、整合创新资源、培养创新人才、完善创新机制、科学规划布局，分清主次先后，协调有序推进协同创新，保护全球产业链完整性。

第三，加强基础研究合作，提升产业基础能力，促进全球产业链现代化。基础研究是应用创新的基础，也是创新潜力之源。必须加强基础研究领域的国际合作，充分发挥各国差异化资源优势，促进资源共享和互补，降低成本、分担风险，提升基础研究创新能力、成果转化能力、产业链控制能力，促进全球产业链现代化。

第四，加强基础设施与产业配套服务领域的创新合作，增强全球产业链韧性。随着现代产业链的延伸，支撑产业发展的研发、金融、人力资源、物流、营销、售后等现代服务业对于产业链的完整性、灵活性至关重要。要围绕产业链加强协同创新，构建信息链、人才链、资金链、服务链，加强基础设施互联互通，通过现代服务业为产业链环节建立多维链接，形成产业、科技、服务协同发展、相互支撑的产业体系，增强产业链韧性，提升应对全球风险挑战的能力。

第五，强化产业链龙头企业引领作用。在产品集成度、生产协作度较高的领域，培育一批处于价值链顶部、具有全产业链号召力和国际影响力的龙头企业。发挥其产业链推动者作用，在技术、产品、服务等领域持续创新突破，深化与配套服务企业协同，引领产业链深度融合和高端跃升。

第六，加大构建全产业链框架，促进上中下游产业协调发展。目前，"一带一路"沿线的能源合作项目大多集中在上游资源开发或发电、中游管网输送领域，国际贸易不断扩大，但是在下游加工、终端销售、技术研发、配套服务等领域，合作深度和广度依然不够。纵观国际大型能源公司的全球化战略，普遍注重上下游一体化发展，特别是在终端销售网络布局上，深度融入当地市场和产业链，同时重视研发机构、配套服务的当地化等。目前要做强做优上游投资和国际贸易业务，并且要带动工程技术、工程建设和装备制造"走出去"，构筑区域管网互联互通体系，扩大在下游加工、终端销售市场的合作，适时布局技术研发、配套服务项目，为深度融入当地社会和产业发展搭建桥梁。

第七，要以更加开放的姿态深化国际合作。据统计，近年来，中央企业在海外的投资每年都超过 3000 亿元人民币，这些投资既有基础设施建设，又有能源资源合作开发；既有产能合作，又有技术研发投资；既有工程投资，又有股权投资。应该说，中央企业已经深度融入到了国际合作之中，我们将始终秉承习近平总书记提出的共建人类命运共同体的理念，按照共商共建共享的原则，积极做好国际化经营，不断扩大朋友圈，不断巩固长期稳定的合作关系，与世界各国的企业一起深化国际产能合作，共同为推动全球产业链、供应链的恢复和发展做出贡献。在进一步打通堵点、疏通难点，全面畅通产业链供应链循环的同时，着力提升产业链和供应链水平。同时，进一步扩大对外开放，在深化国际合作中稳住产业链、供应链。

第八，全力保障产业链、供应链稳定，在保持稳定的同时不断提升竞争力。"我国制造业的优势在于产业门类齐全、产业链完整和产业配套能力强，产业链的核心与全球供应链深度融合，特别是与一些发达国家相互依存度较高，形成你中有我、我中有你的融通循环态势，在全球产业链、供应链中占据着重要地位"。作为世界工厂，中国拥有巨大的成本优势、高素质的劳动力供给，以及由此带来的产业链的聚集。要发挥好这种优势，加快转型升级步伐，把"中国制造"在全球产业链中的地位打造得更加坚实。"我们要充分借助智能科技加速产业链、供应链的智能化转型，增加全球竞争力，稳固中国全球制造中心地位"。

9.2.3 积极推动全球治理达成一致共识，共同致力于发展能源产业经济，同时注重生态环境保护

从全球尺度来看，无论是直观的全球平均气温，抑或北极冰盖面积、海平面高度变化等间接数据，都实实在在地表明：全球温度正在升高，而且升高的速度远超历史！随着经济全球化的不断发展，气候环境威胁已经影响了地球系统的健康运行，环境治理已经成为全球治理的重要方面，并

在实践中形成了不同行为体相互合作、博弈、竞争的局面。随着人与自然深层次矛盾不断显现，不同国家特别是发达国家和发展中国家间的分歧日趋增多，全球环境治理面临前所未有的困难。新兴力量的出现打破了国际能源市场原有平衡，由发达国家主导的现有全球能源治理结构，与国际能源市场的新变化、新格局出现不适应、不匹配，局限性逐渐凸显。不仅如此，现有国际能源组织和机构也各自为战，缺乏协调，难以平衡新旧能源生产国和消费国的利益诉求。在此背景下，亟须建立共同安全体系，维护各国核心关切和整体能源安全。全球能源治理是维护本国核心利益，保障能源安全，体现国家软实力和影响力的重要途径，所以在此背景下要积极推动全球治理达成一致共识，共同致力于发展能源产业经济，同时注重生态环境保护，主要包括以下几个方面：

第一，转变观念认知，凝聚爱绿护绿共识。坚持绿色发展理念，致力于落实应对气候变化《巴黎协定》，愿同欧方、法方以2021年分别举办生物多样性、气候变化、自然保护国际会议为契机，深化相关合作。"大保护"理念真正深入人心，既需要制度规范，更需要在全社会牢固树立人与自然和谐发展的生命共同体意识。要倡导环保意识、生态意识，构建全社会共同参与的环境治理体系，让生态环保思想成为社会生活中的主流文化。在此过程中，要通过制度激励、法治约束、宣传引导等方式，促使地方政府转变发展思路，摒弃"唯GDP论"和牺牲环境换发展的传统治理思维，鼓励各类生产主体通过技术推广、产业结构调整升级，逐步形成节能减排、绿色循环的生产经营模式，帮助群众克服只顾眼前利益与"事不关己"两种狭隘倾向，并在政府与媒介的宣传引导下将"生态保护"与"爱护眼睛"提升到同等高度。最终使生态保护、绿色发展成为内化于心、外化于行的行动共识。

第二，继续融入多边能源治理。积极参与联合国、二十国集团、亚太经合组织、金砖国家等多边机制下的能源国际合作，在联合研究发布报告、成立机构等方面取得积极进展。中国与90多个国家和地区建立了政府间能源合作机制,与30多个能源领域国际组织和多边机制建立了合作关系。2012年以来,中国先后成为国际可再生能源署成员国、国际能源宪章签约观察国、国际能源署联盟国等。

第三,倡导区域能源合作。搭建中国与东盟、阿盟、非盟、中东欧等区域能源合作平台,建立东亚峰会清洁能源论坛,中国推动能力建设与技术创新合作,为18个国家提供了清洁能源利用、能效等领域的培训。

第四,建设绿色丝绸之路。中国是全球最大的可再生能源市场,也是全球最大的清洁能源设备制造国。积极推动全球能源绿色低碳转型,广泛开展可再生能源合作,如几内亚卡雷塔水电项目、匈牙利考波什堡100兆瓦光伏电站项目、黑山莫祖拉风电项目、阿联酋迪拜光热光伏混合发电项目、巴基斯坦卡洛特水电站和真纳光伏园一期光伏项目等。随着全球地缘政治经济变化,生态环境问题政治化趋势升温,发展中国家阵营始终面临美国等西方国家有意分化的风险。因此,绿色"一带一路"建设将有助于夯实发展中国家阵营在推进环境外交中的团结合作。可再生能源技术在中国市场的广泛应用,促进了全世界范围可再生能源成本的下降,加速了全球能源转型进程。

第五,秉持人类命运共同体理念,与其他国家团结合作、共同应对全球气候变化,积极推动能源绿色低碳转型。首先加强应对气候变化国际合作。在联合国、世界银行、全球环境基金、亚洲开发银行等机构和德国等国家支持下,中国着眼能源绿色低碳转型,通过经验分享、技术交流、项目对接等方式,同相关国家在可再生能源开发利用、低碳城市示范等领域开展广泛而持续的双多边合作。另外,支持发展中国家提升应对气候变化能力。深化气候变化领域南南合作,支持最不发达国家、小岛屿国家、非洲国家和其他发展中国家应对气候变化挑战。从2016年起,中国在发展中国家启动10个低碳示范区、100个减缓和适应气候变化项目和1000个应对气候变化培训名额的合作项目,帮助发展中国家能源清洁低碳发展,共同应对全球气候变化。

9.2.4 完善交通运输基础建设，带动发展沿线经济，在构建新发展格局中发挥先行作用

交通运输是国民经济中基础性、先导性、战略性产业，正所谓交通是兴国之要、强国之基。构建现代综合交通运输体系，是适应把握引领经济发展新常态，推进供给侧结构性改革，推动国家重大战略实施，支撑全面建成小康社会的客观要求。在中国特色社会主义新时代，交通运输要着力在实现"两个一百年"奋斗目标和中华民族伟大复兴中国梦中发挥先导作用，推动我国从交通大国向交通强国迈进。对于"一带一路"建设而言，交通运输业的发展尤为重要。党的十九届五中全会指出，我国将进入新发展阶段，必须坚定不移贯彻新发展理念，加快构建新发展格局。具体分为以下几个方面：

第一，加速战略转型，推动交通运输基础建设。一是要加速从优先战略向均衡战略的理念转型。积极转变传统的内向型非均衡战略为外向型协同发展战略，加快建成安全、便捷、绿色、经济、高效的现代综合交通运输体系，持续发挥对共建国家的带动作用。二是要加速从体系战略向网络战略的目标转型，要按照构建多层次交通运输基础设施体系、强化交通运输核心枢纽功能、实现水陆空立体衔接成网的"三步走"策略，构建面向"一带一路"经济空间的现代交通运输网络。三是要加速从设施战略向服务战略的任务转型，按照"设施—服务—品牌"的顺序，以技术服务、运营服务等增值服务为重点，推动交通运输建设从硬件建设向软硬件并重建设转型，推动形成国际化、现代化、一体化、品牌化的综合交通运输服务体系。四是要加速从一元主导向多元复合的功能转型，坚持以集约化、智慧化、高效化、环保化、人文化的"五位一体"交通运输为导向，推动交通运输行业向多元功能拓展，使其成为兼具社会功能、文化功能的跨国合作载体。

第二，实现多元化、前沿化、系统化支撑，不断丰富和完善交通运输

体系。一是要实现金融支撑多元化,积极拓宽交通运输融资渠道,创新融资工具和手段,强化对交通运输的资金支持。鼓励国内沿线省份适当开发专项基金、债券融资、权益质押、资产证券化、投资基金等融资方式;鼓励共建国家在整合利用本国融资渠道的基础上,以市场化方式从亚投行、丝路基金等专项平台获取金融支持。二是要实现科技支撑前沿化,积极与共建国家展开合作,推进联合实验室、研究机构、先进技术示范与推广基地等建设,促进科研数据和科技资源的互联互通与服务共享。三是要实现运营服务支撑系统化,以提高共建"一带一路"国家交通运输的产业组织化规模和水平为目标,积极促进交通运输建设方案合理化、技术标准化、运营培训规范化以及信息一体化,稳步提升交通运输服务能力。

第三,建设交通强国,打造"一带一路"现代综合交通运输体系。遵循安全、便捷、高效、绿色、经济的交通理念,定位世界一流,服务"一带一路"建设,构建以国际化为着眼点、以现代化为特征、以立体化为表现的洲际综合交通运输网络。"国际化"要求坚持共商共建共享原则,积极推进共建国家发展战略、项目和要素的对接,加快形成内畅外通的国际交通运输网络,促进国际国内要素有序流动、资源高效配置、市场深度融合,推动我国与世界的互联互通。"现代化"要求深化"交通+"战略,呼吁共建"一带一路"国家共同参与构建可落地实施的交通发展规则,打造高标准、人性化、大品牌的交通命运共同体。"立体化"要求结合"一带一路"发展与行动指南,发展公路、铁路、水运、航空等多种交通运输方式,重在建成衔接高效、陆海空互联互通的交通衔接机制。

第四,瞄准国际需求,充分利用领先优势让交通运输"走出去"。国内层面着眼于拉骨架、强密度、促衔接的"三位一体",主要加强以城市群战略为支撑的交通骨架建设,以城市群交通一体化为抓手的交通密度建设,以综合交通无缝对接为导向的交通衔接建设,优化综合交通运输枢纽空间布局,不断满足人民日益增长的高质量交通需求。国际层面着眼于大布局、大网络、大服务,依托现有双边、多边、区域和次区域合作机制框架,共建"一带一路"综合交通网络,提升国际交通运输综合价值。文化层面要着眼于以交通为载体丰富中国国际传播渠道,融入共建"一带一路"国家的文化风情,将现代交通运输体系作为中国现代化的名片,通过塑造和传播中国交通强国形象诠释和传递中国现代交通文化理念,展示国家形象。通过对外交通基础设施建设项目,树立中国交通运输品牌,形成"交通+文化"模式,树立交通强国品牌,实现交通运输多元产品、交通运输技术标准国际化、交通运输现代服务及其品牌的立体支撑、协同发展和有机衔接。

第五,坚持创新的核心地位,更好服务增强循环动能。大力发展先进交通装备,鼓励发展新能源车船、通用航空、邮轮游艇等新产业,拓展交通设施的商贸旅游功能。系统布局新型基础设施,用新技术为传统交通基础设施赋能,形成新的增长动能和投资增长点。下大力气打好交通运输领域关键核心技术攻坚战,加快拥有自主知识产权的技术和产品在交通运输行业的应用,推动建立基于现代信息技术的全球航运服务网络,提供更丰富的智能化交通服务产品。

第六,构建安全可靠的国际物流供应链体系,更好服务保障循环安全。以共建"一带一路"国家为重点,围绕"六廊六路、多国多港"总体布局,推进世界级港口群、机场群、中欧班列集结中心等物流枢纽建设,增强国际运输通道连通性、稳定性和安全性。统筹发展国际航运、中欧班列、国际道路货运,加速提升国际航空货运运力,培育具有全球竞争力的龙头企业。强化国际运输供需对接,加强应急船队、机队、车队等运输储备力量布局建设,形成重点物资、重点时段运力保障机制,加快建设水上交通安全立体保障体系,确保紧急情况下出口货物出得去、进口货物进得来。

第七,提升交通运输现代治理能力,更好服务于降低循环成本。完善综合交通运输跨部门运行协调机制,深化铁路、公路、航道等管理体制改革,促进铁路运输业务市场主体多元化和适度竞争,实现邮政普遍服务业务与竞争性业务分业经营，形成统一开放、竞争有序的现代交通运输市场。深入落实减税降费措施，进一步深化收费公路制度改革，进一步规范铁路、港口、机场等领域收费行为，优化营商环境。加快推进长三角共建辐射全球的航运枢纽，依托海南自贸港、上海自贸试验区临港新片区，推进更高水平的航运、航空对外开放。

9.3 中国国情下的政策建议

能源是国民经济的重要物质基础，同时也是保障内循环稳步发展、在外循环中发挥重要作用的关键。对比国外能源发展对策，结合我国能源产业发展的现实情况，充分考虑西部地区特有的产业发展模式和环境约束，同时结合本研究，发现西部地区在经济增长与能源消费均衡发展、能源利用效率提高、产业结构调整、能源结构优化、用水效率提高、政策法规完善方面存在很大的潜力，因而可对西部地区能源产业提出如下对策建议：

9.3.1 区域层面：谨防"资源诅咒"，实现经济的可持续发展

我国人多地少，自然资源虽然门类齐全，但是人均占有量远低于世界平均水平，就国家层面而言，我国还不存在"资源诅咒"的问题，但这并不表示我国自然资源丰富的地区不存在类似"资源诅咒"的现象，如收入分配的不平等、人力资本投资不足、产业结构畸形等。特别是，近年来我国经济逐步进入了重化工业阶段，刺激了对能源和矿产等自然资源消耗的增加，原材料工业快速增长。在这一轮新的地区经济竞争格局中，资源富集地区将面临良好的发展机遇。但是如果资本和劳动力在利润的驱动下过度流入了资源型产业，导致原本畸形的产业结构产生更大程度的扭曲，一旦国际原材料价格下降或者我国经济走出了资源约束的重化工业阶段，那么这些资源丰富地区将陷入困境，可能发生"资源诅咒"。因此，我们应该慎提资源优势，突破能源限制实现制造业溢出效应，转变能源产业生产

模式，培育替代产业，有效规避"荷兰病"效应，是保持经济健康、稳定、可持续发展的前提条件。从促进地区协调发展和构建和谐社会的角度出发，对资源富集地区的经济发展提出以下建议：

第一，放缓资源富集地区的资源开发工程和项目，致力于调整和优化现有产业结构，大力发展新兴产业，把自然资源留在地下。

这是牛津饥荒救济委员会（Oxfam）发出的倡议。表面上看，这个建议有些极端，但对于我国资源富集地区而言，由于产业单一化，集中于自然资源的大规模开发和出口将使本地经济变得更加脆弱。资源开发项目的放缓可能使一个国家和地区有更多的机会和更大的能力调节伴随而来的收入流并发展相关产业，而稳定和持续的收入流比快速但巨大、短暂的收入流更易于管理，相应地，由"荷兰病"所带来的资源转移效应和挤出效应也会变得轻微。特别是鉴于目前开发和资源利用的水平相对落后，国家对需求方的节约资源的限制作用有限，因此国家从供给方角度，应当采取断然措施，控制资源产量的增长速度和供应节拍。同时加强资源丰富地区产业结构调整和优化。产业结构调整、优化和升级是我国资源富集、经济相对落后的地区实现跨越式发展的重要途径。这些地区的产业结构调整应立足于地区的比较优势，同时在重点地区和重点行业着力培育竞争优势。这些地区产业结构的设计要避免单纯以资源开采为导向，而要把资源开发同发展高增加值的制造业结合起来，每年从资源产业收益中拿出一定比例，大力发展先进的制造业和高新技术产业，同时鼓励产业多样化。这些都要求政府实施开放的出口导向性的贸易政策，有利于本国私人产业的成长和制造业竞争力的形成。

第二，改革现行资源税的使用方式，建立有效透明的监督机制，提高资源税的使用效率。

如何使用资源税和转移支付等直接和间接的政府收入，建立有效机制实现产业结构调整是资源丰富地区持续发展的关键。在我国一些资源丰富的落后地区，大量的资源税被用于政府的消费性支出，效率低下。为了有效利用有限的地方资源税和转移支付资金,必须建立透明的监督机制与社会公众参与机制,建立严格的专项拨款审批制度。政府公共财政的支出应主要投向支持经济持续增长的基础设施和公共服务领域,将教育、交通、水利、公共卫生、科学研究、环境保护等作为首选投入部门,将有限的资金投入到成本效益最高、受益面最广的社会发展领域。

第三,积极推行制度创新,建立能将资源收入适时"冻结"和稳定的机制,设立资源基金。

合理的宏观经济政策是驱除资源诅咒效应的一个重要手段,特别是财政政策。以资源输出为主的国家和地区,往往将巨额出口收入转化为大量增加的财政收入,政府被如此"大好形势"冲昏了头脑,匆忙上马一些耗资巨大、周期长的项目,这往往造成了国内总需求的膨胀。一旦遇到资源价格下跌,政府就迅速陷入财政危机,需求的紧缩造成国民经济的大起大落,极不利于国民经济的成长。因此,需要政府阻止将来自资源出口的收入转化为增加的总需求。可通过设立资源基金的形式来完成。资源基金既可用于保障财政补贴、价格补贴、贴息贷款、研发投入等,也可用于海外投资和稳定收入。具体的方法是从稳定政府预算收支的目的出发预设一个资源价格,如果国际市场上的价格超过此价格,则增加基金收入以防止资源收入转为预算支出;如果低于此价格,将基金的一部分归入政府预算中以稳定预算支出。

第四,改善制造业发展环境,减轻制造业发展压力。①合理分配市场资源,在制造强国、科技兴国的大背景下,政府应减少固定资产折旧,扩大优惠行业,加大优惠力度,全面减少企业的涉税风险,让企业充分享受国家的优惠政策,从而缓解资金不足带来的压力,提高企业自主创新能力,推动企业快速转型升级。②加强政策指导,根据对企业设立综合评价指标对企业的信用和发展潜力进行评价预测,鼓励银行、风险投资等金融机构对有发展前景的企业给予资金上的支持。在政府和企业的大力配合下,为制造业的发展营造一个舒适的生存环境。③减少企业成本。不断深入制造业"放管服"改革，降低土地使用成本，简化增值税结构，降低税收，真正减少制造业企业的成本。④坚持"引进来"与"走出去"的对外政策。使得国内外市场相结合，充分利用市场资源，实现与国内产业的完美对接。

第五，以制造业融合模式加快产业结构转型升级。近年来，随着西部地区对产业结构优化、产业转型升级要求的不断提高，产业间合作模式在市场上起到了深远的影响，改变了传统的相互竞争的状态，开启相互依存共同发展的模式。随着经济的高速稳定发展和工业化进程的不断推进，西部地区迎来加速发展的关键时刻，制造业之间要充分实现资源共享、信息互通，以区域联合方式延伸产业链，促进新兴制造业下游产业的发展，实现西部地区制造业的集聚效应。

第六，推动制造业发展与信息技术相结合。①大力发展智能制造技术。研发高端制造装备突破核心技术，推广智能技术和高端设备在制造业发展中的使用范围。②促进制造业与互联网相结合。在"互联网＋"的大背景下，利用网络优势，促进制造业与互联网信息产业相融合，鼓励国有企业和具有较大规模的私营企业搭建"双创"平台，培育经济发展新模式。③建设工业互联网。改变传统互联网，创建工业互联网。通过建设工业大数据，创建工业云等平台，促使工业企业能源高效率利用。④健全完善安全法律体系，着重提升工业信息安全水平，保障工业信息的安全。

总之，在能源产业发展过程中应充分考虑经济增长的影响，对能源开发利用进行合理有度的规划，既要避免盲目开发带来的产能过剩现象，又要保证能源供应充足推动经济发展。

9.3.2 民生层面：完善民用能源基建，精准实施能源扶贫工程

近年来，我国能源实现了较快发展，油气管道、输电线路等基础设施建设成效显著，较好地满足了经济社会发展的需要。但同时，我国电力、天然气调峰能力不足，农村电网和城市配电网薄弱，在基础设施建设等方

面还存在一定短板,惠民利民水平还需提升。特别是农村贫困地区,人均生活耗能及生活用电约为城市人均消费水平的1/3。部分农村地区仍然主要依靠薪柴、秸秆等传统能源,还有部分农户未通动力电,能源服务水平还有很大提升空间。所以我们要贯彻习近平总书记的重要讲话精神,坚持以人民为中心、坚持在发展中保障和改善民生,完善民用能源基建,精准实施能源扶贫工程,不折不扣地落实好党中央决策部署和习近平总书记的要求。在新发展阶段,我国要全面推进能源惠民工程建设,着力完善用能基础设施,精准实施能源扶贫工程,切实提高能源普遍服务水平,充分发挥行业特点和系统优势,以"产业扶贫、就业扶贫、教育扶贫"等模式实现全民共享能源福利,把保障和改善民生作为能源发展的根本出发点,保障城乡居民获得基本能源供应和服务,以民生建设改善人民生活品质,在全面建成小康社会和乡村振兴中发挥能源供应的基础保障作用。从完善民用能源基建角度出发,精准实施能源扶贫工程,主要包括以下几方面的政策建议:

第一,优先规划布局能源开发项目。在各能源专项规划中期评估、调整以及和省级能源规划的衔接中,把深度贫困地区能源建设摆上更重要的位置,科学合理确定深度贫困地区能源发展思路,明确未来三年的目标和任务,在条件允许的情况下,各类能源项目优先在深度贫困地区布局建设。同时,加快推进深度贫困地区专项能源规划批复工作,在规范能源资源勘探开发秩序的基础上,促进深度贫困地区能源资源的优先开发、转化、利用。

第二,加大贫困地区能源服务政策支持力度。推动建立偏远少数民族地区电力普遍服务财政补偿机制,出台优惠财政政策,解决人口较少、电量较小的偏远地区农村电网运行维护费用不足问题,支持电网企业做好电力普遍服务工作。积极采用"光伏+"鱼塘、大棚等农业设施的方式,促进贫困地区一二三产业融合发展。

第三,重点加强能源基础设施和公共服务能力建设,提升产业支撑能力,坚持能源发展和脱贫攻坚有机结合,推进能源扶贫工程。继续倾斜支持国家级扶贫开发重点县农网改造升级工程。进一步加大倾斜力度,依据"三区三州"相关能源规划,合理开发利用深度贫困地区能源资源,在深度贫困地区优先布局重大能源投资项目和安排资金,促进资源优势尽快转化为经济发展优势。优先推动建设能源项目。推动各能源专项规划中已确定的深度贫困地区能源开发项目尽快开工建设投产。重点推进在"三区三州"规划建设的重大水电项目,包括已开工的叶巴滩、白鹤滩、巴塘、硬梁包四座水电站,正在开展前期工作的拉哇、两家人、卡拉、牙根一级、孟底沟、金川、巴拉、林芝等八座水电站,总装机容量3/10万千瓦。加快推进甘肃通渭风电基地、四川凉山风电基地建设。督促相关省(区、市)将风电、光伏建设规模向"三区三州"等深度贫困地区倾斜。到2020年,四川、云南、西藏、青海风电装机累计并网容量分别达到500万千瓦、1200万千瓦、20万千瓦、200万千瓦。加快推进深度贫困地区煤炭矿区总体规划批复和项目核准工作,促进深度贫困地区煤炭行业结构调整和转型升级。加快青藏油气管道项目前期工作,推动建设南疆天然气管线乌什支线。加强深度贫困地区电网建设,加快建设藏中和昌都联网工程、拉萨至灵芝铁路供电工程,研究推进建设阿里与藏区主网互联工程,新疆电网进一步向南疆延伸,完善西部水电基地外送通道建设,确保西藏水电开发与消纳。

第四,因地制宜发展绿色产业带动群众增收致富,同时加强农村可再生能源多样化开发利用,积极推进农村分布式能源发展。在脱贫攻坚、乡村振兴与西部大开发等战略机遇叠加背景下,立足区域生态特色,聚焦生态农业、生态旅游等产业领域,积极发展绿色金融平台,帮助绿色生产企业拓宽融资渠道,降低融资难度,并鼓励相关的绿色金融个人消费。构建完善各类主体之间的利益联结机制,充分发挥绿色产业的益贫、增收效益。首先,发展生态集约高效的设施农业,通过延长产业链、提升价值链,打造"绿色品牌",帮助农民增收。其次,立足生态特色,依托当地风景名胜、民俗文化，积极发展康养休闲、旅游观光业，在帮助当地农牧民就地"转业"的同时，也为地区生态环保与修复提供有力支持。另外，以国家公园建设、江河治理等重点生态工程建设为契机，带动当地群众务工就业，拓宽农牧民增收渠道。最后，抓住产业转移示范区建设契机，在产业承接方面，优先考虑、重点支持水电、光伏、风电、沼气、生物质热电联产等项目建设，科学开展各项试点示范，积极支持开展风电、光伏、沼气、地热、生物质能等可再生能源的开发利用，带动当地相关产业协同发展，助力贫困地区增加收入、吸纳当地群众就近就业。

第五，依托自身的产业链配套优势，充分发挥以项目带产业"因地制宜"的牵引辐射作用。例如，光伏扶贫同时具有推动脱贫、创造光伏产业需求、增加光伏发电量以改善环境等优点，被列为国家"精准扶贫十大工程"之一。主要通过切实推进以下几种模式助力地区增收。光伏地面电站：利用贫困户屋顶或院落空地建设小型光伏发电系统，产权和收益均归贫困户所有；以村集体为建设主体，利用村集体的土地建设小型电站，产权归村集体所有，收益由村集体、贫困户按比例分配，确保贫困户的收益占比；利用荒山荒坡建设大型地面光伏电站，产权归投资企业所有，之后企业捐赠一部分股权，由当地政府将这部分股权收益分配给贫困户。"光伏+农业"：利用农业大棚等现代农业设施现有支架建设的光伏电站，产权归投资企业和贫困户共有。将贫困户的土地流转给光伏电站，由光伏农业公司负责经营，贫困户参与电站农田农事务工。贫困户可获得扶贫政策、土地租金和劳务工资三项收入，同时还增强了贫困劳动力现代农业的劳动技能，是一种"造血式"扶贫。"光伏+产业"：在深度贫困地区发展光伏农业的同时，引进农业龙头企业，发展农产品加工工业和仓储、物流业，形成一二三产业融合发展；或者发展光伏材料加工工业，形成光伏产业一体化。通过"光伏+产业"的模式，推进深度贫困地区脱贫致富。

9.3.3 市场层面：市场供需深化改革，重视市场规律，发挥市场自主调节的作用，促进公平竞争

市场在资源配置中起决定性作用，是社会主义市场经济必须遵循的一般规律，是市场的力量撬动和盘活了一直沉睡的要素资源，并不断释放出巨大的生产活力和蓬勃的社会动力，是市场的力量催动了各类经济主体的改革、生产要素的配置改革和政府改革，是市场的力量使得中国改革开放的大门越开越大，融入了经济全球化，不断吸收了人类文明有益成果，并为人类发展不断做出重要贡献。社会主义市场经济同时要求发挥好政府的作用，这是社会主义市场经济必须遵循的特殊规律。全面深化改革要求更好地认识社会主义市场经济中政府和市场的关系，在遵循一般规律的同时不能忽视特殊规律，并从观念上、理论上澄清对市场决定性作用、政府调控和资本运动规律存在的一些模糊认识，以依法治国的法治精神为原则，从中国的实际出发，赋予市场作用和资本运动新的内涵。所以要充分尊重市场的力量，充分发挥市场在能源资源配置中的决定性作用，更好发挥政府作用，深化重点领域和关键环节市场化改革，破除妨碍市场发展的体制机制障碍，着力解决市场体系不完善等问题，为维护国家能源安全、推进能源高质量发展提供制度保障，主要包括以下几个方面：

第一，推动能源体制革命，打通能源发展快车道。坚定不移推进能源领域市场化改革，还原能源商品属性，形成统一开放、竞争有序的能源市场。推进能源价格改革，形成主要由市场决定能源价格的机制。健全能源法治体系，创新能源科学管理模式，推进"放管服"改革，加强规划和政策引导，健全行业监管体系。

第二，坚持以改革促发展。充分发挥市场在资源配置中的决定性作用，更好发挥政府作用，深入推进能源行业竞争性环节市场化改革，发挥市场机制作用，建设高标准能源市场体系。加强能源发展战略和规划的导向作用，健全能源法治体系和全行业监管体系，进一步完善支持能源绿色

低碳转型的财税金融体制，释放能源发展活力，为能源高质量发展提供支撑。

第三，构建有效竞争的能源市场，大力培育多元市场主体，打破垄断、放宽准入、鼓励竞争，构建统一开放、竞争有序的能源市场体系，着力清除市场壁垒，提高能源资源配置效率和公平性。

培育多元能源市场主体。支持各类市场主体依法平等进入负面清单以外的能源领域，形成多元市场主体共同参与的格局。深化油气勘查开采体制改革，开放油气勘查开采市场，实行勘查区块竞争出让和更加严格的区块退出机制。支持符合条件的企业进口原油。改革油气管网运营机制，实现管输和销售业务分离。稳步推进售电侧改革，有序向社会资本开放配售电业务，深化电网企业主辅分离。积极培育配售电、储能、综合能源服务等新兴市场主体。深化国有能源企业改革，支持非公有制发展，积极稳妥开展能源领域混合所有制改革，激发企业活力动力。

建设统一开放、竞争有序的能源市场体系。根据不同能源品种特点，搭建煤炭、电力、石油和天然气交易平台，促进供需互动。推动建设现代化煤炭市场体系，发展动力煤、炼焦煤、原油期货交易和天然气现货交易。全面放开经营性电力用户发用电计划，建设中长期交易、现货交易等电能量交易和辅助服务交易相结合的电力市场。积极推进全国统一电力市场和全国碳排放权交易市场建设。

第四，完善主要由市场决定能源价格的机制。按照"管住中间、放开两头"的总体思路，稳步放开竞争性领域和竞争性环节价格，促进价格反映市场供求、引导资源配置；严格政府定价成本监审，推进科学合理定价。

有序放开竞争性环节价格。推动分步实现公益性以外的发售电价格由市场形成，电力用户或售电主体可与发电企业通过市场化方式确定交易价格。进一步深化燃煤发电上网电价机制改革，实行"基准价+上下浮动"的市场化价格机制。稳步推进以竞争性招标方式确定新建风电、光伏发电项目上网电价。推动按照"风险共担、利益共享"原则协商或通过市场化方式形成跨省跨区送电价格。完善成品油价格形成机制,推进天然气价格市场化改革。坚持保基本、促节约原则,全面推行居民阶梯电价、阶梯气价制度。

科学核定自然垄断环节价格。按照"准许成本+合理收益"原则,合理制定电网、天然气管网输配价格。开展两个监管周期输配电定价成本监审和电价核定。强化输配气价格监管,开展成本监审,构建天然气输配领域全环节价格监管体系。

第五,创新能源科学管理和优化服务。进一步转变政府职能,简政放权、放管结合、优化服务,着力打造服务型政府。发挥能源战略规划和宏观政策导向作用,集中力量办大事。强化能源市场监管,提升监管效能,促进各类市场主体公平竞争。坚持人民至上、生命至上理念,牢牢守住能源安全生产底线。

激发市场主体活力。深化能源"放管服"改革,减少中央政府层面能源项目核准,将部分能源项目审批核准权限下放地方,取消可由市场主体自主决策的能源项目审批。减少前置审批事项,降低市场准入门槛,加强和规范事中事后监管。提升"获得电力"服务水平,压减办电时间、环节和成本。推行"互联网+政务"服务,推进能源政务服务事项"一窗受理""应进必进",提升"一站式"服务水平。

引导资源配置方向。制定实施《能源生产和消费革命战略(2016—2030年)》以及能源发展规划和系列专项规划、行动计划,明确能源发展的总体目标和重点任务,引导社会主体的投资方向。完善能源领域财政、税收、产业和投融资政策,全面实施原油、天然气、煤炭资源税从价计征,提高成品油消费税,引导市场主体合理开发利用能源资源。构建绿色金融正向激励体系,推广新能源汽车,发展清洁能源。支持大宗能源商品贸易人民币计价结算。

筑牢安全生产底线。健全煤矿安全生产责任体系,提高煤矿安全监管监察执法效能,建设煤矿安全生产标准化管理体系,增强防灾治灾能力,煤矿安全生产形势总体好转。落实电力安全企业主体责任、行业监管责任和属地管理责任,加强电力系统网络安全及电力建设工程施工安全监管和质量监督,电力系统安全风险总体可控,未发生大面积停电事故。加强油气全产业链安全监管,油气安全生产形势保持稳定。持续强化核安全监管体系建设,提高核安全监管能力,核电厂和研究堆总体安全状况良好,在建工程建造质量整体受控。

9.3.4 法治层面:完善相关市场竞争准则,健全法律保障制度和体系,落实相关政策,为能源发展保驾护航

我国能源行业改革的关键就是依法治理,健全法律保障体系。只有将依法治理切实推进下去,才能使我国能源行业走上可持续、稳健发展之路,以便适应未来的国际国内环境。在新时期,要以习近平新时代中国特色社会主义思想为指导,深入贯彻落实习近平总书记关于全面依法治国的新理念、新思想、新战略,紧紧围绕统筹推进"五位一体"总体布局和协调推进"四个全面"战略布局,坚持新发展理念,全面加强法治建设,加快能源立法步伐,不断提升依法行政能力和水平,促进能源立法与发展改革相协调,努力实现能源治理体系和治理能力现代化,为推进能源生产和消费革命,构建清洁低碳、安全高效的能源体系提供法治保障,实现能源、经济和环境三者的可持续发展。从法治层面出发,完善相关市场竞争准则,健全法律保障制度和体系,落实相关政策,主要包括以下几个方面:

第一,强化制度约束,坚守发展生态底线。西部地区生态问题关乎国家生态安全,因此必须从源头预防、过程管控、责任追究方面将其纳入生态环保制度体系框架并予以严格保护。加快划定并严守生态保护红线、环境质量底线、资源利用上线三条线。源头预防强调防患于未然。要通过生态保护红线、永久基本农田划定、国土空间规划等方式,将禁止开发、限

制开发领域同开发领域明确区分。过程管控要求生态修复与制止生态破坏并重，通过采取生态移民、退耕还草等措施实施生态修复。通过政府监管、舆论监督等措施，对破坏地区生态环境的行为予以及时制止与处置。

第二，促进市场公平竞争。理顺能源监管职责关系，逐步实现电力监管向综合能源监管转型。严格电力交易、调度、供电服务和市场秩序监管，强化电网公平接入、电网投资行为、成本及投资运行效率监管。加强油气管网设施公平开放监管，推进油气管网设施企业信息公开，提高油气管网设施利用率。全面推行"双随机、一公开"监管制度，提高监管公平公正性。加强能源行业信用体系建设，依法依规建立严重失信主体名单制度，实施失信惩戒，提升信用监管效能。包容审慎监管新兴业态，促进新动能发展壮大。畅通能源监管热线，发挥社会监督作用。

第三，实行能耗双控制度。实行能源消费总量和强度双控制度，按省、自治区、直辖市行政区域设定能源消费总量和强度控制目标，对各级地方政府进行监督考核。把节能指标纳入生态文明、绿色发展等绩效评价指标体系，引导转变发展理念。对重点用能单位分解能耗双控目标，开展目标责任评价考核，推动重点用能单位加强节能管理。

第四，健全节能法律法规和标准体系，修订实施《中华人民共和国节约能源法》，建立完善工业、建筑、交通等重点领域和公共机构节能制度，健全节能监察、能源效率标识、固定资产投资项目节能审查、重点用能单位节能管理等配套法律制度。强化标准引领约束作用，健全节能标准体系，实施百项能效标准推进工程，发布实施340多项国家节能标准，其中近200项强制性标准，实现主要高耗能行业和终端用能产品全覆盖。加强节能执法监督，强化事中事后监管，严格执法问责，确保节能法律法规和强制性标准有效落实。

第五，强化事中事后监管。国家能源局要强化对取消下放审批事项的事中事后监管，充分发挥规划、计划、政策、规则、标准在监管中的作用，监督指导地方能源管理部门做好下放审批事项的规范管理工作。地方能源管理部门要按照国家能源局的要求和规定的标准,编制承接审批事项的管理流程和审查标准,依法依规做好审批工作。国家能源局会同派出能源监管机构定期或不定期组织开展"双随机、一公开"监管,并发布监管报告,对发现的违规行为予以通报并严肃问责。

第六,推动科技创新体系建设,营造能源产业创新氛围。改革创新体制是西部能源产业实现科技创新的制度要求。能源产业实现科技创新的前提就是优化区域改革制度,营造良好的创新氛围,呼吁社会各界积极投身于科技创新的浪潮中,引导科技创新的成果投入实际生产中。科技创新体系的建设是西部地区提高科技创新能力中关键的一步。西部地区普遍存在科技创新动力不足、资金不足的现状,而且主导研发能力差,研发成果转化缓慢,这极大地制约了区域创新能力的提高,若要实现科技创新的快速发展,政府需要考虑以下方面:政策支持方面,通过创立研究开发经费管理办法,规范研究资金使用办法等创新机制方面的法律法规,为研发活动提供政策保障;财政投入方面,保证研发机构有足够的财政支持,保证研发可以持续稳定地进行,政府通过创建科技创新专项基金,对创新者给予奖励等方式鼓励研发活动的进行。

第七,实行负面清单与鼓励类产业目录相结合的产业政策,提高政策精准性和精细度。在执行全国统一的市场准入负面清单基础上,对西部地区鼓励类产业目录进行动态调整,与分类考核政策相适应。适时修订中西部地区外商投资优势产业目录并进行动态调整。继续完善产业转移引导政策,适时更新产业转移指导目录。加大中央财政对西部地区自然资源调查评价的支持力度,自然资源调查计划优先安排西部地区项目。凡有条件在西部地区就地加工转化的能源、资源开发利用项目,支持在当地优先布局建设并优先审批核准。鼓励新设在西部地区的中央企业及其分支机构在当地注册。适当降低社会保险费率,确保总体上不增加企业负担。

9.3.5 技术创新层面：坚持创新驱动发展，提升能源利用效率，改善产业结构，防止产能过剩

我国能源领域碳达峰和碳中和的要求，对西部能源产业结构布局提出了新课题。科技创新是西部能源产业实现高效生产的必经途径。西部地区能源产业存在能源利用不充分、生产技术水平低下、发展水平不均衡等问题，若想实现能源产业在短时间内快速转型，优化产业结构，就必须要通过科技创新提高生产效率，促进能源产业转型升级，增加产业的竞争优势，聚焦关键能源技术寻求突破，实现技术创新引领，才能牵住产业发展的"牛鼻子"，抢占发展制高点。实现西部地区"两大一高"发展格局，在国家政策的引导与支持下，各类企业和经营主体要通过产业结构转型升级、技术创新为西部地区生态集约发展注入活力。所以从技术创新层面出发，主要包括以下几个方面：

第一，强化技术外溢效应、创新能源产品，摆脱以往传统能源模式，有利于实现西部地区能源产业快速转型。①西部地区能源产业在提升自己科技创新能力的同时，也要接收周边地区的联动效应和技术溢出效应，提升创新能力，加快能源产业转型升级，推进现代化经济发展进程。②加强周边地区技术交流，不断引进先进技术的同时积极进行自主研发，短时间内形成竞争优势，重点发展能源服务产业。③向高技术方向转型，减少初级产品、基础产品比重，开发能源新产品，改变西部地区能源产业低级化的现状。

第二，区域间技术创新转移。技术转移和创新是一个区域创新的整个过程。首先，西部地区能源产业过程主要包括能源开采、产品提炼、产品优化、废物再利用，在整个过程中对技术要求较高。若想实现技术的创新，单凭借某个地区是做不到的，必须通过跨区域合作、产业链延伸、产品融合等过程中的技术交叉来实现。其次，西部地区要加快围绕重点能源产业进行科技成果准确对接，明确利益分享机制和合作共赢带来的科技成

果。最后,建设西部地区典型的示范点。先让少部分优势地区建立示范产业,接受国家级科技成果转移,对能源发展模式和创新方式先进行尝试,积累经验,推广可在本地区使用的经验,再结合本区域的实际发展情况探索新的发展模式。

优化能源产业结构是西部地区实现可持续发展的重要条件。产业结构单一和初级化导致能源丰富的西部地区经济发展比较迟缓。若想改变这种以能源开发占主导方式的经济发展模式,最快速的转变方式就是让单一的产业结构向多元化转变,分散经济增长方式,从而促进西部地区的经济增长。

第一,以多元化产业结构带动能源产业转型。西部城市长期受困于产业结构单一、生产效率低下的局面,主要以内需型产业结构为主,西部地区二氧化碳排放主要来源是第二产业,其中以重工业为主,高能耗高排放的企业偏多。所以,要实现西部能源产业有效转型就要转变产业结构,加快推进产业结构调整,适当减少重工业比重,适时发展低能耗高附加值的第三产业,实现产业升级。大力引进新兴产业、大型装备制造业等高端产业,形成以外需为主导的产业模式,延伸产业链,形成服务业与高技术产业为主的产业结构,进而带动西部能源产业有效转型,促进西部可持续发展。

第二,稳定能源产业政策,培育能源替代产业。在能源产业发展过程中:首先,稳定能源产业政策,保证西部能源产业长期稳定和可持续发展。能源产业作为西部地区主要的经济支柱产业,持续性和现实性是实现西部地区经济可持续发展必不可少的条件。其次,要结合西部地区自身的实际发展情况制定相应的政策,切忌跨度过大。

第三,实现西部产业多元化,要有针对性地培养能源替代产业,充分考虑西部地区有区域性竞争优势的产业,进行针对性培养。另外,产业结构设计应避免以能源开发为导向,而应促进其与提高能源开发利用效率和探索能源开发技术相关的制造业深度融合;重点发展西部地区的制造业与创新型产业，加大对制造业的投资，鼓励发展新兴产业，改变西部地区一直以来以能源开发促进经济增长的局面。

9.3.6 生态层面：转变能源消费方式，保障能源生态可持续；创建生态环境友好型地区，推动绿色发展

生态保护与经济社会的可持续发展相辅相成，良好生态本身蕴含着无穷的经济价值，能够源源不断地创造综合效益，实现经济社会可持续发展，所以必须改变传统的能源消费模式，形成"能源—经济—生态"协调发展的可持续消费模式。新时代推动西部大开发战略的深入实施，既要严格落实党和国家的政策方针，又要抓住东西开放协同并进的契机，还要立足当地实际，善于挖掘本土资源优势。特殊的气候与地形地貌，赋予了西部地区鲜明的生态特色。西部地区应在广泛借鉴和吸收成功经验、先进技术的同时，充分发挥比较优势，将生态特色转换为发展特色，通过绿色发展，实现群众增收、地区发展、生态安全多方面的利益统一。着力转变能源生产消费模式，推动能源发展质量变革、效率变革、动力变革，实现资源优势向产业优势转化，产业优势向创新优势转化。因此，从生态角度出发，主要有以下几点建议：改变能源消费结构，提高节能意识。摆脱对传统能源的依赖，大力发展清洁能源，有效改善能源结构，在保障能源可持续的同时实现生态环境可持续。

第一，改变以传统能源为主的能源消费结构，有效提高新兴能源的替代性。在改进传统能源方面：首先，对能源密集型企业的技术设备进行改造、更新，加快能源科技创新，比如更新或淘汰老旧煤矿设备，引进新型能源发电机、石油、天然气脱碳脱硫设备。其次，将能源小型企业进行合并重组，全面淘汰燃煤小锅炉，进行集中供热，减少煤炭浪费，提高煤炭利用率；在天然气利用方面，加强天然气建设力度，全面覆盖偏远地区，提高天然气消费比重，宣传天然气消费观念。最后，对企业能源回收再利用，通过将能源密集型企业生产之后残留的废渣、废液等进行二次回炉，

或转入其他流程等手段，形成循环利用，既节省了企业材料采购成本，也提高了能源使用效率。

在新能源发展方面，要提高新能源利用技术，大力发展太阳能、潮汐能、地热能等可再生能源；拓宽新能源领域，将新能源的使用范围从基本的供热发电扩展到交通、建筑、工业等各个领域，充分发挥新能源的动力供给能力；增强新能源核心竞争力，如依据地区优势，加强风力发电建设，鼓励以风力供给替代传统能源消耗，通过技术创新充分发挥风力优势，形成地区能源产业优势，进而带动产业多元发展。

第二，加大宣传力度，树立节能理念。一方面，利用电视、广告、网络等平台进行节能减排宣传，扩大宣传范围，加大宣传力度，从能源消费模式、能源种类等方面，统筹城乡供电供暖，逐渐减少对传统能源的依赖，提高节能意识，树立节能理念；另一方面，树立节约资源保护环境的意识，能源产业的转型升级，不仅需要企业树立低碳绿色生产理念，还要引导消费者节约资源和保护环境，在政府能源政策的扶持下，鼓励新型能源的发展，逐步培育绿色能源产业，减少传统能源带来的环境污染。还要重视民众对能源建设的参与，充分调动人民的积极性，对能源生产和消费进行监督，主动加入治理环境组织，为保护环境和能源绿色发展建言献策。

发展绿色能源产业，保障生态环境可持续。西部地区实现"能源—经济—生态"的可持续发展，关键在于实现能源绿色转型，构建绿色经济产业体系，尽管西部地区新型能源占比在不断增加，风能、太阳能的应用领域在不断扩大，但大部分地区的主导产业仍然以传统能源为主要动力来源，高能耗、高污染的现象依然存在。所以，加快对传统能源产业的改造和更新，引进新型设备和高效的生产技术，是西部地区实现绿色产业体系的重要途径。建立高级化、专业化、规模化的能源产业园区，提高能源利用率，延伸产业链，实现能源产业的集聚效应和溢出效应，减少能源生产过程中的副产品，最小化环境污染，保障生态可持续。

第一，成立能源产业专门管理组织，保证绿色转型顺利进行。西部地区主要由政府协调，共同成立能源转型升级管理组织，主要针对能源生产、消费、政策等过程中的目标制定以及执行监督，建立企业负责制度，完善绿色产业进入标准，对不合格的能源企业要及时整改和取缔，保证能源产业的顺利转型。

第二，科学制订绿色产业计划，增加绿色产业投入资金。政府以及相关部门要根据不同地区的产业优势以及地理优势，制订不同的产业发展计划，保证绿色产业发展顺利。另外，能源产业的绿色转型，需要大量资金的支持，企业在转型过程中，要充分利用各种投融资平台，扩大融资渠道，政府也要建立能源产业贷款基金，完善借贷制度，放松信贷条件，增加绿色能源的资金投入。

第三，培育新兴环保产业和发展绿色产业。利用区域政策优势，企业应大力发展新型材料业、节能环保业、生物化学等各类绿色产业，减少对传统能源的依赖，重视科技创新，以技术发展带动产业顺利转型；政府要鼓励并支持环保企业、绿色企业的发展，培育新的经济支柱产业，实现经济可持续发展。

第四，优化绿色产业布局，实现集聚效应。绿色产业的发展要改变以往分散的传统能源布局，通过企业联合、技术融合以及资源整合等方式，形成高端化、专业化的集群发展模式，充分利用基础设施以及公共资源，减少基本设施的重复建设费用，最大限度地实现交通、信息、服务的交叉使用，实现能源绿色产业的集聚效应。

第五，落实市场导向的绿色技术创新体系建设任务，推动西部地区绿色产业加快发展。实施国家节水行动以及能源消耗总量和强度双控制度，全面推动重点领域节能减排。大力发展循环经济，推进资源循环利用基地建设和园区循环化改造，鼓励探索低碳转型路径。全面推进河长制、湖长制，推进绿色小水电改造。加快西南地区城镇污水管网建设和改造，加强入河排污口管理，强化西北地区城中村、老旧城区和城乡接合部污水截流、收集、纳管工作。加强跨境生态环境保护合作。

第六，以生态保护维护国家生态安全。作为我国重要生态屏障，西部地区的生态状况直接关系到国家生态安全与人民群众健康。新时代西部大开发新格局突出强调"大保护"，一方面旨在突出西部地区生态环保工作的重要性，另一方面强调这种保护需要全社会共同努力。因此，有必要结合国家主体功能区建设规划，持续推进西部地区重点区域综合治理，守住绿水青山，筑牢生态屏障。此外，应为普通公民参与西部地区生态保护创造有利条件和平台，促进电商平台与环保公益组织的有效衔接，实现线上消费与线下环保的良性互动，以此提升群众参与环保事业的效能感。最终通过各方努力，力争形成政府主导、社会协作、群众参与而又各有侧重、同心向好的爱绿护绿局面，将各方利益统一于西部地区的生态环境保护与修复之中。

9.3.7 能源结构层面：优化能源结构，做优存量，做大增量，推动西部能源由"黑"转"绿"，发展新能源、清洁能源

党的十八大以来，我国走上了一条低碳发展、绿色发展之路，形成了一个能源绿色低碳、产业转型发展的基本框架。能源结构转型是我国实现"碳达峰、碳中和"的关键，在新发展阶段能源发展要开创新格局，要把建设的重点和注意力转向替代煤炭和煤电供应的大型清洁能源基地，不断增加清洁能源的供应能力，以保障经济社会发展和国家能源安全。西部地区能源消耗以煤炭为主，陆续有少量的油气资源投入使用，减少了二氧化碳排放，但是影响十分有限。西部地区应根据自身条件寻求更加清洁的天然气等资源适当代替高排放的煤炭，同时还要注重开发燃煤的清洁利用技术，合理推广可再生能源的开发利用；针对能源结构不优的问题，应该从做优存量、做大增量两个方面持续发力，推动西部能源由"黑"转"绿"，推进多元化、低碳化、清洁化是实现能源高质量发展的趋势。所以从能源结构层面出发，主要包括以下几方面建议：

第一，节能提效。节能很重要，能源系统首先应追求能效。在以化石能源为主的能源结构下，节能提效也是减排的主力。2020年中国的能源强度（单位GDP消耗的能源）是世界平均水平的1.3倍，比2010年的2倍有所进步，但仍然是OECD国家能源强度的2.7倍。如果能够达到世界平均水平的能源强度，就意味同样单位的GDP消耗的能源可以减少30%，全年可以节约大约10亿吨标准煤。所以，节能提效是中国能源战略之首，是绿色低碳的第一要务，是国家能源供需安全和环境安全的要素。可以推行相关政策，实行促进节能的企业所得税、增值税优惠政策。鼓励进口先进节能技术、设备，控制出口耗能高、污染重的产品。健全绿色金融体系，利用能效信贷、绿色债券等支持节能项目。创新并完善促进绿色发展的价格机制，实施差别电价、峰谷分时电价、阶梯电价、阶梯气价等，完善环保电价政策，调动市场主体和居民节能的积极性。大力推行合同能源管理，鼓励节能技术和经营模式创新，发展综合能源服务。加强电力需求侧管理，推行电力需求侧响应的市场化机制，引导节约、有序、合理用电。建立能效"领跑者"制度，推动终端用能产品、高耗能行业、公共机构提升能效水平。

第二，促进能源结构多元化发展。"双碳"目标要基于社会发展进步，基于国际经验，基于国情。考虑到我国所处的发展阶段以及共同但有区别的原则，我们处在工业化尚未完成、化石能源占比较高的阶段，不可能一下子就把化石能源减下来，煤炭、石油、天然气的发展还不能戛然而止。因此需要时间让化石能源不再增长，化石能源的缺口通过非化石能源增长来弥补，合理减排的步骤是先降低碳减排强度，而不是绝对量。在实现化石能源碳达峰之前，化石能源仍占主导地位，将与清洁能源多能互补，化石能源的清洁利用是主要方向；碳中和的目的是削减二氧化碳，因此要大力发展光能、电能等可再生能源，但是如果仅仅把光能、风能作为电能、热能使用，则对减少二氧化碳排放的效果有限，要将绿氢与二氧化碳结合起来。通过风能、光能等可再生能源发电，再通过电解水得到被称为绿氢的氢气，是未来氢能的主要获取方式。目前，氢能本身在存储、运输环节的瓶颈尚未解决，而将绿氢与二氧化碳结合制成液态甲醇，不仅可以解决储运问题，还可中和二氧化碳。这种方式得到的液态甲醇在使用后分解得到的二氧化碳和水成为下一轮循环的载体，是天然的太阳能运输者。

第三，优化能源供需结构。优化煤炭生产与消费结构，推动煤炭清洁生产与智能高效开采，积极推进煤炭分级分质梯级利用，稳步开展煤制油、煤制气、煤制烯烃等升级示范。建设一批石油天然气生产基地。加快煤层气等勘探开发利用。加强可再生能源开发利用，开展黄河梯级电站大型储能项目研究，培育一批清洁能源基地。加快风电、光伏发电就地消纳。继续加大西电东送等跨省份重点输电通道建设，提升清洁电力输送能力。加强电网调峰能力建设，有效解决弃风、弃光、弃水问题。积极推进配电网改造行动和农网改造升级，提高偏远地区供电能力。加快北煤南运通道和大型煤炭储备基地建设，继续加强油气支线、终端管网建设。构建多层次天然气储备体系，在符合条件的地区加快建立地下储气库。支持符合环保、能效等标准要求的高载能行业向西部清洁能源优势地区集中。

第四，从优存量、做大增量两个方面持续发力，推动西部能源由"黑"转"绿"存量方面，要加速淘汰落后产能，释放优质产能；统筹生态环境保护与能源开发利用，加强生态修复与环境治理；加快煤矿技术和装备升级，提升煤炭绿色开采水平。增量方面，要因地制宜推进地热、生物质能开发利用；坚持风光火储一体化打捆外送，推动陕北向中东部省份电力外送通道建设，最大限度输送可再生能源"绿电"，实现新能源装机倍增。

第五，优先发展非化石能源。开发利用非化石能源是推进能源绿色低碳转型的主要途径。中国把非化石能源放在能源发展的优先位置，大力推进低碳能源替代高碳能源、可再生能源替代化石能源。首先，推动太阳能多元化利用。全面推进太阳能多方式、多元化利用。实施光伏发电"领跑者"计划，采用市场竞争方式配置项目，加快推动光伏发电技术进步和成本降低，推动"光伏+农业"、养殖、治沙等综合发展，形成多元化光伏发电发展模式。其次，全面协调推进风电开发。在做好风电开发、电力送出和市场消纳衔接的前提下，有序推进风电开发利用和大型风电基地建设。另外，推进水电绿色发展。坚持生态优先、绿色发展，科学有序推进水电开发，做到开发与保护并重、建设与管理并重，努力做到"开发一方资源、发展一方经济、改善一方环境、造福一方百姓"。最后，全面提升可再生能源利用率。实行可再生能源电力消纳保障机制，对各省、自治区、直辖市行政区域按年度确定电力消费中可再生能源应达到的最低比重指标，要求电力销售企业和电力用户共同履行可再生能源电力消纳责任。发挥电网优化资源配置平台作用，促进源网荷储互动协调，完善可再生能源电力消纳考核和监管机制。

第六，推动终端用能清洁化。以京津冀及周边地区、长三角、珠三角、汾渭平原等地区为重点，实施煤炭消费减量替代和散煤综合治理，推广清洁高效燃煤锅炉，推行天然气、电力和可再生能源等替代低效和高污染煤炭的使用。制定财政、价格等支持政策，积极推进北方地区冬季清洁取暖，促进大气环境质量改善。推进终端用能领域以电代煤、以电代油，推广新能源汽车、热泵、电窑炉等新型用能方式。加强天然气基础设施建设互联互通，在城镇燃气、工业燃料、燃气发电、交通运输等领域推进天然气高效利用。大力推进天然气热电冷联供的供能方式，推进分布式可再生能源发展，推行终端用能领域多能协同和能源综合梯级利用。

参考文献

[1]姜星莉. 经济全球化背景下中国能源安全问题研究[D]. 武汉:武汉大学,2010.

[2]陈刚强. 我国能源消费趋势统计分析[D]. 长沙:湖南大学,2006.

[3]BP. BP Statistical Review of World Energy 2021[M]. London,Energy institute:2021.

[4]陆胜利. 世界能源问题与中国能源安全研究[M]. 北京:中共中央党校出版社,2011.

[5]张伯里. 世界经济学[M]. 北京:中共中央党校出版社,2004.

[6]丹尼尔·耶金. 石油、金钱、权力[M]. 北京:新华出版社,1992.

[7]王军. 全球化背景下的中国能源战略[J]. 理论参考,2012(4):12-14.

[8]张所续,马伯永. 世界能源发展趋势与中国能源未来发展方向[J]. 中国国土资源经济,2019,32(10):22-29,35.

[9]徐宏伟,徐超,杨兆波. 新形势下对能源安全的分析与思考[EB/OL]. (2020-08-07)[2024-12-20]. https://theory.gmw.cn/2020-08/07/content_34068551.htm.

[10]胡明明. 西部地区能源产业发展研究[D]. 武汉:华中科技大学,2016.

[11] 中华人民共和国国务院新闻办公室. 发展改革委就《西部大开发"十二五"规划》答问[R/OL]. (2012-02-22)[2024-12-20]. http://www.scio.gov.cn/xwfb/gwyxwbgsxwfbh/wqfbh_2284/2012n_11450/2012n06y01r/xgxwfbh_11763/202207/t20220715_173073.html.

[12] 王宇. 西部大开发:蓄势待发求突破,一朝腾飞铸辉煌[J]. 财富时代,2021(7):1.

[13] 张所续. 中国与"一带一路"沿线国家能源合作研究[J]. 国土资源情报,2021(2):22-29.

[14] 谢飞. 中国与"一带一路"沿线国家能源投资与合作[J]. 北方经济,2021(5):25-28.

[15] 余晓钟,杜倩,白龙,等. 论"一带一路"沿线国家能源合作的可持续发展[J]. 西南石油大学学报(社会科学版),2021,23(3):8.

[16] 中华人民共和国国务院新闻办公室.《新时代的中国能源发展》白皮书[R/OL]. (2020-12-21)[2024-12-20]. http://www.scio.gov.cn/zfbps/ndhf/2020n/202207/t20220704_130663.html.

[17] 赵文琦,胡健. 能源产业集聚对经济增长的影响研究——基于"一带一路"沿线西部9省区的实证分析[J]. 西安财经大学学报,2020(5):71-81.

[18] 塞令香,任晓东,王善善,等. 中国西部地区能源效率与产业结构耦合协调关系研究[J]. 生态经济,2019,35(10):52-57.

[19] 王吉春,宋婧. 新中国成立70年来我国能源产业规范的发展历程评述及问题应对[J]. 企业经济,2019(8):12-19.

[20] 韦结余. 中国西部地区能源开发与经济增长关系的实证研究——基于资源诅咒假说[J]. 重庆理工大学学报(社会科学版),2018,32(9):47-52.

[21] 樊正德,赵锋. 我国西部能源"金三角"区域构建合作机制的模型分析[J]. 经济研究参考,2018(41):74-80.

[22]王思博,陈彦博.能源产业投资依赖性与西部地区经济增长关系研究——基于空间面板杜宾模型的实证分析[J].生态经济,2018,34(3):72-75.

[23]魏敏,李书昊.新时代中国经济高质量发展水平的测度研究[J].数量经济技术经济研究,2018,35(11):3-20.

[24]习近平.决胜全面建成小康社会 夺取新时代中国特色社会主义伟大胜利——在中国共产党第十九次全国代表大会上的报告[M].北京:人民出版社,2017.

[25]何强,李荣鑫.我国能源高质量发展的目标和实施路径研究[J].未来与发展,2019,43(11):6-9.

[26]竭长光,陶勇宇.新时代中国共产党扎实推进共同富裕的成就、举措与经验——深入学习党的二十大报告精神[J].通化师范学院学报,2023,44(7):1-10.

[27]郝志强.党的二十大报告蕴含的战略思维探赜[J].中共郑州市委党校学报,2023(3):12-17.

[28]中共中央文献研究室.十八大以来重要文献选编(中)[M].北京:中央文献出版社,2016.

[29]齐卫平.贯彻新发展理念:新时代我国发展壮大的必由之路[J].中共宁波市委党校学报,2023,45(3):5-14.

[30]杜颖.新发展理念及其意义研究[D].哈尔滨:哈尔滨师范大学,2020.

[31]哈力旦木.浅析新形势下西部地区能源产业对地方经济效益的影响[J].科技创业月刊,2016,29(8):24-25,28.

[32]周跃辉.用"新发展理念"统领西部大开发[J].党课参考,2020(12):26-43.

[33]亢晨.新发展理念下中国西部地区产业转型问题研究[D].北京:首都经济贸易大学,2019.

[34]中共十八届五中全会在京举行[N].光明日报,2015-10-30(1).

[35]王晓慧.中国经济高质量发展研究[D].长春:吉林大学,2019.

[36]邸乘光.论习近平新时代中国特色社会主义经济思想[J].新疆师范大学学报(哲学社会科学版),2019,40(1):7-25,2.

[37]习近平.习近平谈治国理政[M].北京:外文出版社,2014.

[38]习近平在参加内蒙古代表团审议时强调 保持加强生态文明建设的战略定力 守护好祖国北疆这道亮丽风景线[N].人民日报,2019-03-06(1).

[39]习近平.习近平总书记系列重要讲话读本[M].北京:学习出版社,2016.

[40]任璋勇,任保平.中国西部发展报告(2017)[M].北京:社会科学文献出版社,2017.

[41]邓志茹.我国能源供求预测研究[D].哈尔滨:哈尔滨工程大学,2011.

[42]欧阳小远.西部地区能源结构优化发展研究[D].成都:四川省社会科学院,2011.

[43]王安.西部能源如何开发利用[J].求是,2013(3):41-43.

[44]吴达.我国煤炭产业供给侧改革与发展路径研究[D].北京:中国地质大学,2016.

[45]刘妮娜.西部地区能源经济发展存在的问题及对策研究[D].武汉:中南民族大学,2011.

[46]习近平.积极推动中国能源生产和消费革命 加快实施能源领域重点任务重大举措[N].人民日报,2014-06-14(1).

[47]薛静静,史军,沈镭,等.中国区域能源供给安全问题研究[J].中国软科学,2015(1):96-107.

[48]张瑶.西部地区油气产业集聚对区域经济增长的影响研究[D].成都:成都理工大学,2019.

[49]李辉,徐美宵,张泉. 改革开放40年中国能源政策回顾:从结构到逻辑[J]. 中国人口·资源与环境,2019,29(10):167-176.

[50]李悦,崔玉杰. 中国能源消费总量的预测及影响因素分析[J]. 低碳经济,2020,9(1):1-9.

[51]国家统计局. 中国能源统计年鉴(2019)[M]. 北京:中国统计出版社,2020.

[52]薛钦源,聂新伟,巩凯. 中国一次能源结构演变、问题及对策研究——基于供给多样性视角[J]. 资源开发与市场,2021,37(5).

[53]陈权宝,戴西超,张庆春. 我国初级能源消费的特征[J]. 统计与决策,2005(14):76-78.

[54]国家统计局. 中国统计年鉴(2000—2020)[M]. 北京:中国统计出版社,2000-2020.

[55]吴映梅,张雷,谢辉. 西部能源生产系统结构演进效率分析[J]. 地理科学进展,2006(1):56-62.

[56]高澈,牛东晓,马明,等. 大规模新能源区域互联消纳能力分析及综合评价方法研究[J]. 中国电力,2017,50(7):56-63.

[57]曹荣光,胡峰,黄河. 中国西部地区能源产业发展研究[M]. 北京:中国经济出版社,2016.

[58]Ning Zhang, Yongrok Choi. Total-factor carbon emission performance of fossil fuel power plantsin China:A metafrontier non-radial Malmquist index analysis[J]. Energy Economics,2013(40):549-559.

[59]林伯强,刘泓汛. 对外贸易是否有利于提高能源环境效率——以中国工业行业为例[J]. 经济研究,2015,50(9):127-141.

[60]杨先明,田永晓,马娜. 环境约束下中国地区能源全要素效率及其影响因素[J]. 中国人口·资源与环境,2016,26(12):147-156.

[61]王永刚. 中国城市群经济规模效应研究[D]. 沈阳:辽宁大学,2008.

［62］王宁．我国西部地区的资源开发与经济增长关系研究［D］．成都：成都理工大学，2017．

［63］邵帅．能源开发对我国能源型地区经济增长的影响机制研究［D］．哈尔滨：哈尔滨工业大学，2009．

［64］滕玥．《新时代的中国能源发展》白皮书发布引领中国能源迈入高质量发展阶段［J］．环境经济，2021(2)：20－23．

［65］王迪．能源开发对西部地区经济增长的影响机制研究［D］．呼和浩特：内蒙古科技大学，2019．

［66］罗若愚，张龙鹏．西部地区产业结构变动中的经济增长研究［J］．财经问题研究，2013(9)：30－36．

［67］李彬，何悦．经济新常态下西部地区经济发展的新动力探索［J］．经济纵横，2015(9)：63－66．

［68］严红．内生增长——西部民族地区打破"资源诅咒"的路径选择［J］．生态经济，2017，33(9)：54－58．

［69］陈凯麟，蒋伏心．共建"一带一路"使西部经济更开放吗？——基于OR值t检验方法［J］．云南财经大学学报，2018，34(4)：46－55．

［70］邓彦斐，徐雷．西部民族地区可再生能源开发的区域特征及可持续发展研究［J］．资源开发与市场，2018，34(1)：17－22．

［71］何雄浪，刘芝芝．资源诅咒、后发优势与民族地区经济跨越式发展探讨［J］．民族学刊，2018，9(4)：21－26，98－100．

［72］覃福贵．能源依赖与西部经济转型的路径选择［J］．现代经济信息，2015(18)：451－452．

［73］袁航，朱承亮．西部大开发推动产业结构转型升级了吗？——基于PSM－DID方法的检验［J］．中国软科学，2018(6)：67－81．

［74］Kambo N. S. , Handa B. R. , Bose R. K. . A linear goal programming model for urban energy－economy－environment interaction［J］．Elsevier，1991，16(1－2)．

[75] Dale W. Jorgenson, Peter J. Wilcoxen. Environmental Regulation and U. S. Economic Growth[J]. The RAND Journal of Economics,1990,21(2).

[76] A. Lazzaretto, A. Toffolo. Energy, economy and environment as objectives in multi-criterion optimization of thermal systems design[J]. Energy, 2004,29(8).

[77] Manfred Lenzen, Christopher J. Dey. Economic, energy and greenhouse emissions impacts of some consumer choice, technology and government outlay options[J]. Energy Economics,2002,24(4).

[78] 刘志亭,孙福平. 基于3E协调度的我国区域协调发展评价[J]. 青岛科技大学学报(自然科学版),2005(6):555-558.

[79] 张阿玲,李继峰. 构建中国的能源—经济—环境系统评价模型[J]. 清华大学学报(自然科学版),2007(9):1537-1540.

[80] 李昛煜,赵涛. 复杂系统协调度评价模型研究[J]. 中国农机化,2008(6):44-46.

[81] 李廉水,孔善右. 南京市3E系统协调度分析[J]. 机械制造与自动化,2007(1):126-129.

[82] 姜涛,袁建华,何林,等. 人口—资源—环境—经济系统分析模型体系[J]. 系统工程理论与实践,2002(12):67-72.

[83] 范中启,曹明. 能源—经济—环境系统可持续发展协调状态的测度与评价[J]. 预测,2006(4):66-70.

[84] 陈栋生. 经济布局与区域经济[M]. 北京:中国社会科学出版社,2013.

[85] 徐康宁,王剑. 自然资源丰裕程度与经济发展水平关系的研究[J]. 经济研究,2006(1):78-89.

[86] 李慧,康静."资源诅咒"与陕西省经济增长问题研究[J]. 经济师,2018(12):21-23,25.

[87] 王嘉懿,崔娜娜."资源诅咒"效应及传导机制研究——以中国中

部36个资源型城市为例[J].北京大学学报(自然科学版),2018,54(6):1259-1266.

[88]丁从明,马鹏飞,廖舒娅.资源诅咒及其微观机理的计量检验——基于CFPS数据的证据[J].中国人口·资源与环境,2018,28(8):138-147.

[89]张志刚.耕地资源与经济增长之间的关系研究——基于"资源诅咒"假说的实证检验[J].农业技术经济,2018(6):127-135.

[90]Muhammad Shahbaz, Muhammad Naeem, Muhammad Ahad, Iqbal Tahir. Is natural resource abundance a stimulus for financial development in the USA? [J]. Resources Policy,2018,55.

[91]王晓轩,刘那日苏.政策影响下资源开发与经济增长关系的双重差分检验[J].统计与决策,2018,34(23):125-129.

[92]马克星.中国省域建设用地资源对经济增长及产业结构的影响分析——基于"资源诅咒"假说[J].经济问题探索,2018(3):32-39.

[93]茶洪旺,郑婷婷,袁航.资源诅咒与产业结构的关系研究——基于PVAR模型的分析[J].软科学,2018,32(7):97-101.

[94]杜克锐,张宁.资源丰裕度与中国城市生态效率:基于条件SBM模型的实证分析[J].西安交通大学学报(社会科学版),2019,39(1):65-72.

[95]林伯强.电力消费与中国经济增长:基于生产函数的研究[J].管理世界,2003(11):18-27.

[96]杨明丽."七五"计划中的地区布局与梯度理论分析讨论会纪要[J].人文杂志,1986(4):70-73.

[97]武文静.我国西部能源金融中心形成机制与空间选择研究[D].西安:陕西师范大学,2017.

[98]武文静,周晓唯.丝绸之路经济带战略视阈下西安建设西部能源金融中心的优势测度[J].陕西师范大学学报(哲学社会科学版),2017,46(3):60-68.

[99]赵佳,郎美玲,李忠民,等.丝绸之路经济带能源金融中心综合评价指标体系构建及建设路径分析[J].西部金融,2017(5):22-31.

[100]闫树熙,刘昆,郭利锋.西部资源富集地区资源环境承载力评价研究——以国家级能源化工基地榆林市为例[J].中国农业资源与区划,2020,41(7):57-64.

[101]程婧瑶,陈东,樊杰.金融中心和金融中心体系识别方法[J].经济地理,2007(6):892-895.

[102]孙国茂,范跃进.金融中心的本质:功能与路径选择[J].管理世界,2013(11):1-13.

[103]石琭.国外能源金融中心发展的特点研究[J].时代金融,2015(11):20-21.

[104]贺瑛,华蓉晖.金融中心建设中的政府作为——以纽约、伦敦为例[J].国际金融研究,2008(2):60-66.

[105]张飘洋.中国与中亚国家能源金融合作研究[D].乌鲁木齐:新疆大学,2016.

[106]贾根良."一带一路"和"亚投行"的"阿喀琉斯之踵"及其破解——基于新李斯特理论视角[J].当代经济研究,2016(2):2,40-48,97.

[107]张然.构建丝绸之路经济带能源金融一体化的初步设想[J].新疆农垦经济,2014(10):26-29.

[108]高卉杰,李正风,任莎莎,等.科技人才聚集与区域科技创新的耦合协调度研究[J].数学的实践与认识,2018,48(12):109-118.

[109]杨晓宇,凌泽华,张勇.川南经济区科技人才聚集环境研究[J].经济师,2018(6):169-172,175.

[110]李健.推进科技创新与人才培养紧密结合[J].中国高等教育,2006(15):15-16.

[111]蔡青青,克魁.新时代新疆建设丝路能源金融中心的现实基础、制约因素与推进策略[J].对外经贸实务,2019(12):55-57.

[112]黄谷,张桦. 地方金融监管立法的构建路径——以西部金融中心为例[J]. 重庆行政,2021,22(4):71-73.

[113]王遥. 中国发展绿色债券市场正当其时[J]. 债券,2016(2):25-33.

[114]陈智莲,高辉,张志勇. 绿色金融发展与区域产业结构优化升级——以西部地区为例[J]. 西南金融,2018(11):70-76.

[115]廖小平,邹巅,袁宝龙. 推动我国绿色发展的模式及路径研究[J]. 湖南师范大学学报(哲学社会科学版),2020,49(1):14-23.

[116]任保平,张倩. 西部大开发20年西部地区经济发展的成就、经验与转型[J]. 陕西师范大学学报(哲学社会科学版),2019,48(4):46-62.

[117]沈满洪. 绿色发展的中国经验及未来展望[J]. 治理研究,2020,36(4):20-26.

[118]斯丽娟. 基于资源环境效率的我国西部城市绿色发展分析与评价——以甘肃省主要城市为例[J]. 兰州学刊,2016(3):179-183.

[119]王世友. 以新发展理念引领西部大开发[J]. 人民论坛,2021(4):53-55.

[120]杨飞虎,何源明. 江西新能源产业发展态势与对策[J]. 江西社会科学,2016,36(9):70-74.

[121]张芳,汤吉军. 美日绿色产业发展经验及其对中国产业政策的启示[J]. 当代经济管理,2021,43(5):57-65.

[122]张乾元,苏俐晖. 绿色发展的价值选择及其实现路径[J]. 新疆师范大学学报(哲学社会科学版),2017,38(2):25-32.

[123]邓健,王新宇. 区域发展战略对我国地区能源效率的影响——以东北振兴和西部大开发战略为例[J]. 中国软科学,2015(10):146-154.

[124]付实. 西部新能源产业自我发展能力量化分析及提升路径[J]. 经济体制改革,2015(3):188-193.

[125]沈镭,高丽. 中国西部能源及矿业开发与环境保护协调发展研究

[J]. 中国人口·资源与环境,2013,23(10):17-23.

[126]顿楠. 西部地区新能源产业发展战略研究——以内蒙古风电产业为例[J]. 北方经济,2013(17):80-81.

[127]朱凯,王娜. 西部地区新能源产业自我发展能力研究[J]. 当代经济管理,2012,34(11):66-72.

[128]李福龙,赵景柱. 我国西部能源产业集群发展研究[J]. 中国能源,2011,33(9):27-30.

[129]吕涛,聂锐,刘玥. 西部能源开发利用中的产业联动战略研究[J]. 资源科学,2010,32(7):1236-1244.

[130]张代谦. 西部地区能源产业优化配套发展的现状、主要问题及对策研究[J]. 经济体制改革,2010(3):143-147.

[131]刘玥. 产业联动网络演化模型与联动路径研究[D]. 徐州:中国矿业大学,2008.